Uwe Birnstein
**Margot Käßmann – Folge dem,
was Dein Herz Dir rät**
Biografie

Uwe Birnstein

Margot Käßmann
Folge dem,
was Dein Herz
Dir rät

Biografie

Folge dem, was Dein Herz Dir rät!

Manchmal habe ich mich im Leben fast bedrängt gefühlt
von Ratgebern. Vieler Rat war gewiss gut gemeint.
Mancher Rat aber gewiss auch von eigenen Interessen mit-
bestimmt. Mir hat es dann immer wieder geholfen, mich
zurückzuziehen, Ruhe zu finden, um dann eine Entscheidung zu treffen. Das hört sich vielleicht allzu pathetisch
an, aber ich denke schon, dass der Mensch der Stimme des
eigenen Herzens folgen kann. Wenn du genug Abstand
gewinnst, weißt du am Ende ja doch, was der richtige Weg
ist. Aber dazu braucht es auch solchen Rückzug, Stille vielleicht, Zeit auf jeden Fall. Manchmal dachte ich auch:
Der Weg ist ja eigentlich schon klar, die Entscheidung ist
doch längst getroffen – nur habe ich noch nicht gewagt,
das auszusprechen oder mich den Konsequenzen zu
stellen. Im Hebräischen ist das Herz übrigens ja durchaus
auch der Sitz des Verstandes und nicht nur der Emotion.

Margot Käßmann

INHALT

VORWORT

Sieben Jahre lang habe ich sie zu Terminen begleitet, in Talkshows und in Konferenzzentren, in Kirchen, Hallen und Gemeindehäuser, durch die Menschenmassen bei Kirchentagen und beim Reformationsjubiläum. Viele, viele Stunden sinnierten wir über Gott und das Leben, den Schatz des Glaubens und die Sehnsucht nach Freiheit, über das, was gelang und was so richtig in die Brüche gegangen ist in unser beider Leben. Wir lachten lauthals und empörten uns, tauschten uns über die Freuden und Herausforderungen des Elternseins aus, staunten über wundersame Begegnungen und ärgerten uns über unverschämte Zeitgenossen. Und einmal kamen uns beiden sogar die Tränen.

Kennengelernt haben wir uns Mitte der 80er-Jahre in einer Zeitschriftenredaktion. Sie war schon Pastorin, ich noch Theologiestudent. Sie wurde Bischöfin, ich Journalist. Wir hielten Kontakt. Am 20. Februar 2010 lebte ich in Österreich und erfuhr von ihrer Alkoholfahrt. Kann jedem passieren, dachte ich und wünschte ihr per SMS viel Kraft. Drei Tage später sah ich in der *Tagesschau* ihre Rücktrittserklärung. „Folge dem, was dein Herz dir rät", sagte sie vor zig Mikrofonen im Blitzlichtgewitter. Die Anspannung war ihr anzumerken. Ebenso der Trost, den sie aus dem Satz des Autors Arno Pötzsch zog: „Du kannst nie tiefer fallen als in Gottes Hand." Ihre vier Töchter saßen stolz zwischen den Journalisten. Wow. Was für ein Abgang. So ist Margot, dachte ich: standhaft. Sie klebt nicht an der Macht, sondern steht zu ihren Schwächen wie zu ihren Stärken. In den folgenden Wochen sah ich sie auf den Titelblättern aller wichtigen Magazine. Die Öffentlichkeit zollte ihr Respekt. Im Sommer trafen wir uns. Sie war – wie ich – nach Berlin gezogen. Im Gepäck: Wäschekörbe voll Zuschriften, Anfragen, privater Briefe, offizieller Einladungen und Interviewwünsche sämtlicher Medien. Ihr

Buch *In der Mitte des Lebens* führte monatelang die Bestsellerlisten an. Margot Käßmann war zu einem der populärsten Menschen Deutschlands geworden.

Im Sommer 2010 fragte sie mich, ob ich ihr bei der Bewältigung der unzähligen Anfragen helfen könnte. Ihre Arbeitgeberin, die evangelische Kirche, konnte ihr kein Büro mehr zur Verfügung stellen. Seitdem arbeiten wir eng zusammen. Sie, Pastorin – zeitweise – ohne Amt, ich, ihr Berater. Viel Zeit verbrachten wir miteinander, und ich erfuhr viel aus ihrem Leben. Schließlich öffnete sie mir ihre privaten Fotoalben und Erinnerungsschatullen und erzählte mir aus ihrer Kindheit und vom Kriegsschicksal ihrer Mutter und ihrer Großmutter. Zusammen fuhren wir an die Orte, an denen sie gelebt hat. Und nach Hinterpommern, wo ihre Mutter aufgewachsen war. Verwandte und Wegbegleiter gaben mir Auskunft. Mir wurde klar, weshalb ihr Freiheit, Frieden und Gerechtigkeit so sehr am Herzen liegen. Immer besser verstand ich, was Margot Käßmann die Kraft und Energie gibt, ihr Leben so gradlinig zu meistern. „Folge dem, was dein Herz dir rät": Diesen biblischen Rat hat Margot Käßmann nicht erst bei ihrem Rücktritt, sondern in vielen kritischen Phasen ihres Lebens befolgt.

Ein guter Grund also, auch diese Biografie so zu betiteln.

Ich danke Margot Käßmann für das Vertrauen und viele Gespräche, mit denen sie dieses Projekt unterstützt hat.

Uwe Birnstein

PROLOG

1945, Ende April. Land in Sicht: Kopenhagen. Doch von Bord gehen darf Gertraut Storm nicht. Seit Tagen lebt die 22-Jährige beengt mit Hunderten weiterer Männer, Frauen und Kinder. Wenig Essen, wenig Trinken. Kranke. Bootsflüchtlinge.

Eigentlich sollte das Schiff die Deutschen nach Schweden bringen, dort hofften sie auf Sicherheit vor der herannahenden Roten Armee. Nazi-Deutschland, das den Krieg angezettelt hatte, war quasi besiegt. Von allen Seiten rückten die alliierten Streitkräfte vor, die Reichshauptstadt Berlin war im Bombenhagel zerstört worden und besetzt. Gertraut Storm hatte Glück. Sie hatte eines der letzten Schiffe erreicht, die von Saßnitz auf Rügen gen Norden aufbrachen.

Schreckliche Bilder hat Gertraut Storm im Kopf. Zigtausend Menschen: Kinder, Alte, Verletzte, die in Saßnitz warteten, voller Angst vor neuen Bombenangriffen, voller Angst vor Hunger und

Tod. Ihre Eltern, die sie in Köslin zurückgelassen hatte.

Diese Bilder des Leides mischen sich mit schönen Erinnerungen: ihre glückliche Kindheit in Latzig, wo ihr Vater als Gutsverwalter gearbeitet hatte, wo sie mit ihren drei Geschwistern unbeschwert aufgewachsen war. Traumhafte Landschaften: riesige Kornfelder, die sich am Horizont mit dem klaren blauen Himmel verbanden. Prächtige Eichenalleen. Jeden Tag fuhr Gertraut mit anderen Kindern des Gutsdorfes mit dem Fahrrad zum nächsten Bahnhof, zwei Kilometer, dort schlossen sie ihre Räder ab und stiegen oft in letzter Sekunde in den Bummelzug nach Köslin, der sie zur Schule brachte.

Jahre später dann der Abschied aus Latzig: Gertraut durfte auf eine Schwesternschule gehen, einen richtigen Beruf sollte das Mädchen erlernen, das war ihren Eltern wichtig.

Muttertränen zum Abschied. 1943 zog Gertraut sogar nach Berlin, mitten im Krieg so weit weg! Am Urban-

Geburtshaus der
Mutter in Latzig

krankenhaus hatte sie ihre erste Schwesternstelle gefunden. Die 21-Jährige plagte das Heimweh. Doch das Berliner Kulturleben schenkte ihr wunderbare Ablenkungen, die *Lustigen Weiber von Windsor* schoben den Kummer für wenige Stunden fort. Zwei Tage nach der Vorstellung ein Luftangriff, „60 000 Obdachlose, 5000 Tote", notierte Gertraut am 27. August 1943 in ihr Tagebuch. „Wie einsam bin ich doch in der Großstadt", und: „Oft fragt man mich, warum ich so viel träume, ja, warum? Weil es mich immer nach draußen zieht." Die Kriegsmeldungen bewirken „die dollsten Vorstellungen". Wie es ihren Eltern wohl geht und ihren Freundinnen?

Gertraut lernte Klavierspielen. Was für ein Luxus in diesen Zeiten! Der Krieg rückte immer näher, Stunde um Stunde. Bomben fielen, sogar aufs Krankenhaus. Heulten die Sirenen, musste Gertraut mit den Kranken in Luftschutzkeller umziehen oder, wenn noch Zeit war, in den Bunker. Schließlich wurden die Kranken evakuiert, in den sicheren Norden, nach Rügen. Gertraut Storm begleitete sie. Noch einmal fuhr sie nach Köslin, zu ihren Eltern. Die lebten inzwischen als Ruheständler in einer Mietwohnung. „Ihr müsst hier weg!", riet sie ihnen eindringlich. „Der Russe kommt nicht bis hierher", hielt ihr Vater ihr entgegen, „bis Ostpreußen, ja – aber nicht nach Hinterpommern!" Und das, obwohl Tag für Tag Flüchtlingstrecks durch Köslin zogen.

Gertraut teilte seinen Optimismus nicht. Ende Februar fuhr sie allein zurück nach Rügen. In Bergen verfolgte sie die Berichte über die heranrückenden „Feinde": die Alliierten. „Wie lange werde ich es noch gut haben? Das weiß nur Gott", klagte sie ihrem Tagebuch. Im Radio hört sie Propagandaberichte der Nazis – die Lage sei gar nicht so hoffnungslos! –, aber auch die *Zauberflöte*. Am 22. April der letzte Eintrag – danach packte sie ihre wichtigsten Habseligkeiten in einen Koffer und marschierte los. Nach fünf Stunden erreichte sie Saßnitz, die Hafenstadt auf Rügen. Am 25. April bestieg sie dort das Schiff, zusammen mit zwei Kolleginnen, Ilse und Lore.

Nun wartet Gertraut Storm. Vor Kopenhagen hat ihr Schiff den Anker geworfen. Schweden hatte sich geweigert, die Flüchtlinge aufzunehmen. Auch Dänemark hält die Grenzen geschlossen. Warum sollte man Deutsche ins Land lassen, unter die sich womöglich Nazis gemischt hatten? Warten. Stunden, Tage. Land in Sicht. Aber keine Chance, hineinzukommen. Zum Verzweifeln.

Dann endlich die erlösende Nachricht: Gertraut Storm und ihre Leidensgenossen dürfen an Land.

In Kopenhagen versuchen die Behörden, dem Chaos Herr zu werden. So viele Kranke. Gertraut ist Krankenschwester, sie wird gebraucht. Im Internierungslager versucht sie, die schlimmsten Leiden zu lindern und den Kranken beizustehen.

Nur selten darf sie das Lager verlassen, wenn sie Kinder zu Untersuchungen bringen muss. Einmal bleibt einer der Sprösslinge vor einem Bäckerladen stehen und starrt hungrig auf die Auslage. Eine Frau, die dort einkauft, sieht es, kommt heraus und steckt Gertraut heimlich ein Stück Brot in die Manteltasche. Paula heißt sie. Gertraut, Paula und deren Mann Harald freunden sich an. Im Geheimen, denn Kontakte zu Deutschen sind den Dänen strikt verboten. Dass dies der Beginn einer Lebensfreundschaft ist, ahnen die beiden jungen Frauen damals noch nicht.

Gertraut Storms Gedanken und Gefühle sind bei ihrer Familie. Zwei Jahre lang. Ihre Mutter Maria schrieb mehrmals an die zuständigen dänischen Behörden, sie sollten doch bitte ihrer Tochter die Ausreise ermöglichen. Doch die lehnten ab, zuletzt im April 1947. Die Begründung ist nachvollziehbar: Im Internierungslager „befinden sich verhältnismäßig sehr wenige ausgebildete Krankenschwestern unter dem deutschen Sanitätspersonal", deswegen könne man auf ihre Dienste momentan nicht verzichten. Sobald die Zahl der kranken Flüchtlinge sinke, könne über eine Heimreise neu nachgedacht werden.

Noch im selben Jahr ist es so weit: Gertraut Storm darf zurück nach Deutschland. Sie fährt nach Hessen, kommt irgendwann im Jahr 1947 in einem idyllisch gelegenen Forsthaus des Dorfes Burgholz an. Endlich kann sie ihre Mutter und Geschwister wieder in die Arme schließen. Endlich zu Hause – auch wenn das nun in der Fremde liegt.

In Burgholz erfährt Gertraut Storm vom Schicksal ihrer Eltern. Die Sowjetarmee war doch bis kurz vor Köslin herangerückt. Die Eltern entschlossen sich zu fliehen – zusammen mit ihrer schwangeren Schwester Hanni und deren zwei kleinen Kindern. Der letzte Zug von Köslin in Richtung Westen fuhr am 2. März 1945. Doch ihnen wurde die Mitfahrt verweigert: „Eine Gebärende können wir hier in diesem Zug nicht mitnehmen." Gertrauts Vater wurde später festgenommen und interniert. In einem Gefangenentreck marschierte er 70 Kilometer nach Stolp, dort wurden die Männer auf Züge verladen.

Seine Frau Maria und die anderen blieben in Köslin, sahen, wie die Rote Armee die Stadt besetzte und unter den Deutschen wütete. Die Frauen erlebten den Horror der Besatzung. Gewalt, Vergewaltigungen, Hunger.

Im Mai 1946 gelang ihnen endlich die Ausreise. Ihr Ziel: Burgholz, ein kleines Dorf in Hessen. Dort lebte die dritte Schwester Minni. Sie hatte einen Förster geheiratet. 700 Kilometer Bahnreise und Fußweg lagen vor Maria Storm, ihrer Tochter und den drei Kindern. Unvorstellbare Strapazen. Im Sommer erreichten sie ihr Ziel. Der dreijährige Peter, eines der Kinder, rief beim Anblick der für sie mit weißer Bettwäsche bezogenen Betten aus: „Mama, sind wir jetzt im Himmel?"

Drinnen jedoch war es eng. 27 Menschen wohnten schließlich in dem Forsthaus. Die Neuankömmlinge aus Köslin waren völlig verlaust, voller Krätze und mussten sich erst mal gründ-

Im Forsthaus von Burgholz trafen viele Flüchtlinge der Familie Schulze ein

NEUES GLÜCK

lich waschen. Der Platz war knapp, das verlangte allen Bewohnern große Disziplin ab. Bei einigen herrschte große Hilfsbereitschaft, bei anderen die Angst, zu kurz zu kommen. Die Kinder spielen auf dem Hof, die Männer besorgen Holz aus dem Wald; um Lebensmittel zu bekommen, sind kilometerweite Strecken zu bewältigen.

Und Gertrauts Vater? Die Sowjetarmee hatte ihn nach Sibirien deportiert. Irgendwo auf der schweren Reise nach Sibirien war er an der Ruhr erkrankt und am 28. April gestorben.

Gertrauts Sehnsucht nach Leben ist größer als die Trauer um die Vergangenheit. In Burgholz beginnt ihr Leben neu. Überall in der Gegend kommen Flüchtlinge aus den deutschen Ostgebieten an. Viele Einheimische sind freundlich; andere behandeln die Zugezogenen feindselig, weil sie zwangsweise Wohnraum zur Verfügung stellen müssen.

Arbeit gibt es genug. Auch Gertraut Storm findet eine Stelle. 1948 beginnt sie als Krankenschwester in der amerikanischen Kaserne im nahe gelegenen Neustadt. Dort trifft sie eines Tages Robert Schulze, einen attraktiven, lustigen

15

Mann: rundes Gesicht, dunkle Haare, Hornbrille. Er arbeitet als Automechaniker beim amerikanischen Militär, wohnt mit seiner Mutter auf engstem Raum in Allendorf, neun Kilometer von seiner Arbeitsstelle entfernt. Auch Robert hat einiges miterlebt. Er stammt aus Hagen in Westfalen. 1939 war er eingezogen worden, gerade mal 19 Jahre alt, kämpfte erst in einer Panzerdivision, am Ende wurde er als Motorradkurier eingesetzt. Sein Vater war im Krieg gefallen, seine Schwester bei einem Bombenangriff ums Leben gekommen. Nun kümmert sich seine Mutter um ihn, versorgt ihren „Bubi" mit wertvollen Lebensmitteln, am wichtigsten ist ihr, dass er immer gute Butter bekommt, in Kriegszeiten Mangelware.

Am Silvestertag 1949 heiraten Gertraut Storm und Robert Schulze. Gertraut zieht zu ihm nach Allendorf.

Schon bald können sie aus den beengten Verhältnissen ausbrechen. Sie ziehen mit Roberts Mutter in eine eigene kleine Wohnung, Gertrauts Mutter wohnt nebenan, ihre Schwester mit den drei kleinen Kindern hat eine Wohnung unter dem Dach im Nachbarhaus. Sie wollen sich voller Tatendrang ein stabiles Leben in der neuen Heimat aufbauen. Gegenüber ihrer Wohnung ist ein Grundstück frei. Robert Schulze tut, was er kann: Autos reparieren. Er eröffnet eine Autowerkstatt und eine Tankstelle, legt die Meisterprüfung ab. Nun kann er auch Lehrlinge ausbilden. Viele Lichtblicke – obwohl die finanziellen Sorgen noch drücken.

Hochzeit 1949 von Gertraut Storm und Robert Schulze

1951 wird das erste Kind geboren: Ursula, zwei Jahre später folgt Gisela. Der Betrieb wächst, die Kunden kommen gerne zum gut gelaunten und gutmütigen Meister Schulze: Mal schenkt er einem Jugendlichen Benzin, mal repariert er einem Mittellosen umsonst das Auto. Seine Freigiebigkeit teilt seine Frau nicht immer. Gertraut Schulze denkt oft an die Mangelerfahrungen der Kriegszeit. Sie kümmert sich neben dem Haushalt um die Finanzen, schreibt Rechnungen, fährt aber auch mal Taxi und sitzt an der Kasse der Tankstelle. Säumen Kunden die Zahlung, steigt sie aufs Fahrrad, setzt die kleine Gisela auf den Gepäckträger und treibt die offenen Beträge ein.

Die Kinder werden hauptsächlich von Kindermädchen Helga umsorgt. Alles gut. Doch 1957 legt sich ein Schatten über die Familie. Gertraut Schulze ist zum dritten Mal schwanger. Es gibt Komplikationen, am Ende eine Frühgeburt. Sohn Robert wird am Tag seiner Geburt notgetauft, stirbt bereits nach wenigen Tagen.

Gertraut Schulze hat so viel Leid gesehen im Krieg und im dänischen Lager. Das hilft ihr, mit dem persönlichen Schicksal nicht zu sehr zu hadern.

Bald wird sie erneut schwanger. Anfang Juni 1958 spürt sie: Die Geburt steht bevor. Ihr Mann Robert fährt sie in die Klinik nach Marburg. Dort erblickt am 3. Juni ihr viertes Kind das Licht der Welt. Wieder eine Tochter: Margot.

Margot-Renate

Die glückliche Geburt ihrer dritten Tochter zeigen mit großer Freude an

Robert Schulze
und Frau Gertraut

Allendorf, Kreis Marburg, im Juni 1958

Gleichzeitig danken wir für die uns übermittelten Glückwünsche und Aufmerksamkeiten recht herzlich.

„DER KLEINE ROBERT"

Die Welt ist überschaubar. Margots Leben spielt sich zwischen Elternhaus und Autowerkstatt ab, zehn Meter Luftlinie. Beide Eltern sind gefordert. Drei Kinder, die Großmutter. Da muss Geld reinkommen. Deutschland, Wirtschaftswunderland: Autos werden für immer mehr Menschen erschwinglich. Gute Zeiten für Werkstätten und Tankstellen. Die Schulzes haben ein Gespür für den Trend. Mit Autos ist der Lebensunterhalt zu verdienen. Er, Robert, kennt sich aus mit Motoren. Sie, Gertraut, kann aufs Geld achten. Eine gute Kombination.

Die älteren Schwestern gehen zur Schule. Margot, die Kleine, muss beaufsichtigt werden. Es wäre gut, wenn sie zum Kindergarten ginge, das würde etwas Freiraum geben, niemand

Mit Puppenwagen

Margot mit ihrer Mutter

18

müsste auf sie aufpassen. Doch Margot mag nicht dort sein. Da sind so viele fremde Kinder. Und Erzieherinnen, die ihren Beruf bisweilen mit strenger Hand ausüben. Backpfeifen gehören dazu. Einmal erbricht ein Kind seinen Spinat; zur Strafe muss es das Erbrochene aufessen. Warum also sollte Margot dorthin gehen? In der Werkstatt ist es doch viel schöner!

Margot reagiert körperlich. Drei Tage Kindergarten – und sie wird krank. Schnupfen, Husten, Bauchweh – alles in ihr wehrt sich gegen die Kindergarten-Ausflüge. Nicht nur einmal, sondern immer wieder. Drei Tage Kindergarten – Krankheit. Drei Tage Kindergarten – Krankheit. Nach einer Weile wird es der Mutter zu bunt. Dann geht es eben nicht. Dieses Kind ist zu eigensinnig, als dass man es nach Gutdünken verplanen kann.

Anstrengend ist Margot ja eigentlich gar nicht. Wenn die Omi gegen Mittag von ihrer kleinen Wohnung zum Haus der Schulzes hinunterkommt, um das Mittagessen für alle zu kochen, ist Margot nie weit. Mit ihr verbringt sie Zeit im Garten oder in der Küche.

„Wie gern sie Paul-Gerhardt-Lieder sang! Viele Strophen kenne ich bis heute auswendig, weil sie zum Kartoffelschälen oder Gulaschkochen dazugehörten", erinnert sich Margot.

Margot mit ihren Schwestern Gisela und Ursula

Außerdem hatte die Omi für fast jede Situation ein passendes Bibelzitat parat, zum Beispiel: „Lass die Sonne nicht über deinem Zorn untergehen!" Margot erinnert sich gern an den lebensnahen und fröhlichen Glauben, den ihr die Omi vermittelte.

Mit der Großmutter auf Wyk, 1968

Mit Geselle Günter Trexler in der Werkstatt

Vor der Werkstatt heute

Auch wenn sie den Betrieb in der Werkstatt beobachten kann, ist Margot selig. „Der kleine Robert" wird sie dort genannt. „Ich habe immer das Bild von meinem Vater im Kopf, wie er lacht, wenn er mich sieht!" Er konnte aber auch mal jähzornig werden oder schlechte Laune haben. In der Werkstatt kann sie tun, was sie will – zu Hause warten ihre Schwestern auf sie und lauter Aufgaben. Auch in den Ferien. Die drei finden dann Zettel auf dem Tisch liegen: „Margot Waschbecken, Ursula Küche putzen, Gisela Unkraut jäten". Wenn sie etwas gut gemacht haben, finden sie auch mal einen Zettel mit mütterlichem Lob. „Mutti eine Freude machen, das war ein großes Thema", erinnert sich Margot. „Mein

Vater war schon eher so, dass er einen mal gedrückt hat oder einen Kuss gegeben hat. Meine Mutter war da distanzierter. Knuddeln oder kuscheln, so war sie nicht."

Ab und an, etwa einmal im Jahr, gibt es eine Unterbrechung des Alltags. Dann lädt Vater Robert seine kleine Margot zum Essen ein. Im „Goldenen Hahn", dem einzigen Restaurant in Allendorfs Innenstadt. Der kleine und der große Robert Schulze. Jägerschnitzel mit Pommes gibt es: Das ist das Größte.

Gerne trifft Margot sich auch mit Cousine Monika. Beide bringen ihre Puppen mit, spielen dann im Sandkasten oder streunen durch den Obst- und Gemüsegarten. Ein riesiges Gelände

Mit Papa

Einschulung

wartet hinter der Werkstatt, die Mädchen können machen, was sie wollen. Ein Kinderparadies.

Die Einschulung ist auch zu Beginn der 60er-Jahre schon etwas Besonderes, das merkt Margot. Die Mutter ist aufgeregt. Sonst trägt Margot selbst genähte Kleidung. Für diesen Tag kauft ihr die Mutter einen dunkelblauen Mantel und ein Kopftuch. Margot fühlt sich sehr schick.

Und sie freut sich. Endlich gehört sie zu den Schulkindern und darf das lernen, was die Großen schon können. Auch freut sie sich, dass sie nicht alleine gehen muss. Cousine Monika wird ebenfalls eingeschult. Mit ihren Schultüten präsentieren sie sich

Margots Vater, der stolz ist auf seine „kleine Schwarze". Nun wird sie nicht mehr den ganzen Tag in der Werkstatt herumtoben!

Im vierten Schuljahr posiert die Grundschulklasse mal für ein Klassenfoto. Alle Mädchen tragen Röcke. Alle? Nein: Margot trägt Hosen. Röcke findet sie unpraktisch. Am liebsten mag sie diese Stretchhose, ein Bügel unten um den Fuß hält sie straff, die Bügelfalte wirkt wie eingraviert. Strumpfhosen dagegen mag sie nicht, die kratzen so.

Die Großmutter sitzt an der Nähmaschine und versorgt die drei Schwestern mit neuer Kleidung. Manchmal bekommen die drei auch ein neues Kleid geschenkt, jede dasselbe. Margot als Jüngste muss dann auch die Klei-

4. Klasse: Abschluss Grundschule

der der beiden Älteren auftragen. Das nervt sie. Und nun mit Hosen in der Schule. „Bist du die Margot von dem Robert von der Tankstelle?", fragt der Klassenlehrer. „Ja." – „Das sieht man!"

Margots Schulweg ist ein Erlebnis: Alleine geht sie los mit ihrem Ranzen, dann holt sie Frank ab und dann Jürgen, genannt „Gucki". Es gibt immer etwas Spannendes zu bereden, bis die Clique in der Waldschule ankommt und sich alle auf ihre Schulbänke setzen. Margot sitzt neben Frank, einem lebhaften und zu allen Späßen und Mutproben bereiten Jungen. Frank imponiert den anderen schon mal dadurch, dass er einen Regenwurm isst oder beim Malunterricht den ganzen Pinselbecher austrinkt, ex und hopp. An seiner Seite fühlt Margot sich wohl. In den Pausen

fangen die Mädchen die Jungs, dann die Jungs die Mädchen. Schule ist lustig, ganz anders als der Kindergarten. Außerdem weiß sie ja, weshalb sie hier ist: Sie möchte Lesen und Schreiben lernen, damit sie endlich das kann, was ihre Schwestern können.

Dafür tut sie, was die Lehrer von ihr erwarten. Margot merkt aber auch: Manche sind mit Vorsicht zu genießen. Der Klassenlehrer zum Beispiel. Geduld gehört nicht zu seinen Stärken. Ärgert er sich zu sehr, wirft er schon mal mit seinem dicken Schlüsselbund nach den Kindern. Schnell lernt Margot, dem Geschoss und damit verbundenen Scherzen auszuweichen.

Auf dem Rückweg haben die Kinder meist genauso viel Spaß wie am Morgen. Nach und nach verabschieden

Auf dem Werkstattgelände

sich alle, bis Margot alleine wieder vor ihrer Haustür steht. Dort riecht es bereits nach Mittagessen: Die „Omi" hat gekocht. Dann geht Margot zur Werkstatt. Ihre Großmutter ist damit manchmal nicht einverstanden, lockt sie sogar mit Schokolade zum Zuhausebleiben. Dann lässt sich Margot Gründe einfallen. Einmal lässt sie sogar Luft aus ihrem Fahrradreifen und sagt, sie müsse ihn unbedingt vom Vater reparieren lassen. „Na, kleine Schwarze!?", begrüßt der sie und gibt ihr erst mal einen Mohrenkopf aus dem Tankstellenshop.

Auch die Gesellen Manfred und Günter, beide Mitte 20, freuen sich über die Abwechslung. Im Sommer bringen sie Margot Erdbeeren mit, sie ist selig. Und dann gibt es da noch den Lehrling Robert. Immer wenn Margots Mutter ihn ruft, fühlt auch ihr Mann sich angesprochen. Also bekommt der Lehrling einen Spitznamen: Bobbi.

Der Hof vor den vier Werkhallen ist groß. Da kann Margot Fahrrad fahren. Sie muss nur aufpassen, dass sie nicht gegen die Autos brettert. Einmal passiert es, ein Kratzer, das gibt Ärger.

Samstagmittags wird das Tor geschlossen. Wochenende. Der Hof ist leer. Eine geschützte Fläche mitten in Allendorf. Viel Platz zum Rollschuhfahren, zum ausgelassenen Toben, zum Stelzenlaufen und zum Tischtennisspielen. „Ich habe den Geruch nach Öl und Reifen noch in der Nase", erinnert sich Margot.

Und die Tankstelle? In die hat Meister Schulze zusätzlich eine Kneipe gebaut.

23

Die „Raststätte". Eine Theke, ein Zapf-
hahn, ein Fernseher. Platz für rund
20 Gäste, mehr müssen es auch nicht
sein. Zum Mittagessen und einem aus-
führlichen Mittagsschlaf kam Robert
nach Hause, abends saß er spätestens
um 20 Uhr zur *Tagesschau* mit einem
Gläschen Bier vor dem Fernseher im
Wohnzimmer. Werkstatt, Tankstelle
und Raststätte sind sein Reich. Hier
treffen sich die Männer, gucken Fuß-
ball, Boxkämpfe, die Mondlandung.
Eine Männerwelt, in der die kleine
Margot tagsüber aufwächst. Ohne
Rock – mit Hosen.

Mit Gisela in Berlin, 1965

Manchmal macht der Vater mit Margot
auch Ausflüge. Das Sechstagerennen in
Berlin lockt ihn. Der Ford wird klarge-
macht. Alleine fahren will er nicht. Er
nimmt seine Gesellen mit, auch Margot
und ihre Schwester Gisela. Im Sommer
1965 gehen die Schwestern über den Ku'-
damm, Café Kranzler, Tiergarten: Was
für eine riesige Stadt! Währenddessen
kaufen die Gesellen Asbach Uralt und
Zigaretten, die sind hier billiger als zu
Hause. Die Abreise führt die hessischen
Berlin-Touristen über die Transitauto-
bahn durch die DDR. Die Grenzkon-
trollen sind streng. Ein Grenzer fragt sie,
ob sie etwas zu verzollen haben. „Nein!",
sagen die drei Männer gelassen. Margot
sitzt auf der Rückbank. „Aber ihr habt
doch Schnaps und Zigaretten gekauft!",
sagt sie ehrlicherweise. Den Männer

stockt der Atem. Den Grenzer bringt
Margot mit ihrem Einspruch jedoch
zum Lachen. „Dummes Geschwätz",
sagt er und winkt den Wagen durch.

IMMER WIEDER SONNTAGS

Die Woche bei Schulzens ist klar
durchgetaktet. Montags bis samstags
bedeutet das für Margot Schule, am
Sonntag selbstverständlich Kindergottesdienst. „Wenn der liebe Gott die
ganze Woche für dich Zeit hat, wirst
du ja wohl am Sonntag eine Stunde
für den lieben Gott Zeit haben!", argumentiert die Mutter. Dabei braucht sie
gar keine Überredungskünste. Margot
macht der Kindergottesdienst Spaß,

sie geht gerne in die Herrenwaldkirche. Dass der Glaube nichts vom Alltag Abgetrenntes ist, erfährt sie auch zu Hause. Ihre Großmutter und ihre Mutter spickten das Leben mit biblischen Weisheiten. Jeden Morgen liest die Mutter die Herrnhuter Losung. Wird das Leben zu schwierig und wirr, sucht Gertraut Schulze Halt in der Bibel und im Glauben. Und diese Lebenshaltung vermittelt sie auch den Töchtern.

Natürlich kennt sie auch das Gebot, den Feiertag zu heiligen. Aber wie soll das gehen, wenn man eine Tankstelle hat? Die Leute brauchen doch auch am Sonntag Benzin! Pünktlich um acht Uhr geht Mutter Schulze sonntags in die Tankstelle. Und pünktlich um zehn Uhr löst ihr Mann sie ab, damit sie um Viertel nach zehn rechtzeitig zum Gottesdienst in der Kirche sitzt. Der ist ihr eine Kraftquelle.

Robert Schulze respektiert die Frömmigkeit seiner Frau – teilt sie aber nicht. „Mein Vater war ‚Normalchrist‘“, blickt Margot Käßmann später zurück, „Kirche gehörte für ihn irgendwie zum Leben.“ Zur Kirche aber ging er nur an Weihnachten oder zu Familienfesten wie Taufen, Hochzeiten, Trauerfeiern. Und an Wahlsonntagen. Da ging auch er erst in den Gottesdienst, dann ins Wahllokal. Demokratie, die Stimme abgeben: Das war quasi etwas Heiliges! „Es war schon ein religiöses Elternhaus, Gott spielte eine Rolle“, sagt Margot Käßmann heute, „aber nicht mit Druck: ‚Du sollst …‘, ‚du musst …‘ oder ‚der strafende Gott sieht alles‘!“

Nach der Kirche gibt es Mittagessen. Um drei kommen Tanten und Onkel zu Kaffee und Kuchen. Damals im heimatlichen Allendorf habe sie eine „positive Sonntagskultur“ kennengelernt,

Margot, 1963

Im Kreis der Familie

sagt Margot Käßmann heute. An solchen Tagen liest Margot auch viel. Sie verschlingt die Bücher über Hanni und Nanni – jene ungleichen Teenie-Zwillinge, die im Mädcheninternat Lindenhof viel erleben. „Hanni und Nanni sind immer dagegen", „Hanni und Nanni schmieden neue Pläne": Diese Kinderbuchbestseller der englischen Schriftstellerin Enid Blyton ziehen ab 1965 unzählige Kinder in ihren Bann. Lustig sein wie Hanni und Nanni: Das kann Margot auch auf Faschingsfeiern.

Auch das Kino lockt mit wundervollen Geschichten. 1964, im Jahr der Einschulung also, darf Margot zum ersten Mal ins Kino Stadtallendorf gehen. Die Schlange, in der sie mit ihrer Schwester Ursula ansteht, ist lang. Es läuft ein Kassenschlager: „Der Schatz im Silbersee", die erste Verfilmung eines Karl-May-Buches, freigegeben ab sechs Jahren. Margot ist hin und weg. Old Shatterhand und Winnetou, gespielt von Lex Barker und Pierre Brice, was für tolle Männer! Der Film strotzt nur so von überwältigend schöner Natur, von Kriegsbeilen und Friedenspfeifen. „Es ging um Gerechtigkeit und Frieden, das Ringen um das Gute, Respekt vor Menschen anderer Herkunft, Freundschaft, Liebe und – Pferde!", erinnert sie sich fast 50 Jahre später, als sie von der Deutschen Filmakademie nach ihrem Lieblingsfilm gefragt

wird. „Ich war schlicht begeistert und sah mich schon für all das kämpfen." Im September 2012 sitzt sie bei einer Veranstaltung, bei der sie eine Rede halten soll, im Berliner Astor-Kino am Ku'damm neben einem der Darsteller von damals: Ralf Wolter, der den Trapper Sam Hawkens spielte, den skalpierten treuen Freund der beiden Helden, der stets sagte „… wenn ich mich nicht irre, hihihi". „Letzen Endes ging es um die ganz großen Themen des Lebens", erklärt sie dem Kinopublikum, „ein bisschen schon wie in der Bibel: Gut und Böse, Gerechtigkeit und Respekt, Mut und Versagen. Das habe ich damals nicht so gesehen, aber ich denke, das hat mich mitgerissen." Und sie erinnert natürlich auch an die selbstbewussten Frauen in dem Film, „die sich zu verteidigen wissen", allen voran Karin Dor und Marianne Hoppe.

So angetan ist die sechsjährige Margot, dass sie in den folgenden Jahren fast alle Bücher von Karl May liest. Ihre Mutter unterstützt diese Leselust, das schult den Verstand und bildet, meint sie. Weihnachten legt sie Margot Walt-Disney-Bücher unter den Baum. Die Mutter möchte auch, dass Margot ein Instrument lernt. Blockflöte kann sie, ein bisschen Klavier auch, nun folgt: Geige. Wie die Kultur im Krieg zum Überleben beitrug, so will die Mutter sie auch den Kindern vermitteln: Jedes Kind lernt ein Instrument. Ein Ausflug ins Staatstheater nach Kassel zum Besuch des Weihnachtsmärchens, Urlaub auf Wyk/Föhr mit kulturellem Programm für Kinder – all das war Gertraut Schulze wichtig zu vermitteln, obwohl der Steuerberater mahnte, das würde die finanziellen Verhältnisse der Familie übersteigen.

Margots Leben spielt sich zwischen zwei Polen ab: In der Werkstatt war immer eine gelassene Stimmung, „mein Vater war sehr lebenslustig, ließ auch mal fünfe gerade sein". Zu Hause bei der Mutter dagegen herrscht Disziplin. „Meine Mutter habe ich streng in Erinnerung", erzählt sie. Am Sonntag oder in den Ferien lange im Bett bleiben oder die Zeit verbummeln, das gibt es nicht. Auch in der Ferienzeit haben die Kinder ihren Pflichten nachzukommen. „Damals rebellierte ich manchmal. Heute würde ich allerdings sagen, es hat mir viel geholfen", blickt Margot Käßmann zurück. So habe sie gelernt, „diszipliniert zu sein und zu sagen: ‚Das schaffe ich schon.'" Ganz nach der Lebensmaxime ihrer Mutter: „„Wenn du dich zusammenreißt, dann schaffst du das schon!'" Wenn im Leben nicht alles so läuft, wie sie es sich vorstellt, erinnere sie sich noch heute an diesen Spruch. Trotzdem, der Vater ist ihr liebevoller in Erinnerung, auch wenn die Mutter sie wohl stärker geprägt hat.

Fasching 1967

Auf Fehmarn 1970

VERÄNDERUNGEN

Der zehnte Geburtstag bedeutet Margot viel. Immer mehr versteht sie von der Welt, in der gerade so viel passiert. Sie bekommt ein Notizbuch geschenkt und macht es zu ihrem Tagebuch. Am 16. Juli schreibt sie stolz ihren ersten Eintrag hinein: „Heute brachte ich zum letzten Mal aus der Volksschule ein Zeugnis mit. Gisela ist Klassenbeste. Ich habe 6 mal eine 1, 6 mal eine Zwei, eine 3 in Zeichnen, eine 4 in Turnen." Am 20. August der zweite Eintrag, diesmal ist die Zehnjährige von den politischen Ereignissen verunsichert. „Heute sind die Russen in die Tschechoslowakei einmarschiert. Was man hört, ist schrecklich. In Biafra gibt es Hungersnot und Krieg. In Vietnam auch Krieg. Ägypten ist gegen Israel im Krieg. Unsere Soldaten stehen auf jeden Fall in Alarmbereitschaft."

„Die Russen" sind ein großes Thema in der Familie Schulze. Die Amerikaner sind die Retter, die Guten – die Russen die Bösen, so das Weltbild. Kein Wunder nach dem Leid, das die sowjetischen Besatzer der Großmutter und Tante zugefügt hatten. Nun kam „der Russe" erneut immer näher. Stadtallendorf–Prag, das sind gerade mal 400 Kilometer. Beängstigend. Ob die Amerikaner wieder helfen würden, so wie damals?

Die Schatten der Vergangenheit werden wach. Die Angst, wieder alles zu verlieren, wie einst in Pommern. Margot hört mit, wie die Mutter mit Verwandten über die Vergewaltigungen spricht. „Das hat mich zur vehementen Kriegsgegnerin gemacht", mutmaßt Margot Käßmann heute.

Dann kommt der große Bruch.

NEUE WEGE

Nach der vierten Klasse soll Margot auf die Schule, die ihre Schwestern schon besuchen. Aufs Elisabethgymnasium nach Marburg. Das ist weiter weg als Kirchhain, wohin die meisten Oberschülerinnen aus Allendorf fahren. Warum Marburg? Das hängt mit Gisela zusammen. Sie ist schwerhörig, eine erblich bedingte Einschränkung, unter der auch die Mutter und deren Vater litten, erkennbar z. B. am angestrengten Hinhören mit meist ernstem Gesichtsausdruck und am Vermeiden von geselligen Runden. Als der Hörausfall bei der Einschulung diagnostiziert wurde, empfahl der Chefarzt der Uniklinik (Selbstständige waren privat versichert), Gisela in eine Mädchenschule zu schicken. Die gab es nur in Marburg. Klar, dass Schwester Ursula

Margot, 1972

und nun auch Margot ebenfalls dorthin gehen. Die Schwestern sollen zusammenhalten und einen guten Beruf erlernen, das ist der große Wunsch der Mutter. Ihre Kinder sollen später nicht auf einer Tankstelle arbeiten. Sie sollen es mal besser haben – studieren, auf eigenen Beinen stehen und nicht von Männern abhängig sein.

Der Alltagsrhythmus ändert sich. Margots Schulweg verlängert sich um mehr als 20 Kilometer! Nicht zu Fuß oder mit dem Fahrrad, sondern mit dem Zug muss Margot fahren, „Triebwagen" heißen die Züge. Um 7 Uhr 7 fährt der Zug, in Marburg heißt es umsteigen in den Bus bis zum Wilhelmsplatz, dann noch ein Fußweg in die Schwangasse, um 8 Uhr läutet die Schulglocke. Ein langer Weg für die zehnjährige Margot. Und eine Umstellung. Keine Jungs mehr! Nur Mädchen sind in der Klasse.

Nach dem anstrengenden Unterricht den ganzen Weg wieder zurück. Um den Eilzug um 13 Uhr 22 zu bekommen, muss Margot ziemlich rennen. Der nächste fährt um 14 Uhr 20. Aber Margot ist stolz. Sie kann alleine Zug fahren wie ihre großen Schwestern. Auf einer der ersten Rückfahrten geht sie selbstbewusst an ihnen vorbei und setzt sich in den nächsten Waggon. Sie bemerkt nicht, dass der Zug in Cölbe getrennt wird. Als er weiterfährt, kommt ihr die Gegend unbekannt vor. Am nächsten Bahnhof wird ihr klar: Sie fährt in die falsche Richtung. Während die Schwestern schon zu Hause sind, steht Margot mutterseelenallein auf dem fremden Bahnhof Sarnau. Sie weiß sich zu helfen, klingelt an nahe gelegenen Häusern. An der dritten Tür wird ihr aufgemacht; die Frau lässt Margot zu Hause anrufen. Ihre Mutter nimmt ab und ist beruhigt, dass es ihr gut geht. Schwester Ursula kommt mit

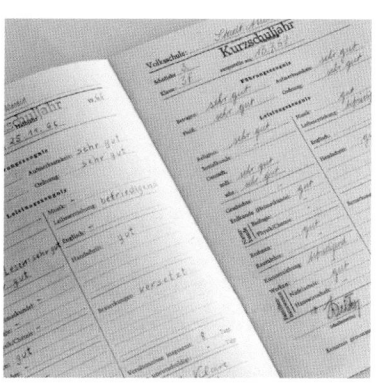

Schulzeugnis 1967

dem Auto und holt Margot ab. Betreten kommt sie nach Hause und muss neben mütterlichem Schimpfen einigen Spott ertragen.

Das Elisabethgymnasium: eine Schule mit reicher Tradition. 1858 wurde sie als „private höhere Töchterschule" gegründet. Frauen gab es hier auch in Führungspositionen. Von 1925 bis 1935 war die jüdischstämmige evangelische Theologin Hedwig Jahnow Schulleiterin. 1955 wurde das alte Gebäude durch einen Neubau ersetzt, die Schule wurde nun neusprachliches und mathematisch-naturwissenschaftliches Gymnasium. Margot kommt an eine Schule, die die Bildung von Mädchen und Frauen besonders fördert. Ihr ist das bewusst.

„Du bist die kleine Schwester von Ursula und Gisela!", begrüßt die Klassenlehrerin Frau Dr. Oldiges Margot. Mist, schon wieder. Margot will Margot sein und nicht immer mit ihren Schwestern verglichen werden. „Nein", sagt sie frech.

Margot erarbeitet sich gute Zensuren. „Frau Dr. Oldiges hat mich gelobt, ich bin so glücklich, kann es gar nicht fassen", schreibt sie 1969 in ihr Tagebuch und notiert die Zeugnisnoten: „Betragen 2, Fleiß 2, Aufmerksamkeit 2, Englisch 2, Reli 2, Erdkunde 2, Deutsch 3, Erdkunde 3, Sport 4". Ausdauersport wie Laufen, ja – aber Turnen, das war gar nicht ihre Sache, Reck und Barren ein Graus. „Ganz schlimm, so Mädchenzeug. Ich habe Sport gehasst. Furchtbar", schüttelt es sie heute noch. Deutsch ist ihr Lieblingsfach, Religion ebenfalls: Als Einzige aus ihrer Klasse wählt sie das Fach nicht ab, als sie mit 14 religionsmündig wird.

Die neue Schule katapultiert Margot in eine andere Welt: Die Stadt lockt, andere Jugendliche, andere Sitten. Mit zwölf darf sie endlich eine Jeans kaufen, muss nicht mehr die von der Omi genähten Sachen tragen. So langsam erwacht das Interesse an den Jungs. Zwar sind in der Schule nur Mädchen, aber gegenüber ist das Philippinum – da sind auch Jungs. Obwohl die Mädchen eigentlich bis zur zehnten Klasse den Schulhof nicht verlassen dürfen, gibt es Begegnungsmöglichkeiten. Und dann gibt es ja auch noch das Martin-Luther-Gymnasium auf der anderen Seite der Altstadt, wo nur Jungs hingehen. Gelegentlich feiern die im Unterricht getrennten Mädchen und Jungs Partys. Dann tanzen sie zu den Liedern der Hitparade, in der Sängerinnen und Sänger nach der Liebe schmachten: „Angie, when will those clouds all disappear." Gut, dass der Vater 1969 zur Mondlandung einen Fernseher angeschafft hat, der wird nun zum Fenster in die Welt der pubertären Gefühle. Auch Serien schaut sie, „Lassie" und „Fury", zwei Tiere, die alle Abenteuer wundervoll bestehen.

Allendorf. Während des Krieges ließ die Wehrmacht hier Waffen produzieren. Für die beiden Sprengstoffwerke – es waren die größten in Europa – schufteten viele Zwangsarbeiter, die Häuser und Werkstätten waren gut getarnt. Ein lohnendes Ziel für die Alliierten – doch die meisten ihrer Bomben verfehlten die Stadt. Nach dem Krieg wurde Allendorf zur neuen Heimat für viele Flüchtlinge. Die Menschen kamen aus Ostpreußen, Pommern, aus Sudetendeutschland und Schlesien, „das war eine ganz gemischte Gesellschaft", erinnert sich Margot Käßmann. Es ging nach dem Krieg bald wieder wirtschaftlich aufwärts. 1956 kam die Schokoladenfirma Ferrero nach Allendorf. Die ersten Gastarbeiter holte die Eisengießerei Winter aus der Türkei. Andere kamen aus Italien, Jugoslawien und aus Portugal. Stadtallendorf – so heißt die Stadt seit einer Gebietsreform 1977 – wurde zur Multikulti-Stadt.

Margots Tagebuch spiegelt das ganz normale Leben einer Familie in den deutschen Wirtschaftswunderjahren: „Vati hat seinen 50. Geburtstag zu Hause gefeiert und als Geschenk ein Fass Bier und Gläser gekriegt." – „Das mit den Weihnachtsgeschenken werde ich nie schaffen. Für Omi habe ich zwar eine Stola fertig und fange für Mutti eine Weste an." – „Von Tante Frieda 50 Mark bekommen, davon habe ich mir einen Schwarz-Weiß-Schnellentwickler gekauft. Die Bilder werden gut, aber die Filme sind so teuer: 3 Mark 50."

Mit 13 schreibt sie: „Menschen verändern sich. Das merke ich immer wieder, besonders an mir. Ich bin jetzt in einer neuen Klasse und habe Latein. Das fand ich falsch." Sie teilt ihre Geheimnisse mit dem Tagebuch. „Während ich vorgestern drei Zigaretten geraucht habe, waren es heute mit Birgit schon wieder vier." Jungs spielen eine immer größere Rolle. „Als ich mit Ursula im Kino war, saß ich neben einem jungen Mann. Wir haben die ganze Zeit Händchen gedrückt. Wir haben

Im alten Klassenzimmer, 2014

Urlaub an der See mit Schwester Gisela

uns jetzt ein bisschen näher kennengelernt, lieben tu ich ihn aber nicht." Die Pubertät überwältigt sie. Sie kauft sich einen Midimantel und einen Parka. „Und auch schminke ich mich, was Mutti absolut verabscheut."

Selbst ihre tiefsten Seelennöte vertraut Margot dem Tagebuch an: Die Gefühle gegenüber der oft so strengen Mutter und ihren pubertären Weltschmerz mit Fantasien.

1971 bringt ein einschneidendes Erlebnis. Die Mutter war mit allen drei Töchtern für ein paar Tage in den Urlaub gefahren. St. Peter-Ording hat sie als Ziel gesetzt, die frische Seeluft wird ihnen allen guttun. Margot ist glücklich. Endlich mal raus aus Allendorf und aus dem Alltag. Sie hatte ihrer Mutter lange in den Ohren gelegen, dass sie endlich

mal wie Hanni und Nanni Reiterurlaub machen möchte. Und tatsächlich hat die Mutter es möglich gemacht:

Nach einer gemeinsamen Woche an der Ostsee ist für Margot eine Woche Reiterhof gebucht. Dorthin sind sie jetzt unterwegs. Schwester Gisela hat gerade den Führerschein gemacht und fährt das Auto, einen orangenen Renault, Modell R6. Auf dem Beifahrersitz Margot. Hinter ihr die Mutter, daneben Schwester Ursula. Starker Regen macht die Straßen zu gefährlichen Wasserbahnen. Sie fahren am Nord-Ostsee-Kanal entlang. Zwei Eichhörnchen hüpfen über die Straße. Gisela will ausweichen, der Wagen brettert gegen die Leitplanke, überschlägt sich. Margot fliegt durch die Frontscheibe. Das Auto bleibt auf der Beifahrerseite liegen. Die beiden Schwestern kriechen unversehrt aus dem Blech, die Mutter bleibt schwer verletzt im Auto. Gisela und Ursula wollen sie rausziehen – unmöglich. Nach kurzer Zeit kommen zwei Männer, laufen zum nächsten Bauernhof und alarmieren einen Krankenwagen. Die Feuerwehr befreit Mutter Schulze aus dem Wrack, dann wird sie auf eine Tragbahre gehoben und in die Klinik gefahren. Auch Margot muss ins Krankenhaus. Sie ist noch mal glimpflich davongekommen, nur das Steißbein ist gebrochen. Ihre Mutter hingegen ist nur knapp einer Querschnittlähmung entgangen, zwei Rückenwirbel sind gebrochen. Sie muss im Krankenhaus Friesoythe bleiben, Gisela bleibt zunächst in ihrer Nähe. Robert Schulze kommt und holt die beiden anderen Töchter ab.

Obwohl sie 400 Kilometer entfernt von Allendorf im Krankenhaus liegt, bleibt Mutter Schulze präsent. Sobald sie kann, schreibt sie Briefe. Täglich. Voller Ratschläge für die Familie zu Hause.

Margot ist betroffen, dass ihre Mutter verletzt ist, aber gar nicht so unglücklich darüber, dass ihre Mutter mal für eine Weile außer Gefecht gesetzt ist. Sie genießt die Freiheit, trifft sich mit Freunden. Die Möglichkeiten in Allendorf sind beschränkt. Aber da gibt es ja – Gott sei Dank! – die Herrenwaldkirche. Und Pfarrer Lauer, der weiß:

Kirche und Glauben haben etwas mit Freiheit zu tun. Margots Mutter findet ihn zu lasch. Dabei möchte er doch nur den jungen Menschen einen geschützten Raum bieten, in dem sie eigene Erfahrungen sammeln können. Also hilft er dabei, dass sie sich den Keller unter der Kirche für sich herrichten. Aus einem Abstellraum wird ein Disco-Keller. Eine Theke, eine Musikanlage, buntes Licht, ein paar alte Sofas und Kissen: Viel braucht es gar nicht, um den Jugendlichen einen Ort zum Feiern zu bieten. Viele Konfirmanden kommen, auch andere Jugendliche aus Allendorf fühlen sich dort wohl. Die Mädchen und Jungen probieren aus, wie das gehen könnte mit dem anderen Geschlecht. Es wird getanzt und getratscht, geraucht, geschwoft und auch geknutscht. Wie kommt man anderen näher, wie fühlt sich das an, was tut gut, was nicht?

Pfarrer Lauers Experiment geht auf: Das Kirchengebäude wird zum Anziehungspunkt für Jugendliche. Oben wird Gottesdienst gefeiert, unten feiern die Jugendlichen. Auch Margot ist dabei. Und Andreas, den kennt sie schon aus dem Posaunenchor. Er hat viele Geschwister, weiß sie, und er ist katholisch – und sehr nett. Andreas teilt ihre Zuneigung. Aus den Boxen tönen „My Sweet Lord" und „Angie", T. Rex und Deep Purple. Margot und Andreas

In der Notkirche. Hier wurde Margot getauft

Posaunenchor mit Jugendfreund Andreas

halten Händchen. Die erste Liebe ihres Lebens. Wunderschön. „Ich kam mir zu alt und zu pummelig und er kam mir zu jung und zu dünn vor", erinnert sie sich heute und lacht: „Das hat sich dann schnell verändert."

Nicht nur auf Partys treffen die beiden sich. Der Posaunenchor, in dem auch Margot mitspielt, bietet viele Gelegenheiten, auch Freizeiten. Margot ist in der Kindergottesdienstgruppe, Andreas macht bald auch mit, dass er katholisch ist, stört niemanden, schließlich ist auch Fehim dabei, ein muslimischer Türke. Als sie das Krippenspiel aufführen, spielt Fehim einen Hirten. Vielfalt ist angesagt in der evangelischen Herrenwaldkirche.

Dann, am 16. April 1972, die Konfirmation. Erst die Prüfung im Vorstellungsgottesdienst. Die Mädchen kichern, Pfarrer Lauer versucht, den Jugendlichen den nötigen Ernst zu vermitteln. Margots Konfirmationsspruch stammt aus dem Buch der Sprüche, Kapitel 5, Vers 31: „Denn eines jeden Wege liegen offen vor dem Herrn, und er hat Acht auf aller Menschen Gänge."

Die Wege, die Margot Käßmann offenstehen, führen bald weit weg ...

Konfirmationsurkunde

SEHNSUCHT NACH LEBEN

Der Frankfurter Flughafen ist riesig. Erst recht für Margot Schulze. Noch nie ist sie geflogen, die weitesten Reisen führten sie bislang gerade mal nach Berlin oder zum Schüleraustausch in Bristol und Frankreich. Und nun besteigt sie den Lufthansa-Jet, zusammen mit weiteren Austauschschülerinnen und -schülern. Ihr Ziel: Montreal, Kanada. In der Tasche 200 Dollar, die hatten die Eltern ihr noch zugesteckt. Was war geschehen?

Am Schwarzen Brett des Elisabethgymnasiums hatte Margot einen Aushang entdeckt. „Assist", eine Organisation, die für europäische Schülerinnen und Schüler Stipendien in amerikanische Internate vermittelte, rief zu Bewerbungen auf. Versuchen kostet nichts, also füllte sie das Formular aus. Ein paar Wochen später fand sie im Briefkasten eine Einladung zu einem Vorstellungsgespräch. Sie fuhr nach Frankfurt, stellte sich dem Auswahlkomitee – und überzeugte. Das Stipendium war ihr sicher: ein Jahr lang Unterricht an der renommierten Hotchkiss School in Lakeville, Connecticut, an einer der wohlhabendsten Highschools der USA.

Sieben Stunden Flug liegen vor ihr. Große Vorfreude, aber auch Gedanken an die Situation zu Hause. Ihrem Vater geht es nicht gut. Zwei Jahre zuvor hatte er bereits einen Herzinfarkt. Eine Folge der Kriegserlebnisse? Zu viel Arbeit? Das Leben zu ungesund? Ehepaar Schulze handelte rasch. Tankstelle und Werkstatt wurden an die Gesellen Günther und Manfred übergeben. Robert Schulze darf noch etwas mitarbeiten, doch die Last der Verantwortung ist von seinen Schultern genommen. Gertraut Schulze besann sich auf ihren erlernten Beruf und arbeitet als diakonische Gemeindeschwester. Sie ist nun das Herz der Gemeinde, besucht Kranke und Gebrechliche, arbeitet eng mit dem evangelischen Pfarrer zusammen. Endlich ein festes, eigenes Einkommen, das lässt ihre finanziellen Sorgen weichen.

1975

Viel hatte ihr Vater Margot über „die Amis" erzählt. Sie fliegt mit positiven Erwartungen in die USA: Die Amerikaner sind in den Augen ihrer Eltern die Guten, die Befreier, im Gegensatz zu den bösen Russen. Amerika ist Sehnsuchtsort für so viele Deutsche. Am Flughafen Montreal wird die Gruppe abgeholt. Zur Stärkung geht's ins nächste McDonald's-Restaurant. Milkshakes, Pommes, Burger – wow, Margot ist beeindruckt. Dann geht es gen Süden über die Grenze in die USA, sechs Stunden Autofahrt sind es bis zur Hotchkiss-Highschool. Was für eine Schule! Der Campus gleicht einem Park, zwischen zwei Seen gelegen, sogar kleine Wälder gibt es auf dem Gelände. Die Gastfamilie nimmt Margot freundlich auf. Englisch sprechen ist angesagt: learning by speaking. Margot findet sich schnell zurecht.

So schön alles scheint: Vor Ort lernt Margot auch die Schattenseiten der USA kennen. Zum Beispiel die Armut, die man einigen Menschen auf der Straße ansieht. Und den Rassismus. An ihrer Schule lernen Kinder reicher Eltern in wunderschöner Umgebung und erhalten beste Bildung. Sie sind privilegiert; Jugendliche anderer Hautfarbe jedoch weitgehend ausgeschlossen. Die wenigen, die es an die Schule geschafft haben, mussten um ein Stipendium kämpfen, das sie, wenn überhaupt, meist wegen großer sportlicher Leistungen erhielten. Margot verbringt die meiste Zeit mit diesen Stipendiaten, fast nur Schwarze. Von ihnen lernt sie viel – auch, dass es einen schwarzen Baptistenpfarrer gab, der sich friedlich und vehement gegen den Rassismus eingesetzt hatte – und 1968 von einem Attentäter ermordet wurde: Martin Luther King.

Über ihn möchte Margot mehr erfahren, sie sammelt alle Informationen, die sie finden kann, stöbert in der Schulbibliothek. Wie dieser Mann seinen Glauben gelebt hat – fromm, aber nicht frömmelnd, der Welt und ihren Problemen zugewandt, statt sich in eine Kirchengemeinde zurückzuziehen – das imponiert ihr. Und wie leidenschaftlich und überzeugend er reden konnte! So klar waren seine Stellungnahmen gegen Rassismus und auch gegen den Krieg, wie Margot sie in Deutschland von kirchlicher Seite nie gehört hat. Bei allen politischen Äußerungen blieb er fromm, erklärte an-hand von biblischen Geschichten, dass Ungerechtigkeit und Gewalt dem Reich Gottes entgegenständen. Margot ist be-geistert. Zwar wusste sie von zu Hause, vor allem von ihrer Großmutter, dass Glaube und Alltag zusammengehören. Dass der Glaube aber auch politische Konsequenzen fordern kann – das war ihr neu. Martin Luther King war revolutionär, aber friedlich; um seine Vision von einer gerechten Welt in die Wirklichkeit umzusetzen, plädierte er für kleine Schritte. Mit dem friedlichen Mittel eines Massenstreiks erreichte er, dass es in Bussen keine Rassentren-nung mehr gab. Und er empfahl, auch den Gegnern mit Liebe entgegenzu-

treten, nicht mit Hass. „Wie sein be-rühmter Namensvorfahr verbannte er den Glauben nicht ins Abseits des Klosters oder der Kirche, sondern sah den Bewährungsraum des Glaubens mitten in der Welt", schwärmt sie noch heute. Martin Luther King wurde ihr damals zum Vorbild.

Auch, weil er so eindeutig für das Ende des amerikanischen Einsatzes im Vietnamkrieg plädierte. Die Bilder der von Napalmbomben gezeichneten Kinder standen aller Welt vor Augen. Trotzdem sahen es viele US-Bürger als Sache der Ehre an, den Krieg bis zum bitteren Ende zu führen. Martin Luther King hatte sich schon 1965 für Verhandlungen eingesetzt und wurde

Mit Roller, 1974

38

Sprecher der Anti-Kriegsbewegung. Er vertrat konsequent die Auffassung, dass sich Konflikte gewaltfrei lösen lassen – in Familien, Gesellschaften, auch zwischen Nationen. Die Menschen könnten Gewaltlosigkeit lernen, davon war er überzeugt. Er vertraute auf die Kraft der Liebe ganz im Sinne Jesu. Damit erreicht er nach seinem Tod auch das Herz der Margot Schulze aus Stadtallendorf.

Sie wählt ihn als Thema ihrer Abschlussarbeit in Hotchkiss. „Martin Luther King – a nonviolent fighter“, steht in sauberer Handschrift auf dem Titelblatt, abgegeben am 8. März 1975. Auf 33 Seiten schildert sie sein Leben und seinen Glauben, beschreibt den Rassismus in den USA und das Attentat. Der Lehrer ist begeistert, „excellent“, schreibt er unter die Arbeit, nur ein bisschen zu viel habe sie zitiert. Außerdem lobt er die Fortschritte in Margots Sprachkenntnis. 43 Jahre später holt Margot Käßmann die Arbeit noch einmal hervor: Anlässlich des 50. Todestages Martin Luther Kings schreibt sie ein kleines Buch über ihn. „Ganz anders könnten wir leben“, lautet der Titel. Kreise schließen sich. So viele Wendungen ihr Leben genommen hat – Martin Luther King bleibt ihr ein Vorbild. So etwas wie ein großer Bruder im Geiste. Oder, besser gesagt, ein geistlicher Vater?

Auf dem Pferd, 1972

Über ein halbes Jahr lang ist Margot bereits in Hotchkiss, hat andere Jugendliche kennengelernt, es wird gelernt und viel gefeiert. Sie genießt das Leben in der Fremde. So viele Eindrücke! Und das erste Mal ist sie Weihnachten nicht zu Hause. Im Januar 1975 ein unerwarteter Anruf. Ihr Onkel. „Weißt du eigentlich, wie krank dein Vater ist?", fragt er mit besorgter Stimme. Margot stutzt. Dass es so schlimm um ihn steht, hat sie nicht gedacht. Der Vater hatte ihr doch kürzlich noch liebe Briefe in die USA geschickt und kein Wort davon gesagt, dass es ihm schlecht geht …

Sie erzählt ihrem Lateinlehrer von der Krankheit ihres Vaters. Der spricht mit der Schulleitung, die beschließt: Margot darf für eine Woche nach Hause fliegen. Die Schule bezahlt sogar den Flug. Der Lehrer fährt sie zum John-F.-Kennedy-Airport in New York. Sieben Stunden Flug in die Heimat. Was wird sie dort erwarten?

„Ich war relativ hilflos", erinnert sie sich heute. Sie besucht ihren Vater im Marburger Krankenhaus. Von einer Ärztin möchte sie wissen, wie schlimm es ist. „Bauchspeicheldrüsenkrebs", erklärt die ihr, „es kann drei Tage, drei Monate oder drei Jahre dauern, das kann man nicht sagen." Soll sie in Marburg bleiben oder zurückfliegen?

Die 16-Jährige ist ratlos. „Flieg!", sagt ihre Mutter, ihr Vater stimmt zu: „Du kannst mir ja nicht helfen." Sie tut, was die Eltern ihr raten, und nimmt den Flieger, der sie zurück nach New York bringt. In Gedanken bleibt sie beim Vater.

Eine Woche später. Auf dem Flur klingelt frühmorgens das Telefon. Sie ahnt, dass es für sie ist. Diesmal ist ihre Mutter dran, in Deutschland ist es Mitternacht. Der Vater ist gestorben. Die Gedanken rotieren. War es richtig, zurückzufliegen? Hätte sie bei ihrem Vater bleiben sollen?

In der Schule erzählt sie niemandem davon. Begierig liest sie die Briefe ihrer Mutter, die recht pragmatisch klingen. Ob sie das Haus verkaufen und ein neues kaufen solle, überlegt die Mutter.

Margot denkt darüber nach, ob sie das Angebot der Schule annehmen soll, den USA-Aufenthalt zu verlängern und vielleicht sogar den Abschluss hier zu machen. Erstmals kommt ihr in den Sinn, Theologie zu studieren. Als sie es ihren Lehrern erzählt, zeigen die ihr Möglichkeiten auf, wie sie nach dem Schulabschluss ein Stipendium für eine Theologische Hochschule erhalten könnte. Doch letztlich hält sie die Tatsache, dass sie mit einem amerikanischen Abschluss nicht in Deutschland studieren kann, von der Zusage ab. Außerdem

40

winkt die Marburger Elisabethschule mit der Möglichkeit, das Jahr in den USA anzurechnen. Sie muss die 11. Klasse dort also nicht wiederholen.

Im Juli ist das Austauschjahr um. Time to say goodbye. Der Flieger bringt Margot zurück nach Deutschland. In Stadtallendorf ist alles anders als vor einem Jahr. Der Vater ist begraben. Die Schwestern haben sich an seinen Tod schon gewöhnt. Gisela, die ältere, heiratet kurz darauf, ein Fest der Freude. Keine Zeit für Trauer! Die Mutter hat sich entschieden, das Haus zu verkaufen und ein kleines neues zu bauen, auch in Stadtallendorf.

Margot fühlt Leere. Sie steht so neben sich, dass sie drei Monate lang nicht in ihr Tagebuch schreibt. Andererseits ist sie jung, gerade 17 Jahre alt, will in die Welt hinaus. Heute, im Rückblick, bedauert sie, dass sie sich nicht richtig vom Vater verabschieden konnte, „für den Trauerprozess blieb mir kein Raum". Lange wird ihr das nachgehen.

Doch nicht nur zu Hause ist alles anders. Die Zeit in Amerika hat auch sie selbst verändert.

Viel selbstbewusster ist sie als zuvor. Mathe? In der zehnten Klasse eine Vier, jetzt bekommt sie lauter Einsen und Zweien. Und tolle Lehrer hat sie nun. Dr. Hofmann zum Beispiel, der immer auf den Zehen wippt und tiefgründi-ge Sprüche draufhat. Er liest mit den Mädchen *Effi Briest*, Friedrich Schillers *Räuber* und *Die Physiker* von Friedrich Dürrenmatt. Als er sich mit ihnen über ihre Berufspläne unterhält, sagt Margot, sie möchte Theologie studieren. Viele lachen, Dr. Hofmann reagiert mit tiefsinnigem Humor: „Mönchlein, Mönchlein, du gehst einen schweren Gang …"

Dann steht das Abitur an. Nach den Klausuren gönnt sich Margot eine Ruhepause. Sie fährt mit Cousine Monika gen Frankreich – das Ziel: La Rochelle an der Atlantikküste. Zweimal war sie dort in der Nähe auf einer Farm im Schüleraustausch. Der alte R4 hält durch, entspannt tuckern sie die Straßen entlang. Wieder zurück, besteht Margot auch die mündlichen Prüfungen. Anders als in den Jahren nach 1968 wird das Abiturzeugnis wieder im Rahmen eines kleinen Festaktes übergeben.

KUCKUCKSUHREN

Notendurchschnitt 1,8 – ziemlich gut für ein Abi-Zeugnis. Das öffnet ihr viele Möglichkeiten. Margots Schwestern sind schon auf dem Berufsweg: Ursula arbeitet als Referendarin, Gisela studiert Psychologie in Gießen. Margot möchte erst mal Geld verdienen. Aber wie? Da gibt es doch den Großonkel in Titisee. Tief im Schwarzwald betreiben Klaus Drubba und seine Frau ein Hotel. So viele Touristen aus aller Welt kommen in den bilderbuchartig gelegenen Ort, dass der Onkel seine Geschäfte ausweiten will. Bei den Gästen, gerade bei denen aus den USA, sind Kuckucksuhren beliebt. Also eröffnen die Drubbas zwei Souvenir- und Uhrenläden samt Restaurants.

Margot Schulze tritt den ersten Job ihres Lebens an. Drei Monate arbeiten – sie hilft im Restaurant, serviert Schwarzwälder Kirschtorte und Kaffee.

Was sie jedoch viel lieber macht, ist, im Uhrenladen zu verkaufen. Die amerikanischen Touristen, die Titisee besuchen, lieben Kuckucksuhren in allen Formen. Im Laden tickt und klackert es, die Wände hängen voller hölzerner Uhren, mal geht hier ein Türchen auf, mal dreht sich dort ein Karussell, mal tanzt ein Schwarzwaldmädel vor dem Zifferblatt, oder es röhrt ein Hirsch über der Zwölf.

Mittendrin steht Margot mit freundlichem Lächeln, sie ist keck und überzeugend, spricht gut Englisch und hat Verkaufstalent. „An einem Tag hat sie 16 Kuckucksuhren verkauft", erzählt Klaus Drubba noch heute beeindruckt – „das war der Rekord!" Nach Feierabend trifft sie sich mit ihren Großcousins, es wird viel gefeiert.

Als sie nach Hause zurückkehrt, kauft sie sich für das verdiente Geld einen gebrauchten R5. Unabhängig zu sein bedeutet ihr viel.

Innerlich bereitet sich Margot Schulze auf etwas ganz Neues vor.

„JA, ICH WILL!"

Pfarrerin? Das will Margot eigentlich nicht werden. Aber den Glauben und theologische Fragen findet sie spannend. Damit möchte sie sich intensiver beschäftigen, möchte Theologie studieren. Allerdings nicht in Marburg, denn sie will nun weg von zu Hause. Dort wird es ihr zu eng. Vielleicht nach Kiel? Die Ostsee reizt sie – aber theologisch namhafte Professoren gebe es dort kaum, hört sie. Also entscheidet sie sich für Tübingen, die altehrwürdige Universitätsstadt. Im September 1977 packt sie ihre Sachen. Die Mutter versteht das. Sie war ja selbst mit 19 Jahren von zu Hause weggegangen.

Plötzlich findet sich Margot im Stammland der Pietisten wieder – der Anhänger jener evangelischen Tradition, die innere Frömmigkeit mit politischem Konservatismus verbindet. Sie mietet bei einer älteren Dame ein möbliertes Zimmer, Toilette über den Flur, zum Duschen muss sie ins Schwimmbad gehen. Im Vorlesungssaal sitzt sie mit 700 Studentinnen und Studenten. Trotzdem fühlt sie sich alleine an der riesigen Universität. Hebräisch und Griechisch muss sie nun lernen, Grundbedingung für Theologen, um die alten Schriften im Original lesen und entdecken zu können – und ziemlich viel Büffelei.

Der renommierte und charismatische Theologieprofessor Eberhard Jüngel spricht über die Schöpfungslehre. Sein neues Buch macht gerade Furore in der Fachwelt: *Gott als Geheimnis der Welt. Zur Begründung der Theologie des Gekreuzigten im Streit zwischen Theismus und Atheismus.* Ganz neue Denkwelten öffnen sich Margot Schulze. Der Kult um Professor Jüngel, der unter den Studenten viele „Jünger" findet, bleibt ihr allerdings fremd.

Margot hat nicht viel Geld. Die Mutter kann nur wenig überweisen. Etwas ist noch vom Job in Titisee übrig, doch das ist schnell aufgebraucht. Was tun? „Bewerben Sie sich doch bei Villigst", rät ihr Bernd Janowski im alttestamentlichen

Proseminar. „Villigst"? Der Name ist ihr unbekannt, sie macht sich kundig: Das Evangelische Studienwerk Villigst vergibt Stipendien an Studierende aller Fachrichtungen, die sich in protestantischem Geist gesellschaftlichen Zukunftsfragen widmen. Besonders gute Chancen auf Förderung haben Kinder aus Nichtakademikerfamilien. Margot bewirbt sich. Das Auswahlverfahren ist anspruchsvoll, doch Margot nimmt alle Hürden – auch die Hauptauswahl im westfälischen Villigst – und erhält eines der begehrten Vollstipendien. Ab dem dritten Semester ist sie „Villigsterin"

1978 in Israel

und bekommt 800 Mark im Monat. Viel Geld. „Das war ein Segen", sagt sie heute.

Noch wichtiger ist ihr aber die Gemeinschaft der Villigster, zu der sie jetzt gehört. Da weht ein freier Geist – ganz anders als in der „Studentenmission", der SMD. Nur kurz hatte sie dort mitgemacht, aber schnell gemerkt, wie sich der christliche Glaube zu Moralismus und Enge verzerren kann. „Pietkongs" werden die Mitglieder von den „linken" Theologen genannt, denen die mitunter aggressiven Missionsmethoden und die fundamentalistischen Anschauungen der SMD ein Gräuel sind.

Margot schaut sich in der Evangelischen Studierendengemeinde um. Die ESG ist offen. Wie hier versucht wird, Glaube und politisches Engagement zu verbinden, entspricht ihren Vorstellungen. Ein furchtbarer Fall beschäftigt gerade auch die ESGler: Die Tochter des Tübinger Theologieprofessors Ernst Käsemann ist in Argentinien von der dortigen Militärjunta festgenommen und zu Tode gefoltert worden. Die Weltpolitik wirft ihre Schatten über das beschauliche Tübingen. Professor Käsemann hatte die Bundesregierung um Hilfe gebeten. Doch wirtschaftliche Interessen, vor allem auf dem Gebiet des Waffenhandels, scheinen dazu beigetragen zu haben, dass die Politiker nicht vehement für eine Freilassung Elisabeth Käsemanns eintraten. Der Vater ist verzweifelt. In

44

der ESG berichtet er und erfährt viel Rückenstärkung. Der Professor und die Studierenden werden von einigen als „links" eingestuft – auch von der württembergischen Landeskirche, die der Studierendengemeinde Zuschüsse streichen will. Erst als Ernst Käsemann mit Kirchenaustritt droht, lenkt die Amtskirche ein.

In Deutschland tobt derweil der „Deutsche Herbst": Die RAF hat Hanns Martin Schleyer entführt, die Terroristen Andreas Baader, Gudrun Ensslin und Jan-Carl Raspe waren in Stuttgart-Stammheim inhaftiert worden. Mit der Entführung einer Lufthansa-Maschine wollten Palästinenser das RAF-Trio freipressen. Das war misslungen, die Bundesregierung zeigte Stärke, der Plan ging nicht auf. Am Tag nach der Befreiung der Geiseln in Mogadischu wurden die drei Inhaftierten tot in ihren Zellen gefunden. Wilde Spekulationen kommen auf: Selbstmord? Mord? Zur Obduktion werden die drei in die Anatomie der Tübinger Universität gebracht – in das Nebengebäude des Theologikums.

Hoch politisierte Zeiten und eine beklemmende Stimmung, in die Margot Schulze aus der oberhessischen Provinz da eintaucht. Auf den Straßen Polizeikontrollen, Sympathisanten werden gesucht. Margot fühlt sich hin- und hergerissen. Einerseits sieht sie, dass die hoch ideologisierten Terroristen angeblich für das Gute und für soziale Gerechtigkeit kämpfen wollten. Andererseits ist Margot strikt gegen jede Form von Gewalt. Selbst im Kampf gegen Unrechtsregime ist Gewalt für sie keine Option: ob in den Freiheitskämpfen in Lateinamerika oder im Kampf gegen das Apartheidsregime Südafrikas. Ja, die Gewalt der Diktatoren und des ungezügelten Kapitalismus erkennt sie. Doch in Diskussionen tritt sie – bis heute – für eine friedliche Änderung der Verhältnisse ein.

SPUREN AUS DER ZEIT JESU

In der ESG entdeckt Margot eines Tages einen Aushang: Der Marburger Professor Diethelm Conrad sucht Theologiestudenten, die mit ihm nach Israel fahren und bei archäologischen Ausgrabungen helfen. Das findet Margot spannend, aber die Reise kostet viel Geld. Also fährt sie in den Semesterferien wieder zu den Verwandten nach Titisee – acht Wochen Uhren verkaufen. Kurz vor der Abreise überraschen Onkel Klaus und Tante Ursel sie mit einem riesigen roten Rucksack, darin ein guter Daunenschlafsack und ein Buch: *Bibel, Spaten und Geschichte.*

Ausgrabungen auf dem Tel Akko

Wohlbepackt steigt sie im Sommer 1978 ins Flugzeug, Ziel: Tel Aviv. Vier Wochen lang ist der Tel Akko, ein Hügel im Norden Israels, ihr Arbeitsort. Margot ist fasziniert. Zusammen mit Professor Frank Crüsemann graben sich die jungen Leute Schicht für Schicht tiefer in die Vergangenheit, bis sie tatsächlich auf Erde und Relikte aus der Zeit Jesu stoßen. Viele Scherben finden sie, Zeugen biblischer Zeiten. Anschließend trampt Margot zwei Wochen lang durchs Land und besucht die heiligen Orte der drei abrahamitischen Religionen: die Klagemauer, die einst das Plateau am jüdischen Tempel stützte; den Felsendom, der jenen Stein überdacht, von dem der Prophet Mohammed in den Himmel aufgestiegen

sein soll; und viele Wirkungsorte Jesu: Bethlehem, Nazareth, den See Genezareth und Golgatha, wo er gekreuzigt wurde. Auch zum Toten Meer reist sie, schläft mit anderen heimlich auf der Festung Masada und sieht dort die Sonne aufgehen. Viele der Orte, die sie bisher nur aus der Bibel kannte, kann sie sich nun plastisch vorstellen. Eine gute Voraussetzung für ihr weiteres Studium. Und: Sie besucht Yad Vashem, die Gedenkstätte für die Opfer des Holocaust. Die Atmosphäre des Ortes und des Geschehenen überwältigt sie. „Ich habe nur Englisch gesprochen, damit niemand merkt, dass ich zum Volk der Täter gehöre." Über die Abgründe der

Vergangenheit zu sprechen und zu lernen, wie Versöhnung möglich werden kann: Diese Erfahrung steht ihr noch bevor.

WO IST GOTT?

Voller Eindrücke kehrt sie nach Tübingen zurück. Die nächsten Seminare stehen an. Die Gedanken Professor Jürgen Moltmanns ziehen Margot in den Bann, gerade auf dem Hintergrund ihrer Israelreise. „Kann man nach Auschwitz an Gott glauben?", fragt der Theologe kühn und stellt damit die überkommene Theologie und auch die evangelikale Frömmigkeit infrage. Schon seit ihrem USA-Aufenthalt, wo sie erstmals Juden begegnete, beschäftigten Margot ähnliche Fragen. Moltmann erzählt eine bewegende Geschichte des Holocaust-Überlebenden Elie Wiesel: „Ein Junge wird gehängt, nur weil er Brot gestohlen hat. ‚Wo ist Gott?', ruft jemand verzweifelt bei der Hinrichtung. ‚Da hängt er doch!', antwortet jemand aus der Menge." Gott ist da, wo Menschen leiden: Diese Erkenntnis setzt sich bei Margot fest und wird ihr eine wichtige Hilfe beim Umgang mit Leid. Gott schickt das Leid nicht, weder um uns zu strafen noch um uns zu prüfen – nein, Gott steht den Leidenden bei. „Theologie der Hoff-

nung" nennt Moltmann seine bahnbrechenden und konträr zur konservativen Theologie stehenden Erkenntnisse. Eine der wichtigsten besagt: Theologie kann sich nicht heraushalten aus gesellschaftlichen und politischen Prozessen. Die sogenannte Befreiungstheologie, die sich etwa in Lateinamerika auf die Seite der Opfer der Gesellschaft schlägt, indem sie gegen Missstände Einspruch erhebt, ist nur ein Beispiel für solch eine Theologie der Hoffnung. Theologie hat Relevanz für die Gesellschaft, lernt Margot damals; sie muss sich zum Unrecht in der Welt verhalten und äußern. Einige Bibelstellen versteht sie nun anders und umfassender als vorher. Dass Gerechtigkeit und Friede sich einst küssen werden, wie es im Buch des Propheten Jesaja heißt, zum Beispiel: Da ist nicht von Rechtfertigung vor Gott und Seelenfriede die Rede, sondern von ganz realer Gerechtigkeit unter den Menschen und von Frieden zwischen den Völkern.

Auch der Kirchengeschichtler Klaus Scholder inspiriert Margot. „Er hatte einen wunderbar bayerischen Tonfall", erinnert sie sich. Thema seiner Vorlesung: „Kirchengeschichte im Dritten Reich". Begierig saugt Margot Wissen auf: Wie leicht die Nazis auch in der evangelischen Kirche Fuß fassten und wie wenige Christen widerständig waren! Und sie hört eine Vorlesung bei Hans Küng, der sich gerade in heftigen

Auseinandersetzungen mit seiner Kirche befindet. Ihre erste Proseminararbeit schreibt sie bei dem katholischen Theologen Heribert zur Mühlen. Ihre Ehrfurcht vor dem Thema ist groß, ihre Angst zu scheitern auch: „Der Weg zu Luthers theologischer Erkenntnis". Der Professor gibt ihr eine glatte Eins – ein erstes Erfolgserlebnis. Margots Selbstzweifel, ob Theologie nicht zu schwierig sei für sie, erweisen ich als unbegründet. Nun hat sie es geschafft, zwei Welten zusammenzubringen: In den USA ihre erste Arbeit über Martin Luther King, nun die Arbeit über den Reformator. „Seitdem begleiten mich beide Luthers auf meinem Weg", sagt sie heute lachend.

Der Beruf Pfarrerin ist ihr inzwischen nicht mehr ganz fremd. Ihr Heimatort Stadtallendorf gehört zum Bereich der evangelischen Landeskirche Kurhessen Waldeck. Dort lässt sie sich nun in die Liste der Theologiestudierenden eintragen. Aus der Kasse der Landeskirche gibt es einen Zuschuss in Form von Büchergeld, 50 Mark im Semester, immerhin. Außerdem wird sie Teil des Netzwerks. Denn monatlich treffen sich die in Tübingen studierenden Hessen am Stammtisch. Das „geistliche Amt" wird langsam zur reizvollen Perspektive.

„HIER KÖNNEN ALLE MENSCHEN GLÜCKLICH WERDEN"

Viele Impulse bekommt Margot durch das Evangelische Studienwerk Villigst. Jeder Stipendiat muss an einem Großprojekt teilnehmen. Horizonterweiterung ist angesagt. Margot entscheidet sich zu einer Studienreise nach China. Ein spannendes Land. Gerade ist die „Viererbande" festgenommen worden, die nach dem Tod Mao Zedongs die Macht an sich gerissen hatte.

Nach der autoritären Gewaltherrschaft will China sich der Welt öffnen. Das Studienwerk möchte diese Chance nutzen und schickt 22 Stipendiaten aus elf unterschiedlichen Fachbereichen ins asiatische Riesenreich. Margot packt wieder ihren roten Rucksack, fährt im Zug nach Ostberlin, von da aus geht's mit dem Zug nach Moskau. Dort steigt sie um in die Transsibirische Eisenbahn. Über die transmongolische Eisenbahnstrecke geht es bis Peking. Sieben Tage dauert die Reise, knapp 10 000 Kilometer legen sie zurück, mit Tempo 60 geht es durch die Weiten der Taiga. „Ich hatte damals sehr lange Haare", erinnert sich Margot heute, „überall im Zug roch es nach dem Ruß der Lokomotiven. Nach der Fahrt waren wir alle total dreckig."

1969 auf dem Platz des Himmlischen Friedens (unten)
und der Großen Mauer (rechts)

Angekommen im Hotel in Peking, geht sie erst einmal in die Badewanne. Frisch gewaschen erkundet die Gruppe das geheimnisvolle China. Eine fremde Welt. Es gibt kaum Autos, und die Deutschen wirken wie Exoten, einige Einheimische wollen sie berühren, auch die langen Haare. Mit einem Kommilitonen streift Margot an einem programmfreien Tag durch die Stadt. Ein junger chinesischer Student kommt mit seinem Fahrrad auf sie zu, spricht sie auf Englisch an und lädt sie zu sich nach Hause ein. Es geht durch touristenfreie Straßen zu einem Wohnblock. Kohleofen, rot lackierter Fußboden, Mao-Poster an der Wand. Gastgeber Chou, 22 Jahre alt und Englischstudent, serviert Wasser und Kuchen. Während sich die drei unterhalten, arbeitet Chous gerade mal achtjährige Schwester Hung im Haushalt – und muss sich die Machosprüche ihres Bruders anhören: „Sie ist nicht hübsch, sie hat keine Wellen im Haar!" Margot ist empört.

Die drei diskutieren: Der Kapitalismus würde Unglück bringen, weil jeder gegen jeden kämpfe, meint Chou. In China jedoch könnten alle Menschen glücklich werden, bald herrsche Überfluss. Margot ist da anderer Meinung. Beim Abschied bittet Chou, nichts über den Besuch bei ihm zu erzählen, denn eigentlich sind private Kontakte während einer Chinareise streng verboten. Aufgebracht ist Margot vor allem über die Situation der Frauen in China. Sie stehen unter totaler Kontrolle. Die Unterjochung geht so weit, dass der Staat sogar befiehlt, Schwangerschaften abzubrechen.

Unter Aufsicht der durch das staatliche Tourismusbüro beauftragten Dolmetscher besichtigen die deutschen Studenten eine Fabrik und eine Schule. Sie sprechen mit Gewerkschaftsvertretern, Arbeitern, Ärzten. Natürlich besuchen sie auch die klassischen Reiseziele: die Große Mauer, die Ming-Gräber, den Kaiserpalast und den Himmelstempel. Nach Peking stehen Shanghai, Nanchang, Changcha, Guangzhou und schließlich Hongkong auf der Reiseroute.

Wieder zu Hause, wartet ein Brief aus China auf Margot – Absender: Fu, eine 21-jährige Studentin. Im Gedränge auf der Straße waren sie sich kurz begegnet, hatten Anschriften ausgetauscht. Eine Brieffreundschaft entsteht. Mit Interesse liest Margot, dass Fu im fernen Reich ähnliche Träume, Bedürfnisse und Wünsche hat wie sie selbst.

Im Abschlussbericht der Chinareise wehrt Margot sich gegen die üblichen Verallgemeinerungen: Es sei falsch, „ein Volk mit Begriffen wie ,Ameisenhaufen‘, ,gelbe Gefahr‘, ,rote Revolutionsmasse‘ auf einen Propagandanenner zu bringen. Von den Einzelpersönlichkeiten her gibt es in China genauso viele Variationen wie bei uns und überall, nicht weniger problematisch, nicht stärker manipulierbar, aber vielleicht ein bisschen hoffnungsvoller.“

EDINBURGH

Tübingen ist spannend und für den ersten Einblick in die Welt der Theologie und das Erlernen der alten Sprachen nicht schlecht. Doch Margot zieht es weiter in die Ferne, auch weil Villigst ein Auslandssemester von den Studenten fordert. Es wäre sinnvoll, rät man ihr dort, wenn sie zu ihren in den USA bereits erworbenen guten Englischkenntnissen auch noch die theologischen Fachbegriffe lernen würde. Das Tübinger Theologen-Stift pflegt einen Studentenaustausch mit dem New College in Edinburgh – perfekt. Also packt Margot nach ihrer Rückkehr aus China gleich wieder den Rucksack und reist im Oktober 1979 nach Schottland.

Edinburgh ist eine wunderschöne Stadt, Harry-Potter-Flair, über den Gassen und der Universität thront das prächtige Schloss. Aber das Studieren ist hier ganz anders als in den deutschen, vom Geist der Studentenbewegung geprägten Unis. Der Unterricht ist sehr verschult. Margot sitzt mit ihren Kommilitonen in Stuhlreihen, wer etwas sagen möchte, muss sich melden.

Die Dozenten agieren wie Lehrer, fragen die Studenten ab, geben Hausaufgaben auf. Diskussionen sind selten, Frontalunterricht ist angesagt. Margot langweilt sich. Nur das Fach Neues Testament wird vom Professor etwas unterhaltsamer gelehrt. Außerdem erfährt sie in Edinburgh etwas über den beeindruckenden englischen Reformator John Knox, der – inspiriert von den Gedanken des Schweizer Reformators Johannes Calvin – die Bibel in die englische Sprache übersetzte.

Margot bewohnt ein Zimmer in einem Studentinnenwohnheim, einige Kommilitonen lernt sie näher kennen. Gemeinsam erkunden sie das Land, staunen über die unzähligen Seen, das Hochland, Loch Ness, of course. An Weihnachten fährt sie mit ihrem kleinen Renault für ein paar Tage nach Hause zu Mutter Gertraut, inzwischen ist die Großmutter zu ihr gezogen. Anfang Januar geht die Fahrt zurück in den schottischen Winter, dann ist das Semester auch schon fast vorbei.

In Edinburgh mit Freundin Dorothea

51

JÜNGER UND JÜNGERINNEN

Aus Edinburgh führt der Weg nach Göttingen. An der südniedersächsischen Universität herrscht ein fortschrittliches Klima, Margot lernt bei den Koryphäen der Zeit: Altes Testament bei Walter Zimmerli und Rudolf Smend, Neues Testament bei Ulrich Luz, Kirchengeschichte bei Bernd Moeller, Praktische Theologie bei Manfred Josuttis. Bei dem querköpfigen Neutestamentler Gerd Lüdemann lernt sie etwas über „Antipaulinismus im frühen Christentum". Der Theologe und Judaist Berndt Schaller bietet ein Seminar über „Frauen im Urchristentum" an. Natürlich diskutiert Margot auch hier mit, denn das Frauenthema wird ihr immer wichtiger. Neugierig nimmt sie die

Impulse der feministischen Theologie auf. Gemeinsam wird das Buch *Jenseits von Gottvater und Sohn* gelesen, in dem die amerikanische Theologin Mary Daly mit der männerzentrierten Theologie aufräumt. Das trifft sich mit dem, was Margot auf dem Kirchentag 1979 von der deutschen Theologin Luise Schottroff gehört hat, die unterdrückte Frauentraditionen in der Bibel erforscht und immer wieder auf eine vergessene Selbstverständlichkeit aufmerksam macht: Die Schar, die Jesus folgte, bestand aus Männern *und* Frauen, Jüngern und Jüngerinnen. Erst später haben die Männer Frauen systematisch aus der Bibel und aus dem theologischen Denken verdrängt.

1979

52

Zum Beispiel die Apostelin Junia, die lange als männlicher Apostel Junias in der Bibel stand, im Brief des Paulus an die Römer. „Ein Fehler, der heute sogar in katholischen Bibelübersetzungen eliminiert ist", freut sich Margot Käßmann. Was sie damals auch lernt: „Vater" ist nur *eine* Anrede für Gott. Gott tröstet wie eine Mutter, heißt es in der Bibel. Die Festlegung auf ein männliches Gottesbild ist eine theologisch nicht haltbare Verzerrung.

Frauengruppen entstehen, in denen Margot nicht nur die Bibel, sondern unter anderem auch ein Buch August Bebels liest: *Die Frau und der Sozialismus,* erschienen 1879. Der sozialistische Politiker trat vehement für die Frauenemanzipation ein, sein Buch endet kämpferisch: „Dem Sozialismus gehört die Zukunft, das heißt in erster Linie dem Arbeiter und der Frau."

Immer tiefer steigt sie aber auch in die Universitätstheologie ein, die sogenannte historisch-kritische Bibel-Lektüre öffnet ihr die Augen: Bibeltexte haben viele Dimensionen; man darf sie kritisch mit wissenschaftlichen Methoden lesen. Auch wenn historisch nicht alles genau so stattgefunden hat, wie es in der Bibel steht, beinhalten die Texte doch eine tiefe Wahrheit. Margots Neugier ist durch diesen Zugang jedoch noch lange nicht befriedigt. Die Situation der Menschen in biblischer Zeit kommt ihr dabei viel zu kurz. Schließlich geht es in der Bibel doch nicht nur um die Rechtfertigung des Menschen vor Gott, nein, die irdische Gerechtigkeit ist ebenso wichtig. Wie ist der Reichtum verteilt, wer prasst und wen dürstet, wer wird gefoltert und wer setzt sich für eine gerechte Welt ein, in der kein Mensch mehr hungern muss?

Die Propheten werden ihr wichtig, die bei den Herrschenden einklagen, dass Gerechtigkeit eigentlich fließen sollte wie ein nie verströmender Bach. Amos zum Beispiel, nach dessen Vorstellung nur jene Gläubigen fromme Lieder singen dürfen, die auch für Gerechtigkeit eintreten. Aber auch Maria, die Mutter Jesu, beeindruckt sie, wenn sie in einem Lobgesang ihre Vision äußert, dass Gott die Mächtigen vom Thron werfen wird. Wie selbstbewusst von einer „niederen Magd", zu der Maria oft verklärt wird! Und wie ermutigend, dass eine Frau so deutliche Worte findet! Und dann die Endzeitschilderungen des Johannes, der ankündigt, im Reich Gottes würden einst alle Tränen abgewischt, es werde kein Leid und Geschrei mehr sein. Wenn das Himmelreich schon auf Erden angebrochen sei, so auch Margots Meinung, dann müssten sich Christen doch jetzt schon darum bemühen, Gerechtigkeit auf Erden zu leben.

Fastenaktion in Göttingen

Mit einer folgenlosen inneren Frömmigkeit kann Margot Schulze wenig anfangen. Die Früchte des Glaubens sind ihr wichtig. Wer glaubt, blicke nicht nur versonnen in den Himmel, meint sie, sondern schaue die Wirklichkeit an, er blickt auch dahin, wo es wehtut: zu den Verlierern der Gesellschaft, damals in Israel genauso wie heute im jeweils eigenen Land. Die Bibel und der christliche Glaube schenken Kraft, unzumutbare, entwürdigende, ungerechte Zustände zu verändern.

In anderen Regionen der Welt wird die Bibel bereits auf diese Weise gelesen, erfährt Margot. Zum Beispiel in Nicaragua. Aus dem mittelamerikanischen Land dringen erstaunliche Berichte nach Deutschland und werden sogar an den Universitäten diskutiert.

Ein Priester namens Ernesto Cardenal liest in dem Dorf Solentiname regelmäßig mit Bauern die Bibel. Die Gespräche werden dokumentiert und erscheinen in Buchform auch in Deutschland. Es sind kraftvolle Texte, die die Lebenserfahrungen der Bauern mit den Geschichten der Bibel verbinden. Die Bauern von Solentiname leben in Gütergemeinschaft und haben sich der Herrschaft der Großgrundbesitzer entzogen. So wie die ersten Christen teilen sie ihr Hab und Gut – und eben auch die Bibel.

Schlicht und einfach die Bibel zu lesen, sie von der Heiligen Schrift zum Alltagsbuch zu machen: Das gefällt Margot. Ihr und vielen Gleichgesinnten erscheint Nicaragua wie eine erfüllte

54

Mit Kommilitoninnen und Kommilitonen in Tübingen

biblische Vision. Im Sommer hat die sandinistische Revolution das Regime des Diktators Somoza vertrieben, Ernesto Cardenal kehrte aus dem Exil zurück und wird zum Kulturminister ernannt.

Auch andere Befreiungstheologen, allesamt katholisch, die diese Art der Verbindung von Glaube und politischem Engagement gegen Willkürherrschaft und Ausbeutung fordern, werden Margot zum Vorbild. Etwa Leonardo Boff: „Ich werde bis zum Jüngsten Gericht für Gerechtigkeit kämpfen", sagt der franziskanische Theologe und nimmt dafür später Maßregelungen des Vatikans in Kauf. Von den lateinamerikanischen Befreiungstheologen lernt Margot: Die altehrwürdige deutsche Theologie ist allenfalls für die Grundlagen gut. Letztlich geht es aber darum, aus dem Elfenbeinturm der Universitätstheologie herauszutreten. Theologie darf keine Veranstaltung nur für Gebildete sein, sie hat erstens auch auf einfache Weise Glaubenswahrheiten zu erklären und darf zweitens die gesellschaftliche Wirklichkeit nicht aus den Augen verlieren.

Zusammen mit anderen engagiert sich Margot politisch. Die USA wollen neue Waffen in Europa aufstellen, eine Drohkulisse für Russland. In Göttingen protestieren die Studierenden mit der Aktion „Fasten für den Frieden", Pfarrer Ernst Arfken unterstützt sie. Sie besetzen mit einer Fastenaktion eine Kirche. „Es war uns sehr ernst", sagt Margot heute. Die Friedensbewegung wächst und ruft zu großen Demonstrationen gegen den NATO-Doppelbeschluss auf. Margot Schulze ist selbstverständlich dabei, als über hunderttausend Menschen auf dem Bonner Hofgarten gegen die vermeintliche Logik des Wettrüstens und für die Abrüstung des Westens demonstrieren.

Wenn ihr neben alldem mal Zeit bleibt, füllt Margot sie mit Fortbildungen. Sprachen möchte sie lernen, um die Welt besser zu verstehen. Ein Spanischkurs an der Uni reicht nicht, sie fährt zum Intensivkurs nach Malaga.

Wieder zurück, absolviert sie im Sommer 1980 das obligatorische Praktikum. Wie Kirchengemeinden funktionieren, kann sie sich vorstellen. Aber wie es in der „richtigen" Arbeitswelt zugeht, möchte sie nun wissen. Also bewirbt sie sich zusammen mit elf Kommilitonen für ein Industriepraktikum. Sie landet in einer großen Möbelfirma.

Schichtarbeit. Vier Wochen lang putzt und verpackt sie Schreibtische. Ziemlich ungewohnt und anstrengend ist das. Mit wachen Sinnen beobachtet sie die Arbeiterinnen. Einige kommen aus Griechenland, sie können den Stress nur aushalten, indem sie schon morgens um sechs Schnaps trinken.

Die Studenten empören sich über die enge Kungelei zwischen der Firmenleitung und dem Betriebsrat. Statt Arbeitnehmerinteressen durchzusetzen, spielt der Betriebsrat mit dem Firmenboss Tennis. Was soll das? Auf einer Pressekonferenz machen Margot und die anderen ihrer Entrüstung darüber Luft. Der verantwortliche Sozialpfarrer ist entsetzt. Diese Firma wird so schnell keine Theologiestudenten mehr zum Praktikum zulassen. „Wir fühlten uns revolutionär", lacht Margot Käßmann heute und erinnert sich an einen Spruch ihrer Mutter, die als Krankenschwester wusste: „Du musst keine Angst haben vor irgendwelchen Bonzen. In Unterhosen sehen sie alle gleich aus."

Danach reist die Gruppe zwei Wochen lang durch Ungarn und lernt die dortigen Arbeitsbedingungen kennen. Horizonterweiterungen gefallen Margot – aber auch einem der anderen Praktikanten. Eckhard heißt er, und er stammt aus Obersuhl, einem Ort an der Grenze zur DDR. Groß, schlank und an denselben Fragen interessiert wie sie. Auch er möchte Pastor werden. Die beiden kommen sich näher. Margot freut sich über den Ausblick auf privates Glück inmitten der unruhigen Zeiten. Eckhard studiert in Marburg. Noch ein Semester in Göttingen, dann möchte sie ihrem Herzen folgen und zu ihm ziehen.

Im Februar 1981 ist es so weit. Zum Sommersemester wechselt Margot an die Philipps-Universität in Marburg. Gemeinsam mit ihrem Freund Eckhard nimmt sie sich eine Wohnung: Zwei Zimmer, Küche, Bad, fünfter Stock unterm Dach. Die Wohnung ist so schlecht isoliert, dass im Winter Eisblumen innen an den Fenstern wachsen. Trotzdem: Margot und Eckhard sind glücklich.

Eine wilde Ehe unter künftigen Pastoren? Bei den Kirchenverantwortlichen sorgt das damals für nervöses Naserümpfen. Die Theologiestudierenden möchten doch bitte ihre Lebensverhältnisse klären, heißt es in einem Rundbrief. Margot und Eckhard fügen

Mit Eckhard Käßmann

sich und setzen sich einen Hochzeitstermin. An Margots 23. Geburtstag, am 3. Juni, soll es so weit sein – ein Datum, das man nicht vergisst. Leger gekleidet betritt das Paar das Standesamt: sie im indisch anmutenden Kleid, er in Jeans und weißem Hemd. Nach der Eheschließung geht's in die Kneipe, auf dem Weg dorthin werfen sie 30 Briefe mit Einladungen zur kirchlichen Hochzeit in einen Briefkasten.

Wenige Tage nach der Hochzeit geht es nach Hamburg. Der Deutsche Evangelische Kirchentag ruft an die Elbe. Das Motto: „Fürchte dich nicht!" Eine passende Zeitansage, denn die Furcht geht um angesichts der Aufrüstung auf beiden Seiten des Eisernen Vorhangs. An der Elbe stellen sich mehr als hunderttausend Christen die Frage: Wie können wir Frieden schaffen, ohne mit neuen Waffen weitere Angst zu erzeugen? Unzählige lila Schals machen den Kirchentag zu einer großen Kundgebung des christlichen Teils der Friedensbewegung. Jörg Zink, der auch in bürgerlichen Kreisen beliebte und vielen als unpolitisch geltende Fernsehpfarrer, stellt sich wortmächtig auf die Seite der Nachrüstungsgegner. Die von der wissenschaftlichen Theologie geschasste Theologin Dorothee Sölle lenkt den Blick der Christen auf die Ungerechtig-

Hochzeit

keiten in der Welt. Mittendrin: Margot Käßmann, geborene Schulze, und ihr Mann Eckhard.

Am 12. September um 14 Uhr findet die kirchliche Trauung im hessischen Dorf Bromskirchen statt. Ihre Schwester Gisela hat einen Pfarrer geheiratet, der hält den Traugottesdienst. Margot trägt ein weißes luftiges Kleid, weiße Sandalen und einen kleinen Hochzeitsstrauß; Eckhard einen dunklen Anzug mit locker gebundener Streifenkrawatte. Als Trauspruch wählen sie einen Bibelvers, der bereits über der Ehe ihrer Großmutter stand: „Seid fleißig zu halten die Einigkeit des Geistes durch das Band des Friedens". Die Familien Schulze und Käßmann feiern im Gemeindehaus das junge Glück, die

Mütter haben Rouladen mitgebracht, die Schwestern Kuchen. Das Brautpaar denkt schon weiter: Sie wollen eine Familie gründen.

Schon wenige Wochen später, an einem Samstagmorgen, hält Margot einen Schwangerschaftstest in den Händen. Positiv. Sie wird Mutter werden! Und auch beruflich tun sich neue Türen auf. Als das Paar wenig später vom Einkauf zurückkehrt, liegt ein Brief im Briefkasten. Absender: Evangelische Kirche in Deutschland. Margot Käßmann ist als Delegierte für die 6. Vollversammlung des Ökumenischen Rates der Kirchen 1983 in Vancouver eingesetzt. Kind, Exadmen, Vancouver. Sie freut sich auf die neuen Aufgaben, aber wie soll sie das alles schaffen?

Margot holt sich Rat, unter anderem bei dem damaligen Theologieprofessor Wolfgang Huber. „Toll sei das alles", unterstützt er die Studentin, sie könne doch für das Examen Themen der Ökumene wählen, dann habe sie zwei Fliegen mit einer Klappe geschlagen. Sie fühlt sich bestärkt und meldet sich für Vorbereitungstagungen an. Dort wird ihr klar: Hinter dem Horizont der deutschen Universitätstheologie wartet Großes. Da weht der Wind des Heiligen Geistes in anderer Weise. Während die Evangelische Kirche in Deutschland als behäbige, von alten Männern dominierte Institution agiert, die sich nicht traut, politisch eindeutig für Abrüstung und Gerechtigkeit einzutreten. Sogar die Frauenordination ist noch nicht in allen Landeskirchen anerkannt.

Weltweit sieht das anders aus. Da sind die 301 im Ökumenischen Rat der Kirchen zusammengeschlossenen evangelischen und orthodoxen Kirchen dabei, deutlich gegen Diktatoren, Kriegstreiber und Ausbeuter zu protestieren. „Krieg soll nach Gottes Willen nicht sein", hatte die Gründungsversammlung des Ökumenischen Rates 1948 in Amsterdam festgehalten. Die Evangelische Kirche in Deutschland ist eine der größten finanziellen Unterstützerinnen des Ökumenischen Rates der Kirchen. Leider aber erhebt sie bislang ihre Stimme gegen Menschenrechtsverletzungen nicht so deutlich wie der ÖRK.

Und nun ist Margot Käßmann von der Evangelischen Kirche in Deutschland zur Delegierten auserkoren worden. Margot erfährt, wie es dazu gekommen ist. Die Landeskirche Kurhessen-Waldecks sollte eine Teilnehmerin benennen, die mehrere Quoten erfüllt: eine Frau, jünger als 30 Jahre und nicht ordiniert. Dem Ausbildungsdezernenten fiel da gleich Margot ein – auslandserfahren, hoch engagiert im Studium, mit guten Englischkenntnissen. Sie ist Studentensprecherin und auch sonst nicht auf den Mund gefallen. Also schlug er sie vor. Eine ehrenvolle und ungemein spannende Herausforderung für Margot.

Zunächst aber steht ihr die Vorbereitung auf das Erste Theologische Examen bevor. Margot repetiert mit Eckhard die Grundlagen der Theologie, belegt ein Seminar über „Das geistliche Amt in der Kirche", studiert Ethik und Dogmatik bei Hans-Martin Barth und befasst sich mit der Christologie Paul Tillichs. Karteikästen füllen sich mit Lernkarten. In Lerngruppen paukt sie Examenswissen. Sie beherzigt den Rat Professor Hubers und wählt im Fach Kirchengeschichte als Spezialthema die Geschichte der ökumenischen Bewegung. Außerdem beschäftigt sie sich mit der ökumenischen Diskussion um Taufe, Abendmahl und Amt.

Eigentlich sollte es eine Hausgeburt werden, hatten Margot und Eckhard sich gedacht. An einem Sonntag im Mai setzen die Wehen ein. Alles steht bereit – nur der Gynäkologe weigert sich, an einem Sonntag zu kommen, die Hebamme aber darf den zu erwartenden Schnitt nicht nähen. Also ab in die Klinik.

Margot und Eckhard sind überglücklich, als sie ihre gesunde Tochter endlich im Arm halten. Sarah soll sie heißen, wie die selbstbewusste Frau des Patriarchen Abraham.

Nun wohnen sie zu dritt in der kleinen Dachwohnung. Schluss mit Ruhe, auch für die beiden älteren Damen, die unter der Familie wohnen. Die Organisation des Tagesablaufs verlangt den jungen Eltern viel Disziplin ab. Doch allem Kopfschütteln von Bekannten und Kommilitonen zum Trotz – es gelingt ihnen: Morgens lernt Margot, und Eckhard kümmert sich um Sarah, am Nachmittag tauschen sie die Aufgaben. Selbstverständlich wickelt Eckhard seine Tochter. Und er kocht gut und gerne – beides war in den Generationen zuvor nicht üblich unter Männern. Die frauenbewegte Frau und der „neue" Mann. Das passt.

Vier Wochen nach Sarahs Geburt, im Sommer 1982, unternehmen die drei

Mit Sarah, 1983

ihre erste gemeinsame Reise. Ihr Ziel: Eckhards Verwandte in Gotha, in der damaligen DDR. Da Eckhard aus Obersuhl direkt an der Grenze stammt und dort auch noch gemeldet ist, dürfen sie den kleinen Grenzverkehr nutzen, also viermal innerhalb eines halben Jahres ohne großen Visaantrag in die DDR reisen. „Wem gehört das Kind auf der Rückbank?", fragt der Grenzer, als sie wie gewohnt in ihrem Renault-Kastenwagen die Grenze erreichen. Mist. Die jungen Eltern hatten nicht daran gedacht, dass sie ja einen Pass für ihre Tochter brauchen. Der Grenzer schickt die drei also erst einmal zurück, damit sie einen Notpass für Sarah besorgen können. Erst danach geht es über die Grenze Richtung Gotha.

Eckhard pflegt engen Kontakt zur dortigen Verwandtschaft, sodass Margot von nun an häufiger in die DDR reist. So lernt sie den DDR-Alltag bereits gut kennen, bevor sie auch beruflich dort zu tun hat. Bei der Grenzüberquerung müssen jedes Mal 25 West-Mark zwangsumgetauscht werden. Doch wo sollen sie das Geld ausgeben? Obwohl der kleine Grenzverkehr ihnen nur die Reise bis Gotha erlaubt, fahren sie manchmal bis nach Erfurt, um sich in einer theologischen Buchhandlung umzusehen. Jedes Mal hat Margot Herzklopfen vor Angst, dass die Volkspolizei sie anhalten würde. Einmal kauft sie sich von den 25 West-Mark einen Filz-Luther mit Nickelbrille, er steht bis heute in ihrem Büro.

Anfang 1983 müssen die Examensarbeiten geschrieben werden, die mündlichen Prüfungen stehen im Mai an, und im Juni will Margot schon nach Vancouver reisen! Margot und Eckhard brauchen Hilfe. Gut, dass Mutter Gertraut ein Haus hat und gerade in Pension gegangen ist. Für ein paar Monate ziehen die jungen Eltern mit Sarah nach Stadtallendorf. „Das hat uns dann natürlich wahnsinnig geholfen", ist Margot Käßmann heute noch dankbar. Oft kümmert sich die Großmutter um ihre Enkelin und verschafft den Studenten so Freiraum zum Lernen.

Margot schreibt an ihrer letzten Seminararbeit. Sie hat ein sehr spezielles Thema im Fach Systematische Theologie ausgewählt: „Der Begriff des Wortes Gottes und das Verhältnis von Gesetz und Evangelium in der Barmer Erklärung und dem Ansbacher Ratschlag". Ihr Prüfer Jürgen Moltmann gibt eine Zwei dafür. Bei Moltmann eine Zwei! Margot ist erleichtert. Auch für die Examensarbeit, die sie noch abgeben muss, wählt sie ein theologisches Insiderthema: „Adolf von Harnacks ‚Wesen des Christentums' und Gerhard Ebelings ‚Wesen des christlichen Glaubens' – Analyse, Vergleich und Würdigung zweier Theologischer Konzeptionen". Professor Wilfried Härle benotet die Arbeit mit einer Eins. Durchschnittsnote des Examens: 1,7. Sehr gut.

Mit dem Fahrrad durch Vancouver

EINE ANDERE WELT

Das Examen ist geschafft. Sieben Tage bleiben Margot noch, um zu packen für sieben Wochen Übersee. Dann steigt sie mit Eckhard und der gerade einjährigen Sarah in den Flieger. In den USA angekommen, führt sie der Weg zuerst nach Vermont zu Margots alter Gastfamilie und auch an die Hotchkiss School. Margot möchte ihrem Mann zeigen, wo sie ihr Austauschjahr verbracht hat. Große Wiedersehensfreude – acht Jahre ist es nun her, dass Margot bei ihnen wohnte. Anschließend noch ein Besuch in Indianapolis bei einer alten Freundin, dann geht es weiter nach Vancouver. Dass sie in den kommenden vier Wochen mehr lernen wird als während ihres ganzen Studiums, ahnt sie noch nicht.

Margot ist erstaunt. Was für unterschiedliche Christen es gibt! Befreit wirkende lebenslustige Frauen. Orthodoxe in schwarzen Kutten und mit langen Bärten. Kirchenbürokraten in grauen Anzügen. Als Erstes steht eine Jugendkonferenz auf dem Programm. Sie diskutieren über Quoten. 15 Prozent aller ökumenischen Ämter sollten doch mit Menschen unter 30 Jahren besetzt werden.

Es folgt eine Frauenkonferenz, geleitet von Bärbel Wartenberg, einer deutschen Pfarrerin, die beim Ökumenischen Rat der Kirchen in Genf arbeitet. Auch hier wird über eine Quote diskutiert: die Frauenquote. Die Frauen üben sich darin, den Weg durch die Institution so zu gehen, dass sie taktisch klug zu Wort kommen und ihr Rederecht einklagen. Auch das selbstbewusste

Auftreten Ofelia Ortegas beeindruckt sie, der ersten Pfarrerin Kubas.

Und Ehemann Eckhard? Er kümmert sich vor allem um Sarah. Die drei sind zunächst bei einer Gastfamilie untergebracht. Es gibt einen Kindergarten für die Kinder der Konferenzteilnehmer. So können sie mit dem offiziellen Beginn auf das Veranstaltungsgelände ziehen. Dann erobert Sarah mit ihrem Charme die Herzen der anderen Teilnehmer. Sie lernt gerade laufen. „Manchmal denke ich, dass die Reise Sarah geprägt hat", meint Margot Käßmann heute, denn Sarah nimmt später begeistert an jeder Klassenfahrt und Auslandsreise teil, die sich ihr anbietet.

Einen der Hauptvorträge hält die deutsche Theologin Dorothee Sölle. Ein großer Eklat. Denn eingeladen wurde die streitbare Frau nicht etwa von der EKD, sondern von dem ÖRK-Generalsekretär Philipp Potter. Er ist angetan vom Gerechtigkeitssinn Sölles, von ihrer Unbestechlichkeit und ihrer schönen Sprache. Als sie an der Reihe ist, tritt sie im lateinamerikanischen Kleid ans Mikro. Ihre Worte treffen viele ins Mark. „Ich spreche zu Ihnen als eine Frau, die aus einem der reichsten Länder der Erde kommt; einem Land mit einer blutigen, nach Gas stinkenden Geschichte, die einige von uns Deutschen noch nicht vergessen konnten; einem Land, das heute, 1983, die größte Dichte von Atomwaffen in der Welt bereithält. Ich möchte Ihnen etwas sagen über die Ängste, die in meinem wohlhabenden und militaristischen Land herrschen; ich spreche zu Ihnen aus Zorn, in Kritik und mit Trauer." Margot ist beeindruckt. Dorothee Sölle gehört zu ihren Vorbildern, sie hat sie schon auf dem Kirchentag in Hamburg und auf der Anti-Nachrüstungsdemonstration in Bonn gehört. Wie machtvoll diese zierliche Frau über den Glauben und die politischen Konsequenzen daraus spricht, das gefällt Margot. „Wenn du dich auf die Bewegung der Liebe einlässt, wird deine Kraft gestärkt. Dein Reichtum wächst, je mehr du teilst. Wo immer du dich auf die Bewegung der Liebe einlässt, da ist die Liebe bei dir, die Fülle des Lebens", so endet Sölles Vortrag. Viele applaudieren. In der EKD-Delegation jedoch sind viele empört. Dass diese in der deutschen Amtskirche so unbeliebte Frau hier reden darf! „Donnerwetter, also das ist Mut!", denkt Margot.

Am Hiroshimatag werden aus allen Kontinenten Jugendliche bestimmt, die an einem Gebet für den Frieden am Pazifik teilnehmen. Am Ufer des Meeres versammeln sich die Gläubigen. Um die Vielfalt der Nationen zu zeigen, möge jeder und jede doch bitte Landestracht anziehen. Schwierig für Margot.

Sie hat allenfalls indisch anmutende Kleider im Koffer. Von der Schweizer ÖRK-Mitarbeiterin Reinhild Traifler leiht sie sich ein Dirndl aus, in dem sie neben einem schwarz gewandeten russisch-orthodoxen Priester am Strand steht.

Der Zentralausschuss des Ökumenischen Rates soll neu besetzt werden. Wahlen stehen an. Die EKD hat Anrecht auf sechs Plätze, wer die bekommen soll, das wurde vorab bereits vom Rat der EKD bestimmt, vier Männer und zwei Frauen, immerhin. Die Jugenddelegierten allerdings fühlen sich nicht vertreten – sie schlagen Margot Käßmann als Kandidatin vor. Ein kluger Schachzug.

Bei sechs Delegierten müsste es doch wohl hinzukriegen sein, dass eine junge Frau darunter ist? Margot sieht das auch so, fühlt sich aber etwas überrumpelt. Ob sie das kann und wirklich will? „Lass uns mal machen", ermutigen die anderen Jugenddelegierten sie und versuchen die EKD-Verantwortlichen zu überzeugen. Das ist nicht so einfach, denn eine der bereits bestimmten Kandidatinnen müsste dafür schließlich auf den ihr zugedachten Sitz verzichten.

Beim EKD-Ratsvorsitzenden Eduard Lohse stößt der Vorschlag auf Ablehnung. Aber er lässt in der Delegation abstimmen. Margot ist angespannt. „Ich hatte mich noch nie so gegen Autoritäten aufgelehnt", sagt sie heute, und dass

In Vancouver mit Vertretern verschiedener Konfessionen

sie „Rotz und Wasser" geheult habe. Aber Eckhard ermutigte sie.

Das Ergebnis der Abstimmung wird für den Ratsvorsitzenden zur Niederlage. Mehrheitlich stimmen die 30 EKD-Delegierten der Kandidatur Margot Käßmanns zu. Trotzdem versucht Eduard Lohse weiterhin, dies zu verhindern. Der Rat der EKD habe die sechs Kandidatinnen und Kandidaten bereits bestimmt, betont er, die in Vancouver weilende Delegation könne diesen Beschluss nicht einfach kippen.

Wenige Tage später finden die Wahlen der ÖRK-Vollversammlung statt. Jeder Kandidat, jede Kandidatin wird vorgestellt. Ein junger schottischer Pastor steht auf und lobt Margot Käßmanns Fähigkeiten in höchsten Tönen. Margot zittert vor Aufregung.

Die Abstimmung läuft, die Taktik geht auf: In einer Kampfabstimmung wird Margot Käßmann in den Zentralausschuss gewählt – gegen den Willen des Ratsvorsitzenden. Ein Ärgernis für die EKD-Leitung.

Freude mischt sich mit Bedenken, als Margot das Plenum verlässt. Im Foyer trifft sie einen der EKD-Verantwortlichen. Er werde ihr nicht die Hand geben, sagt er zornig, sie habe der EKD einen Platz genommen. Wie sie ihren künftigen Aufgaben überhaupt nachkommen wolle, fragt er weiter – so ganz ohne Büro: „Sie haben ja noch nicht mal ein Faxgerät!"

Glückwunschtelegramm

DIE WELT STEHT OFFEN

Als Margot nach Deutschland zurückkehrt, sind viele, denen die Ökumene und eine politisch engagierte Kirche am Herzen liegt, hocherfreut: Eine junge deutsche Theologin ist Mitglied des Zentralausschusses! Die Theologen Werner Simpfendörfer und Geiko Müller-Fahrenholz laden sie zu Tagungen ein, man trifft sich in der Initiative „Plädoyer für eine ökumenische Zukunft". Die Evangelische Frauenarbeit findet in Margot Käßmann eine Verbündete für ihre Kampagne „Kauft keine Früchte aus Südafrika". Margot kann sich vor Anfragen kaum retten. Große Erwartungen werden in sie gesetzt, und auch sie selbst hat sich einiges vorgenommen.

Wichtig ist ihr vor allem die Förderung eines Anliegens mit sperrigem Namen und wichtigem Ziel, des „Konziliaren Prozesses für Gerechtigkeit, Frieden und Bewahrung der Schöpfung". Die Vertreter der kirchlichen Arbeit in der DDR hatten in Vancouver vorgeschlagen: Die Kirchen der Welt sollten in der Tradition Dietrich Bonhoeffers ein „Konzil des Friedens" einberufen. Doch die Kirchenvertreter aus Afrika und auch dem Pazifik machten deutlich: Die Friedensfrage und die Themen Gerechtigkeit und Bewahrung der Schöpfung hängen zusammen. Um eine Initiative soll es gehen, mit der sich die Kirchen in absehbarer Zeit verbindlich gegen Rassismus, Sexismus, Militarismus und Klassenherrschaft aussprechen, ebenso gegen Umweltzerstörung und Aufrüstung. Und sie sollen ihren Worten Taten folgen lassen, indem sie etwa Friedensarbeit, Initiativen, die für Gerechtigkeit eintreten, und auch umweltpolitisches Engagement finanziell unterstützen. Dies gibt den Basisgruppen der armen wie reichen Länder Auftrieb, die Frömmigkeit und politischen Einsatz verbinden, und in ihrem Engagement oft von den Amtskirchen ausgebremst werden.

ES WIRD NICHT EINFACH

Im Juli 1984 findet die erste Sitzung des in Vancouver gewählten neuen Zentralausschusses statt. Margot reist nach Genf und freut sich, endlich aktiv werden zu können. Im Eröffnungsgottesdienst lebt der Geist von Vancouver noch einmal auf: lebendige Lieder, eine bunte Völkermischung, bewegende Gebetstexte. Im Anschluss eröffnet der Vorsitzende Heinz Joachim Held die Sitzung. Generalsekretär Philipp Potter, ein aus der Karibik stammender Theologe, trägt seinen Rechenschaftsbericht vor. Auch sonst ist die Sitzung von Regularien geprägt. Margot wird klar: So einfach lässt sich gar nicht in die Realität umsetzen, was da in Vancouver beschlossen wurde. Es dauert ihr viel zu lange, bis von der Vollversammlung formulierte Anregungen zu praktischen Konsequenzen führen.

Mutig stellt sie ihren ersten Antrag: Der „Konziliare Prozess" möge nun auch rasch und effektiv umgesetzt werden. Der Vorsitzende des Zentralausschusses, EKD-Auslandsbischof Heinz Joachim Held, weist den Antrag aufgrund eines Formfehlers ab.

In der Sitzungspause kommt Philipp Potter auf Margot zu. Was der imposante Generalsekretär des ÖRK wohl von ihr, dem Neuling, will? „Margot, let's go out", sagt er und fragt sie, was sie mit dem Antrag eigentlich bezwecke.

Sie sprechen kurz darüber, dann erklärt Potter ihr ruhig, wie sie ihn neu stellen kann, sodass er den bürokratischen Anforderungen genügt.

Margot reicht ihren Antrag noch einmal ein. „Margot Käßmann", ruft der Vorsitzende sie auf. Sie tritt ans Mikro: „I want to make an amendment to the amendment", formuliert sie formvollendet. Und siehe da, die Mehrheit der 150 Mitglieder stimmt ihrem Antrag zu. Ein erster Erfolg.

1987 beim ÖRK in Genf

67

„SIE WOLLEN DOCH NICHT ETWA EIN DIRNDL UNTERM TALAR TRAGEN?"

Neben all den neuen Aufgaben muss Margot das Vikariat absolvieren. Ihre Schwester vermittelt ihr einen Platz in ihrem Wohnort Wolfhagen. Margot, Eckhard und Sarah ziehen im Sommer 1983 in den kleinen, 30 Kilometer westlich von Kassel gelegenen Ort. Eckhards Vikariatsstelle ist in Hoof, eine halbe Stunde mit dem Auto entfernt. Für beide beginnt nun der praktische Teil der Ausbildung zur Pfarrerin und zum Pfarrer. Sie lernen, Gottesdienste zu halten und das Gemeindeleben zu organisieren. Verwaltungsarbeiten, Kirchenvorstandssitzungen, Gemeindeabende und Konfirmandenunterricht wechseln einander ab. Hinzu kommen die sogenannten Amtshandlungen: Taufen, Trauungen, Beerdigungen. Viel zu tun, viel zu lernen. Margots Vikarsvater Reinhold Kalden ist gewissenhaft und lässt sie an seinem Erfahrungsschatz teilhaben. Freitags muss Margot ihre Predigten abgeben, samstags spricht er sie mit ihr durch. Eine Frau hatte er bisher noch nicht im Vikariat, und so erlebt auch er Neues. Als Margot sonntagmorgens mit grünem Rock und Bluse in die Sakristei kommt, fragt er verdutzt: „Sie wollen doch nicht etwa ein Dirndl unterm Talar tragen?" Der Spruch wirkt bis heute. Noch immer trägt sie nur Schwarz unter dem Talar.

Margot und Eckhard haben viel zu tun, aber auch für Sarah ist gut gesorgt. Margots Schwester Ursula, die selbst gerade Erziehungsurlaub hat, kümmert sich zeitweise um ihre Nichte, wenn es für die Eltern zeitlich eng wird. Außerdem gibt es eine Tagesmutter, manchmal springen Freundinnen oder Margots Mutter ein – vor allem dann, wenn Margot und Eckhard tagelang im Predigerseminar sind.

Trotzdem fällt es Mama Margot oft schwer, sich von ihrer Tochter zu trennen. Besonders, wenn es beim Abschied Tränen gibt. Dann ruft sie so bald wie möglich zu Hause an, um zu hören, dass Sarah sich wieder beruhigt habe und vergnügt spiele.

Als Margots Mutter sich eines Abends meldet und erzählt, Sarah habe 40 Grad Fieber, eilen die Eltern sofort zurück nach Hause. Margot meldet sich für die nächsten Tage im Predigerseminar ab, die Kursleitung ist verärgert. Die Eltern aber bleiben jetzt und auch später bei ihrem Grundsatz: „Im Zweifelsfall zuerst die Kinder".

Vikariat auf dem Land – und trotzdem ruft die Welt. 1985 ist Margot Käßmann zu einer ÖRK-Reise nach Südamerika eingeladen. Von nun an muss sie für solche Veranstaltungen eine Dienstreisegenehmigung einholen, ungewohnt fühlt sich das an.

Doch eigentlich beschäftigt sie gerade ein ganz anderes Thema: Sie ist wieder schwanger, und die Schwangerschaft verläuft problematisch. Es wäre unverantwortlich, in diesem Zustand zu verreisen.

Als sie im Predigerseminar ist, setzen plötzlich Blutungen ein. Sofort fährt sie ins Krankenhaus. Der Arzt wirkt sorglos, „dann wollen wir mal lucki lucki machen", witzelt er. Bei der Untersuchung erkennt er den Ernst der Lage. Er muss eine Ausschabung vornehmen. „Fötale Elemente" seien gefunden worden, erfährt Margot hinterher. Die Situation ist sehr belastend. Nach zwei Tagen wird sie entlassen – das Leben muss weitergehen.

In Bewegung bleiben und Abstand gewinnen, das ist für Margot in schwierigen Momenten oft die beste Therapie. Sie besteigt den Flieger – Ziel: La Paz.

Josef Smolik, ein älterer Professor aus Tschechien, begleitet Margot. Als sie das Flugzeug verlassen, kollabiert der Professor neben ihr. „What happened, what happened?", fragt sie die beiden Bolivianer, die ihren Begleiter auf eine Trage legen und ins Haus bringen. „A Smoker!", antworten sie nur. Für die Flughafenmitarbeiter ist es gar nicht ungewöhnlich, dass Neuankömmlinge hier oben erst einmal zusammenklappen. La Paz liegt 4000 Meter über dem Meeresspiegel. Wer eine durchs Rauchen geschwächte Lunge hat und hier landet, kippt schon mal einfach um.

Was für ein Kulturschock, was für eine Armut hier. In einer Holzbaracke hält Margot einen Gottesdienst. Einige Besucher sind aus den Bergen heruntergekommen, drei Stunden Fußweg. Für das Essen danach wird eine große Plastikplane ausgebreitet, Frauen bringen in ihren riesigen Röcken heiße Kartoffeln und schütten sie auf die Plane. Dazwischen stellen sie Töpfe voll scharfer Soßen. Dann darf zugegriffen werden. Jeder nimmt sich von den Kartoffeln, tunkt sie in die Soße, es wird gegessen und geredet. Ein unvergessliches Festmahl.

Weiter geht es nach Argentinien, dort tagt der Zentralausschuss des ÖRK. In Buenos Aires trifft Margot sich mit den „Madres de Plaza de Mayo": Frauen, deren Kinder oder Enkel unter der Militärdiktatur verschleppt wurden. Auf dem Kopf ein weißes Tuch, umrunden sie an jedem Donnerstag den Platz; stumm und eindrucksvoll machen sie so auf das Schicksal ihrer Familienangehörigen aufmerksam.

Dort begegnet Margot auch dem Menschenrechtsaktivisten Arturo Blatezky. Er erzählt ihr, dass unter den politischen Gefangenen, die immer noch im Gefängnis ausharren müssen, eine Deutsche sei. Margot begleitet ihn ins Gefängnis und ist erschüttert. Mit ihrem Mann, einem Argentinier, war die Deutsche in der Opposition engagiert. Bereits vor sieben Jahren wurden die beiden festgenommen, trotz ihrer Schwangerschaft wurde die Frau gefoltert, auch mit Elektroschocks. Gleich nach der Geburt ihres Kindes wurde es ihr weggenommen. Der Junge lebt nun bei seiner Großmutter. Margot lernt ihn sogar kennen und feiert mit ihm zusammen Gottesdienst. Die Erlebnisse auf dieser Reise werden sie noch lange beschäftigen.

Voll neuer Eindrücke kehrt sie nach Wolfhagen zurück. Die Vikariatszeit neigt sich dem Ende zu, das Zweite Theologische Examen steht an. Am Ende erhält sie eine Durchschnittsnote von 1,57.

In die berufliche mischt sich private Freude. Nach der Fehlgeburt ein Jahr mit der nächsten Schwangerschaft zu warten, wie die Ärzte es ihr rieten – das dauerte Margot zu lange. Sie ist wieder schwanger und glücklich. Ein Psalmwort, das ihre Großmutter immer wieder zitiert hat, ist auch ihr wichtig: „Kinder sind ein Geschenk Gottes, wer sie empfängt, wird damit reich belohnt."

Am 20. Oktober 1985 werden Margot und Eckhard ordiniert. Ein großer Schritt ist getan. Jetzt könnten sie sich eine Pfarrstelle teilen, überlegen sie. Vielleicht in Marburg, Göttingen oder einer anderen Stadt. Aber es kommt anders, als es sich die beiden ausgemalt haben.

„DIE NEUE"

Es gibt weniger Stellen als junge Pfarrerinnen und Pfarrer. Ehepaare haben das Nachsehen. Für sie gibt es die Möglichkeit, sich entweder eine Stelle zu teilen, oder einer der beiden bekommt die Stelle, der oder die andere „darf" ehrenamtlich mitarbeiten. Für das Ehepaar Käßmann verfügt die Landeskirche die zweite Variante. Schließlich ist da schon die dreijährige Sarah, und Margot ist wieder schwanger, auch noch mit Zwillingen. Dass eine Frau mit drei kleinen Kindern hauptamtlich Pastorin wird, sei einer Gemeinde nicht zumutbar, meint die Pröpstin und erzeugt großen Druck: Eckhard

Ordination 1985

Käßmann soll die ganze Stelle übernehmen, und zwar nicht in einer Stadt, sondern im Kirchspiel Spieskappel, das sechs Dörfer umfasst. Margot, so heißt es, könne ja ehrenamtlich helfen. Sie ist sprachlos. Schon wieder meint jemand, dass sie Arbeit und Kinder nicht unter einen Hut kriegen kann – und diesmal auch noch eine Frau!

Margot und Eckhard fügen sich ihrem Schicksal und ziehen nach Spieskappel. Die Gegend ist ihnen vertraut, das Dorf liegt nur 50 Kilometer entfernt von Wolfhagen und außerdem nahe Margots Heimatstadt Stadtallendorf. An das Leben auf dem Land muss sie sich trotzdem erst gewöhnen. Das Pfarrhaus steht mitten im Dorf, einsehbar von allen Seiten. Ein kleiner Lebensmittelladen, eine Apotheke, ein Schuhladen und der Metzger sind erst im Nachbarort Frielendorf zu finden.

Die Gemeinde freut sich über den neuen Pfarrer. Dass dessen Frau keine typische Pfarrfrau, sondern selbst Pfarrerin ist, bleibt für viele allerdings gewöhnungsbedürftig. Die Gemeinde muss lernen: Die „Neue" bietet weder einen Kindersingkreis noch eine Flötengruppe an, bügelt keine Altardecken und lädt nicht zum Seniorennachmittag ein. Die „Neue" ist anders.

Margot fühlt sich unwohl: Sie hat

kein eigenes Einkommen, alle scheinen zu erwarten, dass sie sich in die Rolle als Mutter und Ehefrau fügt und ihrem Mann höchstens durch pastorale Hilfstätigkeiten zur Seite steht. Ein Rollenbild, das sie aus ihrer eigenen Familie nicht kennt – und das so gar nicht zu ihr passt.

Ganz im Gegensatz dazu stehen die Aufgaben beim Ökumenischen Rat der Kirchen. Dort steigt ihr Ansehen stetig. Am Rande einer Konferenz in der Schweiz überkommt Margot plötzlich die Lust auf ein neues Outfit. Sie geht shoppen. Eine freundliche und offensichtlich fähige Verkäuferin berät sie. Wenig später verlässt Margot den Laden mit einem dunkelbraunen Kostüm, einer beigefarbenen Bluse mit braunen Punkten und den ersten Pumps ihres Lebens, „allerdings nur mit niedrigem Absatz", amüsiert sie sich noch heute. Als sie im neuen Outfit bei der Konferenz auftaucht, spürt sie die Blicke ihrer Kollegen und eine neue Aufmerksamkeit. Nehmen die anderen sie nun etwa ernster, weil sie damenhafter gekleidet ist? Irgendwie scheint tatsächlich etwas dran zu sein an dem Spruch „Kleider machen Leute". Von nun an trägt sie das Outfit öfter bei Konferenzen. Veränderung ist angesagt, auch äußerlich.

Als Eckhard und Margot ihren Antrittsgottesdienst halten, sitzt auch Almut Wiedenhöft in der Kirche. Die junge Referendarin ist gespannt auf den neuen Pfarrer und seine Frau. Margots politisch engagierte Predigt macht sie noch neugieriger. Sie scheint frischen Wind in die Gemeinde zu bringen. Almut lädt Eckhard und Margot zu sich nach Hause ein. An einem warmen Sommernachmittag treffen sie sich. Die Familien sind einander sympathisch. Wenn Margot predigt, sitzt Almut Wiedenhöft nun öfter in der Kirche. Sie findet es gut, dass auch in Spieskappel über globale Probleme nachgedacht wird. Andere Gemeindemitglieder dagegen sind irritiert von Margots Predigtstil. Sie wünschen sich eine einfachere Sprache und griffige Geschichten aus dem Leben. Was die „Neue" da predigt, klingt für sie zu abstrakt.

Die Familien Wiedenhöft und Käßmann unternehmen viel gemeinsam, sie feiern zusammen Silvester, fahren in den Urlaub. Zwischen der bedächtigen, bodenständigen Almut und der oft rastlosen Margot entwickelt sich eine tiefe Lebensfreundschaft. Es tut Margot gut, eine Vertraute zu haben in dem kleinen Ort.

Regelmäßig ist Margot auch als Pastorin gefordert. Als Eckhard auf Konfirmandenfreizeit ist, ruft die Polizei an. Ein schwerer Unfall hat sich ereignet, es gibt vier Tote, alle aus Spieskappel, sie waren gerade auf dem Rückweg von der Arbeit. Margot soll den Polizisten begleiten, um den Angehörigen die Todesnachricht zu überbringen. Eine große Herausforderung. Der Polizist, gerade mal Anfang 20, fährt Margot zu den Familien. Die Verzweiflung der Angehörigen ist groß, bis heute hat sie deren Gesichter und den Moment, als sie vor ihnen steht, nicht vergessen.

Eine weitere schwere Herausforderung erlebt sie. Ein Mädchen stirbt, es ist nur fünf Jahre alt geworden. Margot muss es beerdigen. Der Sarg ist offen, das Mädchen liegt mit einer Barbiepuppe im Arm darin. Margot schluckt, versucht ihre eigenen Gefühle zu unterdrücken – und hält eine bewegende Trauerfeier.

Taufe der Zwillinge mit Sarah im Mai 1986

Diese Todeserlebnisse und eine neue Geburt liegen dicht beisammen. Einige Zeit später setzen bei Margot die Wehen ein, einen Monat zu früh. Margot wird unruhig. Eckhard fährt sie in die Klinik – diesmal jedoch nicht an die Uni nach Marburg, denn sie hat keine Lust, Medizinstudenten als Studienobjekt zu dienen. In Alsfeld hatte sie einen guten Frauenarzt gefunden; also fahren sie jetzt ins dortige Krankenhaus. Es ist seit rund zehn Jahren die erste Zwillingsgeburt, die hier stattfindet – aufregend auch für das Team im Kreißsaal. Dann geht es ganz schnell. Mit nur fünf Minuten Abstand sind zwei Mädchen auf der Welt: Hanna und Lea, wieder nach biblischen Frauen benannt. Alles ist problemlos verlaufen. Allerdings sind die beiden etwas zu klein und haben Gelbsucht. Vier Wochen muss Margot mit ihnen im Krankenhaus bleiben. Komplikationen sollen ausgeschlossen werden.

Als sie endlich nach Hause darf, ist Eckhard gerade mit der Gemeinde auf Altenfreizeit und kann sie deshalb nicht im Krankenhaus abholen. Also packt sie die Zwillinge auf den Rücksitz und fährt selbst nach Spieskappel zurück. Die 30 Kilometer werden nervenaufreibend: Alle paar Kilometer hält Margot an und schaut, ob es den Zwillingen gut geht. Zu Hause erwartet sie Sarah, die in den letzten Wochen bei der Großmutter war. Sie ist sehr gespannt auf ihre beiden Schwestern. Kaum sind sie da, klingelt es auch schon an der Tür. Der Kirchenchor bringt ein Ständchen. „Da war ich wirklich überfordert", gesteht Margot heute.

Sie lernt die Menschen der Gemeinde langsam besser kennen. Nicht nur als Pfarrerin im Ehrenamt, auch als Mutter, die ihre Tochter in den Kindergarten bringt und mit dem Zwillingskinderwagen spazieren geht. Neuerdings trägt sie eine Dauerwelle – die hatte ihr die Friseurin aufgenötigt, „gönnen Sie sich doch mal was!". Margot findet ihre Frisur schrecklich. Im Dorf wird gerne geklatscht und getratscht. Natürlich auch über Margot, die keine normale Pfarrfrau, sondern Pfarrerin sein will und so oft in der Welt herumreist. „Müssen Sie denn immer so viel wegfahren?", fragen einige, als sie gerade von einer Ökumenereise zurück ist: „Ihr armer Mann musste neulich alleine die Wäsche aufhängen!" Übergriffig und einengend findet Margot solche Kommentare. Ihre Tätigkeit für den Ökumenischen Rat ist schließlich ihr Herzensanliegen! Sieben Tage die Woche Mutter und ehrenamtliche Pfarrerin in Spieskappel, das wäre ihr zu eng.

So beginnt für sie eine Zeit, die von Gegensätzen und Unruhe geprägt ist: Aus dem Dorfleben fliegt sie via Frankfurt Airport um den Globus, das Familienleben zu Hause verbindet sich mit der weltweiten Familie der Schwestern und Brüder im Glauben. Voller Eindrücke aus den Armenvierteln der Welt kehrt sie zurück ins Spieskappeler Pfarrhaus. Freuden und Sorgen über die eigene Kleinpfarrfamilie vermischen sich mit Leidenschaft und Ärger über die Kirchenpolitik. Wie Margot das nur alles vereinen kann in ihrem Leben, fragen sich ihre Freundinnen und Freunde.

„JEDERZEIT GERN!"

Margot ist leidenschaftlich gern Mutter. Mit Hanni Lottrops berühmtem Stillbuch verteidigt sie gegen anderen Rat, dass sie die Zwillinge voll stillt. Sarah, die wegen gesundheitlicher Probleme auch mal ins Krankenhaus muss, bräuchte sie. Aber manchmal fühlt es sich an, als sei sie in eine Sackgasse geraten, und sie ist am Ende mit ihren Kräften. Da steht eines Abends Nachbarin Leni in der Tür, will eine ausgeliehene Tüte Mehl zurückbringen. Sie sieht Margots Verzweiflung. „Kann ich helfen?", fragt sie – und Margot bricht in Tränen aus. Leni nimmt eine der Zwillinge auf den Arm, wiegt und wickelt sie, Margot kann in Ruhe ihre andere Tochter stillen. Dann bringt Leni Sarah ins Bett und liest ihr eine Gutenachtgeschichte vor. Schließlich stellt sie Margot eine warme

Tasse Milch hin und verabschiedet sich: „Ich helfe Ihnen jederzeit gern!"

Das ist der Beginn einer wunderbaren Beziehung. Leni hat gerade ihre Berufstätigkeit aufgegeben, um für ihren Sohn da zu sein. Aber sie hat noch etwas Zeit nebenher. Das passt gut, sie wird Tagesmutter im Hause Käßmann, so kann sie flexibel und ganz in der Nähe ihrer Wohnung arbeiten. In den folgenden sechs Jahren kümmert sie sich liebevoll und verlässlich um die Töchter der Familie Käßmann und den Haushalt.

Margot hat den Kopf wieder frei für andere Dinge. Ihr väterlicher Freund Werner Simpfendörfer rät ihr, doch zu promovieren. „Dr. theol. Margot Käßmann": Diese Qualifikation könnte nützlich sein im späteren Leben. „Wenn ihr mich nicht als Pfarrerin wollt, dann promoviere ich halt und versuche andere Wege für mich zu finden", nimmt sie sich trotzig vor und wendet sich an Konrad Raiser, den sie aus dem ÖRK kennt und der gerade in Bochum als Theologieprofessor angefangen hat. Er wäre doch ein guter Doktorvater.

Er lädt sie zu sich nach Hause, nach Witten, ein. Auf dem Weg überkommen Margot Selbstzweifel. „Bin ich überhaupt schlau genug?", fragt sie sich. Dass die Tochter eines Kraftfahrzeugmeisters aus Stadtallendorf Dorfpfarrerin wird, mag ja noch angehen – aber Doktorin der Theologie?

Beim Mittagessen erzählt sie Konrad Raiser, dass sie an sozialen Fragen und den verschiedenen Dimensionen der Gerechtigkeit in der Ökumene interessiert ist. Gemeinsam suchen sie nach einem passenden Thema für die Doktorarbeit. „Der Gegensatz zwischen Armut und Reichtum als Anfrage an die Einheit der Kirche" wird es schließlich lauten.

In der Ökumene war eine „eucharistische Vision" entstanden. Dies meint: Im gemeinsamen Abendmahl könnten Christen nicht nur spirituell miteinander feiern; das Abendmahl beinhalte auch eine Art Selbstverpflichtung, für Gerechtigkeit einzutreten. Diesen Gedanken reflektiert Margot theologisch.

Ihren Schreibtisch baut sie im Bügelzimmer auf, da hat sie Ruhe. Auf Anraten eines Freundes kauft sie sich einen der ersten Computer. Die kurhessische Landeskirche gewährt ihr das Bischof-Vellmer-Stipendium für die Promotion. Das ist ein großes Zugeständnis. Von den 600 Mark monatlich kann sie Leni jetzt selbstständig bezahlen.

„GEKÜRZT, GEBREMST, GELÄHMT?"

Im Januar 1987 steht wieder eine Reise in Sachen Ökumene an. Margot ist
zunehmend frustriert über die Zeit, die
es dauert, bis der „Konziliare Prozess"
wirklich umgesetzt wird. „Viele große,
vollmundige Worte sind gemacht worden", schreibt sie in einem Bericht –
„zu einer gemeinsamen Vorgehensper-
spektive ist es trotzdem bis heute nicht
gekommen. Es scheint, bei der sechs-
ten Vollversammlung des ÖRK in Vancouver ist ein Kind in die Welt gesetzt
worden, das niemand so recht adoptie-
ren mag." Die „Vision von Vancouver"
werde „von den Realisten gekürzt, von
den Zögernden gebremst und von den
Desinteressierten gelähmt". Empört
über den Stillstand sieht sie schon „das
Ende der ökumenischen Bewegung
greifbar. Eine Bewegung ohne prophe-
tisches oder utopisches Ziel wird kaum
über den Status quo hinauskommen."
Das sei besonders frappierend, schließlich gehe es nicht um irgendwelche
Konferenzplanungen, sondern um „die
Überlebensfragen der Menschheit".
Was Margot antreibt, ist kein Karriere-
wunsch – sie möchte nicht weniger als
die Welt retten.

1991 in Canberra

76

„DIE ZEIT DRÄNGT"

In Spieskappel freut sie sich an den Kindern und an der Familie, ja – aber eine Anstellung wird ihr verwehrt. Da kommt ein Angebot des Deutschen Evangelischen Kirchentages gerade recht: Sie soll die Themen des „Konziliaren Prozesses" für das Laientreffen des Protestantismus aufbereiten – als Nachfolgerin ihres Freundes und Mitstreiters Volkmar Deile, der zum ÖRK nach Genf gewechselt ist. Der Kirchentag war schon oft fortschrittlicher als die Institution Kirche. 1985 hatte er dem Physiker Carl Friedrich von Weizsäcker ein Forum gegeben,

um ein „Konzil des Friedens" einzuberufen, denn „die Zeit drängt". Dass der Kirchentag solche Anliegen unterstützt, ist für Margot ein Glücksfall.

Die Landeskirche Kurhessen-Waldeck aber murrt: Margot sei doch keine „freischweifende Pastorin", so formuliert man, die einfach gegen Honorar arbeiten dürfe. Eine kühne Aussage, hatte die Landeskirche ihr ja gar keine eigene Pfarrstelle zugeteilt! Nach einigen Auseinandersetzungen stimmt Bischof Gernot Jung dennoch dem Honorarauftrag zu.

MARGOT KÄSSMANNS TRAUM VON KIRCHE

Die EKD steht dem Herzensprojekt Margots, dem „Konziliaren Prozess", weiterhin distanziert gegenüber, viele kirchliche Basisgruppen fühlen sich hingegen gestärkt in ihrem Einsatz für Gerechtigkeit. Margot Käßmann gehört zu denen, die ihn maßgeblich vorantreiben. Inzwischen hat sie auch viele Kontakte zu den evangelischen Kirchen der DDR geknüpft.

1988 finden Treffen in Königstein und Stuttgart statt. Margot ist an den Vorbereitungen beteiligt, diskutiert unermüdlich, verfasst Resolutionen und Beschlüsse. Ihr Satz „Flüchtlinge

sind Botschafter des weltweiten Elends bei uns" findet Aufnahme in viele ökumenische Dokumente.

Auch hinter den Kulissen leistet sie Überzeugungsarbeit. Einmal sitzt sie während einer Tagung mit einem Mann in Uniform am Frühstückstisch, er gehört zu einer Militärakademie – befremdlich für beide. Er habe noch nie mit jemandem aus einer Friedensgruppe zusammengesessen, sagt er. Aber es wird ein gutes Gespräch. Beide nehmen sich vor, Brücken zwischen den vermeintlich unversöhnlichen Fronten zu bauen.

Auch die Flüchtlingsfrage gehört zum Themenspektrum der Bewegung. In Margots Kirchengemeinde spielt sie ebenfalls eine Rolle, denn 1988 fliehen immer mehr Menschen aus der DDR in den Westen. „Wie sollen wir mit den Flüchtlingen umgehen?", fragen sich die Christen in Frielendorf und Spieskappel. Nach viel Überzeugungsarbeit finden sie eine kreative Lösung. Am Silbersee ganz in der Nähe liegt eine Ferienhaussiedlung. Eckhard Käßmann und Gemeindemitglieder diskutieren und verhandeln mit Vertretern der umliegenden Dörfer. Schließlich finden viele Flüchtlinge eine Unterkunft in der Siedlung.

Der ständige Wechsel zwischen Provinz und weltweit stattfindenden Aktivitäten ist anstrengend – aber er gelingt Margot. Sie behauptet sich als profilierte Kirchenvertreterin, die für die Ökumene eintritt, auch wenn nicht immer alles gelingt, was sie sich vornimmt. 1988 stellt sie den Antrag, das rumänische Ceaucescu-Regime wegen seiner Menschenrechtsverletzungen zu verurteilen. Der Zentralausschussvorsitzende und EKD-Auslandsbischof Heinz Joachim Held sorgt erneut für Gegenwind. Ihr fehle die nötige Informationsgrundlage, um einen solchen Antrag zu stellen, unterstellt er ihr. Das lässt Margot nicht auf sich sitzen. Bis zur nächsten Zentralausschusssitzung

1989 in Moskau besorgt sie sich die erforderlichen Unterlagen und präsentiert sie. Daraufhin ergreift der rumänisch-orthodoxe Patriarch Miron das Wort und behauptet, keiner der Vorwürfe stimme, Ceaucescu sei quasi ein beschützender Vater des rumänischen Volkes. Man müsse halt verstehen, dass junge Frauen wie Margot Käßmann und andere sehr emotionalisiert seien, kanzelt der Ausschussvorsitzende Held Margot ab. Das Ergebnis: Bei der Abstimmung erhält Margot keine Mehrheit für ihren Antrag. Sie ist verzagt. Doch ein Artikel in der *Frankfurter Rundschau*, der den Streit dokumentiert, muntert sie wieder etwas auf: „Von dieser jungen Frau wird die EKD sicher noch hören", schreibt Korrespondent Hans Jürgen Schultz.

Margot fasst neuen Mut und zieht gleichzeitig ernüchtert Resümee: Durch das Mitwirken im Ökumenischen Rat seien viele ihrer „bisherigen Gedankengebäude eingestürzt". Aber die weltweite ökumenische Bewegung zeige, dass die Kirchen der Bundesrepublik nicht mehr als „eine westdeutsche Provinz der Weltchristenheit" seien (wie der Theologe Ernst Lange einmal gesagt hatte). Margot freut sich darüber, dass sich nun ein Netzwerk der „Liebhaberinnen und Liebhaber der Ökumene" durch die Bundesrepublik spannt. Diesem Netz verdanke sie „persönlich, nach Vancouver nicht ins Leere gefallen zu sein". Doch ihrem Freund Werner Simpfendörfer gesteht sie, trotzdem manchmal der Resignation nahe zu sein. Unter anderem auch, weil der „Konziliare Prozess" in gewissen ÖRK-Kreisen als „obsession of the Germans" heruntergespielt wird. Margot kämpft an vielen Fronten – weiterhin auch in der EKD. Und die greift mitunter zu unlauteren Methoden.

Das bekommt Margot zum Beispiel bei einer Sitzung in Genf zu spüren. Als sie dort ankommt, wird sie als Erstes gefragt, ob sie nicht die Frau sei, die wegen ihrer kleinen Kinder nicht an der Vorbereitungsgruppe teilnehmen könne. Margot ist verwundert. Dann wird ihr ein Brief gezeigt: Margot Käßmann könne leider nicht kommen, stattdessen empfiehlt man einen älteren männlichen Vertreter. Der Absender des Briefes: die EKD.

Margot ärgert sich. Offensichtlich soll sie vonseiten der EKD weiterhin ausgebremst werden – und dann noch mit solchen Argumenten! Sie berichtet ihrer Weggefährtin Hildegard Zumach von dem Vorfall. Die Generalsekretärin der Evangelischen Frauenarbeit ist empört, es gehe ja nicht an, wie hier eine junge Mutter diskriminiert werde. Sie interveniert erfolgreich bei der EKD. Die Steine, die Margot vonseiten des Kirchenamtes in den Weg gelegt werden, werden in der Folgezeit kleiner.

Noch knapp 30 Jahre später erinnert sich der Kirchenjournalist Hans Jürgen Schultz an diese Zeit und schwärmt von Margots „großem Charisma innerhalb der sehr grauen Männerkirche".

Margot fasst ihre Erkenntnis damals in einem Satz zusammen: „Ich glaube je länger je weniger an die Wirksamkeit von Beschlüssen und wortreichen Erklärungen!" Kurz vor der für 1989 in Basel geplanten „Ökumenischen Versammlung" macht sie dennoch sich selbst und anderen von der Langsamkeit des „Konziliaren Prozesses" Enttäuschten Mut und zählt Beispiele dafür auf, dass sich sehr wohl etwas zum Guten gewendet hat. Viele engagieren sich inzwischen im Früchteboykott gegen das südafrikanische Apartheidssystem. Viele beteiligten sich an Mahnwachen für den Frieden oder blockieren US-amerikanische Militäreinrichtungen. Und, das ist nach einer langen Zeit des „Kalten Krieges" erstaunlich: 89 Prozent der Deutschen vertrauen dem KPdSU-Generalsekretär Michail Gorbatschow, der offensichtlich auf Abrüstung setzt. Auch sonst kommt manches in Bewegung: Die anglikanische Kirche hat gerade eine Bischöfin gewählt, vor Jahren schien das noch unmöglich.

Für einige klingt der Begriff „Konziliarer Prozess für Gerechtigkeit, Frieden und Bewahrung der Schöpfung" noch immer reichlich abstrakt und sperrig. Also beschreibt Margot Käßmann in fünf Punkten, wie eine Kirche, die diese Werte verbindlich leben will, aussehen könnte. Leidenschaftlich formuliert sie ihren Traum von Kirche: Sie soll den Hilfsbedürftigen die Türen öffnen, für die Schwachen weltweit eintreten. Auch angesichts der Mitverantwortung für den Kolonialismus müssten Kirchen sich mit den Völkern Afrikas, Asiens und Lateinamerikas solidarisch zeigen. Die Kirche habe zur Kriegsdienstverweigerung aufzurufen. Kirche soll die Aktionen von Atomkraftgegnern unterstützen und ihren eigenen Energieverbrauch umweltfreundlich umstellen. Und: Aus der „Männerkirche" der vergangenen Jahrhunderte soll eine Gemeinschaft von Männern und Frauen werden.

FRAUEN UNTER SICH

Hinter den Kulissen arbeitet Margot weiter an einem Frauennetzwerk. Das wird während offizieller ÖRK-Treffen und privater Unternehmungen immer engmaschiger. 1989 besucht sie mit den befreundeten Zentralausschussmitgliedern Aruna Gnanadason (Indien) und Janice Love (USA) ein Frauenkloster nahe St. Petersburg. Die Äbtissin erzählt ihnen, dass die dort lebenden Mädchen im Sozialismus groß geworden sind und

vom Glauben zunächst kaum etwas gewusst hätten, jetzt aber Christinnen seien. Ob das eine Folge des Bibelstudiums sei, möchte Margot wissen. „Nein", antwortet die Äbtissin, die Bibel brauchten sie dafür nicht, jede hätte ja eine Ikone auf ihrem Zimmer. Wenn man ihr in die Augen sehe, hätte man den ganzen Christus und den ganzen Glauben. Solche Ansichten sind Margot fremd. Als Protestantin ist ihr das Wort wichtiger als bloße Glaubensempfindungen, die zwangsläufig vage und ohne Fundament bleiben. Glauben ohne Bibel? Das kann sie sich nicht vorstellen.

Im Zug reisen die drei weiter nach Moskau. Zwei Ehefrauen russischer Pfarrer, die die Reise zum Kloster begleitet haben, sitzen mit im Abteil. Die Frauen sind neugierig auf die jeweilige Kultur der anderen. Je später der Abend, desto privater die Themen. Die beiden Russinnen fragen, ob die anderen denn wüssten, wie die Methode der natürlichen Empfängnisverhütung funktioniere. Beide haben bereits vier Kinder und wollen kein weiteres mehr. Margot bemüht sich, ihnen das Verfahren zu erklären, kennt aber das englische Wort für Eisprung nicht. Also versucht sie, den Vorgang zu beschreiben: „… when the egg jumps". Janice lacht lauthals los und bald können sich alle fünf kaum noch auf den Sitzen halten. Erst als Mitreisende ob des nächtlichen Lärms an ihre Tür klopfen, beruhigen sich die Frauen wieder. Obwohl sie versuchen, den Russinnen die Verhütungsmethode nun doch noch zu erklären, stellt Margot ein paar Jahre später fest, dass sie wohl nicht sonderlich erfolgreich waren. Eine der Russinnen hat inzwischen ihr fünftes Kind bekommen.

Die neuen Frauennetzwerke stellen ein immer deutlicheres Gegengewicht zu den Männerklüngeln in den leitenden Abteilungen der Kirchenämter und des Ökumenischen Rates dar. Die kulturellen Differenzen lassen sich leichter überschreiten, und es gibt definitiv mehr Humor.

Als Margot nach Hause kommt, brechen bei Hanna und Lea die Windpocken aus – sie hat es gerade noch rechtzeitig geschafft, ihnen da durchzuhelfen.

DER „EISERNE VORHANG" FÄLLT

Mit ihrer Doktorarbeit ist Margot inzwischen vorangekommen. 337 Seiten umfasst das Manuskript. In schwarze Buchdeckel gebunden, wiegt es imposante anderthalb Kilo. „Aus der Feier der Eucharistie ergibt sich die Verpflichtung einer mit den Armen solidarischen Existenz", schließt sie ihre Ausführungen. Es gehe darum, „Widerstand gegen die Trennung der Christen am Tisch des Herrn" und „gegen die Spaltung in Arm und Reich" zu üben. Doktorvater Konrad Raiser ist begeistert, der zweite Korrektor Professor Günter Brakelmann ebenfalls.

Im Sommer 1989 steht das Rigorosum an: Margot muss ihre Arbeit und andere Themen mit der gesamten Professorenschaft diskutieren. Auch das meistert sie mit profundem Wissen und Bravour. Nun ist sie Doktorin der Theologie. „Das ist echt der Hammer", schießt es ihr durch den Kopf, als sie zurück nach Spieskappel fährt. Der Plan ist aufgegangen: Sie hat sich wissenschaftlich qualifiziert. Eine wichtige Voraussetzung, um in der von Männern und Hierarchien geprägten Kirchenwelt eigene Themen hörbar zu machen.

Als sie zu Hause ankommt, ist Eckhard noch auf Konfirmandenfreizeit. Margots Mutter hat auf die Kinder aufgepasst. Sie begrüßt sie freudig und ist stolz auf die Leistung ihrer Tochter. Dann kommen Freundin Almut und einige andere aus dem Gesprächskreis der Gemeinde zum Gratulieren. Was für Zeiten: Der „Wind of Change" durchfegt Europa und die Welt. Im November 1989 wird Deutschland zum Hoffnungszeichen für die Welt. Die Mauer fällt. Dazu haben die in der DDR lebenden Christen mit ihrem beherzten und steten Protest und Gebet wesentlich beigetragen. Eine friedliche Revolution hat die Welt menschlicher gemacht. Von deutschem Boden – welch Wunder – gingen nicht Krieg und Gewalt, sondern Frieden und Versöhnung aus!

Margot hat seit 1983 viele Kontakte in die DDR geknüpft, steht mit dem Wittenberger Theologen Friedrich Schorlemmer in Verbindung, der die Aktion „Schwerter zu Pflugscharen" mit initiierte. Dass sich Christen mit dem Spruch eines biblischen Propheten mutig in die Politik einmischen, das trifft Margots Vorstellungen. Auch den

Leipziger Bürgerrechtspfarrer Christian Führer, den Berliner Bischof Gottfried Forck und die Dresdner Friedensaktivisten Annemarie Müller kennt sie gut. Und natürlich Heino Falcke, der 1983 in Vancouver den „Konziliaren Prozess" angeregt hatte und dafür von der offiziellen evangelischen Kirche der DDR mit Vorbehalten bedacht wurde. Margot hat oft an christlichen Treffen der DDR teilgenommen. Der Ökumenischen Versammlung in Magdeburg überbrachte sie ein Grußwort des Ökumenischen Rates. Es folgten Besuche in Eisenach, Gotha, Erfurt und Ostberlin.

Die Stimmung in der DDR empfand sie immer als bedrückend. Umso mehr bewunderte sie die Christen dort. Und

1984

kann erst gar nicht glauben, was nun geschehen ist. Sie war immer davon ausgegangen, dass es weiterhin zwei deutsche Staaten geben würde – eine Folge davon, dass Hitlerdeutschland Europa mit Krieg überzogen und Millionen Menschen ermordet hatte. Dennoch: Die Ungerechtigkeit, dass die Menschen im Osten so gegängelt lebten, während die Westdeutschen in vielerlei Hinsicht Freiheit genossen – das war für sie ein unmöglicher Zustand. Pfarrersfamilien berichteten immer wieder von Nachteilen und Repressalien; Die Kinder durften kein Abitur machen und bekamen keine Studienplätze, für die Renovierung von Pfarrhäusern gab es kein Geld. „Was, wenn meine Großmutter und meine Mutter nach dem Krieg nicht in Burgholz, sondern in Leipzig gelandet wären?", fragt sie sich.

Und nun diese Revolution inmitten eines Meeres von Kerzen, die an vielen Orten in den Kirchen und auf den Plätzen der DDR brennen. Der „Eiserne Vorhang" fällt, die Welt wird neu geordnet. Margot teilt die Deutung der Friedensbewegung: Nicht die Aufrüstung des Westens habe die Mauer fallen lassen, sondern die Proteste der Friedensbewegung in Ost und West. Nun geht es weiter in Richtung Frieden, hofft sie. Endlich würden die Rüstungsausgaben sinken, Gerechtigkeit könnte wachsen. Der politische Wind der Veränderung hänge womöglich auch zusammen mit dem Wehen des Heiligen Geistes. Und der soll, in der entspannten neuen Weltlage, auf der nächsten – siebten – Vollversammlung des Ökumenischen Rates beschworen werden: „Komm, Heiliger Geist, erneuere die ganze Schöpfung" ist das Motto des Treffens.

Mit der Europäischen Ökumenischen Vollversammlung in Basel im Mai 1989 endet Margots Honorarvertrag mit dem Kirchentag. Die Landeskirche Kurhessen-Waldeck will sie nun doch auch selbst anstellen. Sie bekommt eine halbe Stelle in der „Ökumenischen Werkstatt" in Kassel für den kirchlichen Entwicklungsdienst. Das ist von Spieskappel aus gut machbar, die Kinder sind vormittags versorgt, eine für alle befriedigende berufliche und familiäre Situation ist gefunden. Und doch ist da manchmal der Gedanke: Fehlt uns nicht noch jemand? Haben wir genug Liebe und Kraft für ein viertes Kind? Margot und Eckhard beschließen, das Wagnis einzugehen.

Canberra liegt von Spieskappel aus gesehen ziemlich genau auf der anderen Seite der Erdkugel. Eine 36-stündige Reise steht Margot bevor. Für den Körper bedeutet das eine Extrembelastung. Auch für das vierte Kind, das sie in sich trägt. Die Gefahr ist Margot bewusst. Ein Psalmwort stärkt sie: „Der Herr ist mein Licht und mein Heil; vor wem sollte ich mich fürchten? Der Herr ist meines Lebens Kraft; vor wem sollte mir grauen?"

Muss denn diese Reise unbedingt sein? Ja. Denn bei der Vollversammlung des Ökumenischen Rates sollen wichtige Beschlüsse gefasst werden, inhaltlich und personell. Margot fliegt an einem kalten Januartag los. Als sie in Sydney den Flieger verlässt, bringt der australische Sommer sie ins Schwitzen.

Am Flughafen trifft sie andere Delegierte aus Nigeria, Kenia, Brasilien, den Philippinen, den USA und Deutschland. Einige Journalisten steigen mit ihnen in den bereitstehenden Bus, außerdem ein Aborigine, der ihnen von der Situation der Ureinwohner berichtet. Das Ziel der Gruppe: Wilcannia, knapp 1000 Kilometer entfernt. Das bedeutet 14 Stunden Fahrt bei großer Hitze. Angekommen, staunen die Besucher. Wilcannia erinnert Margot „eher an eine Straßenkreuzung im Busch" als an eine Stadt. 850 Menschen leben hier, die meisten sind verarmte Aborigines. Sie haben jede Hoffnung auf eine Besserung ihrer Lage verloren, es ist trostlos. Die Erwachsenen sind arbeitslos, viele alkoholkrank, sogar die Kinder schnüffeln schon Petroleum und Klebstoff. Einige verdienen sich mit Didgeridoo-Spiel für die durchreisenden Touristen ein paar Cent. Im Umkreis von 200 Kilometern gibt es keinen Arzt und keinen Krankenwagen. Und: Keiner der Pfarrer der drei Kirchen lebt hier.

Dennoch macht Margots Reisegruppe eine beeindruckende spirituelle Erfahrung. Sie besuchen einen Gottesdienst, gehalten von einem Aborigine-Pfarrer. Margot und die anderen staunen, als er nicht nur zu Gott betet, sondern auch die Ahnen anruft. Wie das denn zusammenpasse, fragen die Besucher. Der Pfarrer antwortet, beim europäischen Heiligenkult werde doch im Prinzip nichts anderes gemacht, und fügt hinzu: „Sie glauben doch wohl nicht, dass der Heilige Geist erst australischen Boden betreten hat, als Captain Cook hier ankam!" Bei Margot führt dieses Erlebnis zum Umdenken. Wie überheblich es doch ist, dass die europäischen Kirchen meinen, ihre Form des Christseins in andere Regionen der Welt verpflanzen zu können.

Erst recht angesichts der Gewalt, mit denen Missionare in den vergangenen Jahrhunderten im Zuge des Kolonialismus das Christentum verbreiten wollten. Den Glauben der Ureinwohner hat man damals als Götzendienst verurteilt. Stattdessen gehe es darum, so Margot, das Evangelium in der jeweiligen Kultur zu beheimaten. „Inkulturation" nennen das die Ökumeniker. Christliche Mission, davon ist Margot überzeugt, stelle gar nicht den Glauben in den Mittelpunkt. „Mission bedeutet, Gottes vorrangige Option für die Armen und Unterdrückten zu verkün-

den." Dass die australische Regierung den Aborigines langsam Rechte zurückgibt und Entschädigungszahlungen für das erlittene Unrecht bewilligt, ist ein Hoffnungszeichen.

Weiter geht es nach Canberra, an den Tagungsort der Vollversammlung. Im Hotel und im Tagungszentrum gibt es erst einmal ein großes Wiedersehen mit Kollegen aus aller Welt. Margots achtjährige Arbeit im Zentralausschuss hat Eindruck hinterlassen. Mit vielen Anträgen und für manche Kirchenvertreter unbequemen, aber immer konstruktiven Vorschlägen hat sie Projekte

Bei einem Besuch bei Erdbebenopfern in Armenien, 1989

vorangebracht. Nicht zuletzt hat sie durch ihre offene Art viele Journalisten kennengelernt und so die Arbeit des Ökumenischen Rates auch in die Öffentlichkeit getragen. Nun möchte sie mehr bewirken. Im Exekutivausschuss, dem obersten Gremium des ÖRK, könnte sie es. Auf der Vollversammlung in Canberra stehen die Wahlen an. Sie entscheidet sich zu kandidieren.

Margot soll die bisherigen Aufgaben ihrer Freundin Janice Love und die Leitung der „Abteilung Gerechtigkeit, Frieden, Bewahrung der Schöpfung" übernehmen. Ein wenig zweifelt sie:

Wird sie die Diskussionen einer internationalen Gruppe auch in Krisenzeiten wie diesen leiten können – und dann noch auf Englisch? Wird sie dafür genug Zeit und Energie haben neben ihrem Mutterdasein? Und soll sie aus taktischen Gründen gegenüber dem Wahlgremium ihre Schwangerschaft verschweigen? Sie ist im Zwiespalt. Zum Abendessen trifft sie sich mit dem Journalisten Jan Kok. Er wundert sich, dass Margot so viele Oliven isst. Spontan entscheidet sie sich, ihn ins Vertrauen zu ziehen, und schüttet ihm ihr Herz aus: „Ich bin schwanger und habe Heißhunger darauf. Das darf

Bei der Weltversammlung der Christen 1990 in Seoul mit dem russisch-orthodoxen Bischof Kyrill

aber niemand wissen, sonst werde ich nicht gewählt!" Jan Kok lacht und bestellt eine weitere Schale Oliven. Wenn sie bisher schon mit drei Kindern so viel geschafft habe, werde sie das auch mit vieren hinbekommen, meint er.

Am nächsten Tag spricht sie mit ihrer Freundin Janice Love. „Oh Margot", meint sie, „jetzt noch ein viertes Kind zu bekommen ist zwar das Verrückteste, was du tun kannst – aber es ist allein deine Entscheidung, und du musst es auch niemandem sagen!" Margot weint, atmet durch – und kandidiert. Sie wird gewählt. Nun ist sie Mitglied im 15-köpfigen Exekutivausschuss des ÖRK, dem Leitungsgremium. Sieben Jahre lang wird sie die Politik des ÖRK maßgeblich mitbestimmen.

Beseelt kehrt sie in den hessischen Winter zurück. Und freut sich mit ihren drei Töchtern und Mann Eckhard auf das neue Leben, das sich da immer sichtbarer ankündigt.

1991

87

„WIE WOLLEN SIE DAS ALS VIERFACHE MUTTER SCHAFFEN?"

Schon eine ganze Weile überlegt Margot, wie sie ihre vierte Tochter nennen soll. Sarah, Lea und Hanna tragen die Namen starker biblischer Frauen. Welcher Name würde dazu passen? Als Margot in Canberra eine Bibelarbeit der kubanischen Theologin Ophelia Ortega über die kluge Esther hört, trifft sie ihre Entscheidung. Esther war jene Frau, die den persischen König Ahasveros umgarnte und ihn mit Geschick von der Ermordung vieler Juden abhielt. So soll ihre Tochter heißen. Im Sommer 1991 kommt Esther zur Welt. Die Geburt dauert länger als bei den anderen Töchtern. Fast vier Kilo wiegt sie, sie ist kräftig, trinkt viel und schläft gut. Das ist erholsam. Margot erlebt erneut Mutterfreuden.

Sarah ist inzwischen zehn Jahre alt, die Zwillinge Hanna und Lea sind fünf. Sie freuen sich über die kleine Schwester und machen es den Eltern leicht. Hanna und Lea sind in diesem Jahr eingeschult worden, denn in Frielendorf gibt es ein Schulprojekt, das fünf Grundschuljahre vorsieht und deshalb die Kinder bereits ein Jahr früher aufnimmt, als es sonst üblich ist. Oft begleitet Margot die beiden, etwa wenn sie zum Schwimmen mit dem Bus nach Treysa müssen. Und zur Musikschule nach Ziegenhain müssen sie mit dem Auto gefahren werden.

Die Familie ist glücklich, vier Kinder, das ist ein wahrer Segen. Eckhard Käßmann joggt schon viele Jahre, Margot beginnt jetzt auch damit. Nach und nach folgen die Kinder, das Laufen wird zum gemeinsamen Familienhobby werden, ebenso wie Doppelkopfspielen, das die Kinder mit Freude lernen.

Rituale sind der Familie wichtig, das Tischgebet, die Feste im Kirchenjahreskreis. Und es gibt auch viele andere Alltagsrituale. Samstags geht Margot zum Beispiel mit den Kindern los, um einen Großeinkauf zu machen. Jedes Kind darf sich dabei etwas aussuchen, Kekse, Chips oder anderes, und das wird abends beim gemeinsamen „Wetten, dass?"-Gucken genüsslich verzehrt.

WIEDER AUFBRECHEN

Eckhard Käßmann hat den Eindruck, nach sieben Jahren als Pfarrer, der für sechs Dörfer zuständig ist, bislang zu wenig Zeit für die Kinder gehabt zu haben. Beim vierten Kind möchte er das gern ändern. Als an der Akademie Hofgeismar ab dem Jahr 1992 eine Stelle für Pädagogik und Ökumene ausgeschrieben wird, beschließen sie, es zu wagen: Sie bewirbt sich und bekommt tatsächlich ihre erste volle Stelle, das Auswahlgremium traut ihr zu, Beruf und Familie unter einen Hut zu bekommen. Sie wird Studienleiterin an der Evangelischen Akademie Hofgeismar. Große Veränderungen stehen an, es gilt Abschied zu nehmen von Spieskappel und vom bisherigen Familienmodell. Von nun an wird Margot ganztags arbeiten, dafür nimmt Eckhard zwei Jahre Elternzeit. Sie mieten sich ein Haus in Hofgeismar – was mit vier Kindern und Hund gar nicht so einfach ist – und ziehen um. Nach dem Leben im Pfarrhaus, das immer voller anderer Menschen war, genießt die Familie nun die Freiräume und den Rückzug

ins Private. Als Pfarrersfamilie lebt man auf dem Dorf wie auf einem Präsentierteller.

Aber es ist dennoch nicht einfach: Sarah will aus Spieskappel eigentlich nicht weg. Sie hat dort viele Freundinnen, fühlt sich wohl. Und sie hat natürlich Angst vor dem Unbekannten. Verglichen mit Spieskappel, wirkt Hofgeismar mit seinen 14 000 Einwohnern fast wie eine Großstadt. Margot fährt mit Sarah hin und zeigt ihr von einer kleinen Anhöhe die Stadt, damit sie alles überschauen kann und erkennt, dass sie sich auch hier zurechtfinden wird. Die Geschäfte, das Schwimmbad und die Schulen sind vom Haus der Familie aus zu Fuß oder mit dem Fahrrad gut erreichbar. Ohne Fahrdienste für die Kinder wird der Alltag etwas entspannter. Und Sarah ist bald begeistert vom Park der Akademie, in dem sie oftmals spielt. Die Tochter des Leiters des Predigerseminars geht in ihre Schulklasse und wird ihre beste Freundin. Hanna und Lea müssen noch einmal eingeschult werden. Sie gehen jetzt in getrennte Klassen, weil das pädagogisch sinnvoller erscheint, aber sie sind nach wie vor unzertrennlich. Eines Tages fahren Margot und Eckhard nach Bochum, um dort eine Vorstellung des Musicals „Starlight Express" zu besuchen. Sie bringen eine Musikkassette mit: Sarah, Hanna und Lea sind begeistert und spielen das Stück regelmäßig auf Rollschuhen nach. Eine gemeinsame Fahrt zu einer Aufführung wird später das Weihnachtsgeschenk, ein absoluter Höhepunkt für die Kinder.

Als „Studienleiterin für Ökumene und Pädagogik" bietet Margot in Hofgeismar Tagungen und Familienfreizeiten an. Viele Tagungen haben pädagogische Fragen zum Thema, beispielsweise geht es um Koedukation. Es fällt leicht, bei diesen Angeboten Familie und Beruf zu verbinden, die Kinder sind selbstverständlich bei den Freizeiten mit dabei, und Eckhard engagiert sich bei der Vorbereitung und Durchführung. Es gibt sogenannte Kinderakademie-Wochenenden, etwa zu Josef und seinen Träumen. Gedichte werden geschrieben, Drachen gebaut, eine Osternacht gefeiert. In den Sommerferien finden schöne Familienfreizeiten statt, beispielsweise in Schweden. Die Kinder lernen dort Astrid Lindgrens Geschichten kennen, die Erwachsenen lesen gemeinsam *Kindheitsmuster*, ein Buch von Christa Wolf. Ein anderes Jahr geht es nach Frankreich, ein weiteres nach Italien. Die Freundschaft zu den Wiedenhöfts bleibt bestehen, manchmal begleiten sie Margot auf den Reisen oder helfen ihr mit den Kindern. Auch Schwester Ursula aus Wolfhagen ist oft mit Familie dabei. Silvester feiern Käßmanns und Wiedenhöfts weiterhin zusammen.

Mit Freundin Almut Wiedenhöft, 1996

Hanna, Esther, Sarah und Lea, 1992

90

Margots Auslandserfahrung ist für die Akademie ein Glücksfall. Einmal wird sie nach Lesotho geschickt, wo sie beim Aufbau einer neuen Akademie helfen soll. Die Zustände, auf die sie dort trifft, gehen ihr ans Herz. Mitten im Armenviertel wurde die Akademie errichtet – eine offensichtliche Fehlplanung, denn Bildung wäre hier erst einmal in ganz anderer Form vonnöten. Das Projekt ist gut gemeint, geht aber an den Bedürfnissen der Menschen völlig vorbei. Margot ist frustriert, außerdem hat sie riesiges Heimweh nach den Kindern. So reist sie verfrüht und auf eigene Kosten wieder zurück. Für die Beschäftigung mit solch Unterfangen ist ihr ihre Zeit und Energie zu schade, dafür will sie sich auch nicht für längere Zeit von den Kindern trennen.

SCHRECKLICHE BILDER

Auch im Auftrag des Ökumenischen Rates unternimmt Margot weiterhin Reisen. Wenn sie wegfährt, kommt ihre Mutter und betreut gemeinsam mit Leni die Kinder. Kurz vor Weihnachten 1992 geht es nach Kroatien, wo der Jugoslawienkrieg endlich beendet ist. Es heißt, Vergewaltigung sei dort als Kriegswaffe eingesetzt worden. Zusammen mit vier Frauen aus vier Ländern macht sich Margot im Auftrag des ÖRK auf, um dem nachzugehen. Was sie sieht und erfährt, erschüttert sie. Frauen berichten von Lagern, in denen sie festgehalten und immer wieder vergewaltigt wurden, auch junge Mädchen waren darunter. Viele sind traumatisiert. Gemeinsam diskutieren sie, ob Abtreibungen tatsächlich auch in solchen Fällen tabu sein sollten, wie der Papst es erklärt hatte, oder nicht.

Als Margot ins behütete Hofgeismar zurückkehrt, lassen sie die schrecklichen Bilder des Krieges nicht los. In Weihnachtsstimmung zu kommen fällt ihr schwer, und doch sollen die Kinder ja nicht belastet werden. Außerdem sind dieses Weihnachten die beiden Söhne ihrer Freundin Aruna Gnanadason zu Gast. Sie sind für ein Schuljahr in Deutschland und sollen Weihnachten nicht allein verbringen. Es wird dann doch ein schönes großes Fest.

Margot empfindet die eigene heile Welt und die Spannungen in der Welt insgesamt manchmal als Spagat.

Auch ihr Mann engagiert sich. Gemeinsam mit der Ärztin Monika Hauser fährt er nach Bosnien, eine weitere Reise folgt im Sommer 1993.

DER IMPONIERENDSTE MANN

1994 steht wieder eine Reise an. Der Zentralausschuss des ÖRK tagt – diesmal in Südafrika. Dort ist Großes geschehen: Die Rassentrennung wurde abgeschafft und eine neue Verfassung eingesetzt, freie Wahlen stehen bevor. Die Proteste der Schwarzen, aber auch die internationale Apartheid-Boykott-Bewegung haben Wirkung gezeigt. Kaum zu glauben – und auch für den Ökumenischen Rat ein Erfolg. Erstmals kann der Zentralausschuss nun in Südafrika tagen, Eckhard begleitet Margot für ein paar Tage. Margot bastelt für die Kinder wie meist, wenn sie länger als zwei Tage fort ist, einen Kalender, damit sie jeden Morgen einen kleinen Brief von der Mutter lesen können.

Im Jahr darauf begegnet Margot Nelson Mandela bei einem Empfang der südafrikanischen Botschaft. 27 Jahre lang saß er im Gefängnis. Trotzdem wirkt er weder gebrochen noch verbittert – im Gegenteil. Mandela lobt die Arbeit des Ökumenischen Rates. Margot bewundert seine „von tief innen kommende Menschenfreundlichkeit und die Lebenslust, die er ausstrahlt". Begeistert erzählt sie, Mandela sei die vielleicht „imponierendste Erscheinung", mit der sie je geredet habe.

In den folgenden Jahren reist Margot noch mehrmals nach Südafrika. In Johannesburg bereitet sie das ÖRK-Programm „Überwindung der Gewalt" vor und schreibt ihr erstes Buch darüber: *Overcoming Violence. The Challenge to the Churches in All Places*. Es erscheint 1997 in englischer Sprache, später auch in Deutsch.

HABEN SIE DAS JETZT AUCH NOCH NÖTIG?

Zum Deutschen Evangelischen Kirchentag hat Margot gute Beziehungen. Das Team des protestantischen Laientreffens ist, wie Margot, an der Verbindung von christlichem Glauben und politischem Engagement interessiert. Die Stimmung auf dem alle zwei Jahre stattfindenden Treffen ist fröhlich, viele internationale Gäste mischen sich unter die Menschen, der Einfluss der EKD auf das Programm ist gering, so dass auch ungewöhnliche Themen diskutiert und neue Zugänge zum Glauben eingeübt werden können.

Als Honorarkraft hat Margot bereits für den Kirchentag gearbeitet, auf dem

Münchner Marienplatz moderierte sie 1993 eine große Veranstaltung. Sarah hat sie zum Kirchentag begleitet und ist ebenfalls begeistert. Auch Eckhard Käßmann ist regelmäßig dabei und engagiert sich vor allem im Bereich der Männerarbeit. Im Herbst wird Margot zur Präsidialversammlung, in der sich Frauen und Männer aus allen Gesellschaftsbereichen treffen, eingeladen. Präsident ist Ernst Benda, ein CDU-Verfassungsrichter. Unerwartet bittet er Margot im Anschluss an das Treffen zu einem Gespräch unter vier Augen, ist beeindruckt und schlägt sie als Generalsekretärin vor. Damit hat sie nicht gerechnet: Ein konservativer Richter räumt der als links geltenden jungen Theologin Raum ein!

Familie Käßmann überlegt: nach nur zwei Jahren Hofgeismar schon wieder umziehen? Kann das gut gehen? Aber der Kirchentag wäre ein tolles Arbeitsfeld, und Eckhard könnte in Fulda auch eher wieder eine Arbeitsstelle finden. Heimlich fahren sie nach Fulda und schauen sich das Haus an, das sie beziehen würden. Es gefällt ihnen auf Anhieb, hat einen großen Garten und liegt fußläufig zur Grundschule. Also sagt die Familie: Ja.

Anfang 1994 wird Margot zum Vorstellungsgespräch ins Präsidium eingeladen. An einem Freitag reist sie nach Fulda, im Tagungshotel muss sie zwei Stunden warten. Ein blödes Gefühl: Im Saal wird über sie diskutiert, sie aber sitzt vor der Tür. Erst dann wird sie eingelassen, um unzählige Fragen zu beantworten. Die schärfsten Fragen stellen der Erziehungswissenschaftler Hartmut von Hentig und der ehemalige Pfarrer Joachim Gauck, Bundesbeauftragter für Stasi-Unterlagen. Wie denn eine Mutter von vier Kindern das Amt der Generalsekretärin ausüben wolle, fragen sie, und ob sie in ihrem jungen Alter von 35 Jahren überhaupt schon so viel Verantwortung tragen könne.

Nach dem Fragen-Marathon muss Margot den Sitzungssaal wieder verlassen. Eine Stunde vergeht, dann die zweite. Margot ist nervös. So lange diskutieren die über sie? Dann wird es wohl noch mehr Kritiker geben. Außerdem nimmt auch das Kollegium an der Sitzung teil, also die eventuellen Kolleginnen und Kollegen Margots.

Endlich öffnet sich die Tür, Christian Krause, der amtierende Generalsekretär, kommt heraus. Mit sieben Gegenstimmen sei sie gewählt worden, teilt er ihr mit, eine denkbar knappe Entscheidung also, und fügt hinzu, dass er an ihrer Stelle die Wahl bei so einem Ergebnis nicht annehmen würde – aber das sei ja allein ihre Entscheidung. Margots Herz rast, in ihrem Kopf wirbeln die Gedanken umher. Soll sie, soll sie nicht?

Bei den Hausaufgaben 1999

Ja, ich werde mich der Herausforderung stellen, entscheidet sie. Die Begeisterung über ihre Zusage ist verhalten. Sie könne mit dem Vorsitzenden des Finanzausschusses ihre Gehaltsfragen klären, erfährt sie. Dann verabschieden sich auch schon alle. Komisch, denkt Margot, eigentlich steht die Höhe des Gehalts für einen Generalsekretär doch fest.

„Jetzt hör'n Sie mal, Frau Käßmann, Sie können doch nicht glauben, dass Sie genauso viel verdienen wie ich, bei meiner Erfahrung!", entgegnet Amtsvorgänger Christian Krause, als Margot ihn darauf anspricht.

Innerlich aufgewühlt fährt Margot zurück. Eckhard und die Kinder holen sie mit einem großen Blumenstrauß in Kassel am Bahnhof ab. Aber zu Hause kommen ihr die Tränen. Eigentlich hat sie es in Hofgeismar ja gut: eine schöne Stelle, ein Haus. Soll sie sich nach so einer demütigenden Prozedur die Stelle beim Kirchentag wirklich antun? Erst am kommenden Montag soll die Personalie über eine Presseerklärung bekannt gegeben werden. Am liebsten würde sie in Fulda anrufen und wieder absagen.

Am Sonntagmorgen hört sie im Radio eine Kirchensendung. Der NDR-Journalist Ralph Ludwig hat bereits von ihrer Wahl erfahren und lobt den Kirchentag dafür. Mit Margot Käßmann werde dort ein „neuer ökumenischer Wind wehen", und eine junge Frau mit vier Kindern – das sei eine sehr gute Entscheidung. Margot fühlt sich be-

Im Büro des Kirchentages, 1997

stärkt. Sie wird bei ihrer Zusage bleiben. Wer einmal selbst vor solchen Fragen stand, noch dazu mit mehreren schulpflichtigen Kindern, weiß, was es bedeutet, umzuziehen. Man muss vieles wieder von vorne beginnen, vor allem Sarah fällt der Abschied schwer. Wieder muss sie gute Freundinnen zurücklassen. Hanna und Lea hingegen leben sich schnell ein, es gibt viele Kinder in ihrem Alter, gemeinsam gehen sie jeden Morgen als Gruppe zu Fuß zur Schule. Esther findet Aufnahme bei einer netten Tagesmutter, die eine fünfköpfige Kindergruppe betreut.

Eckhard übernimmt eine Stelle als Studentenpfarrer. Er arbeitet meistens spätnachmittags und abends, Margot nimmt morgens auf dem Weg ins Büro Sarah mit zur Schule und Esther mit

zur Tagesmutter. Sie kann fast täglich mittags zum Essen nach Hause kommen und um 17 Uhr zu Hause sein. So lassen sich auch jetzt Familie und Beruf gut verbinden, und die Familie verbringt viel Zeit zusammen. Es werden Fahrradtouren gemacht und Wanderungen in der Rhön unternommen. Zu dem Golden Retriever Lisa gesellen sich auch noch Meerschweinchen und Kaninchen. Für die Kinder sind Haus und Garten in Fulda ideal.

Aber manchmal ist es auch schwer. Als Margot nach einem langen Tag im Büro und nachdem sie zu Hause die Kinder ins Bett gebracht hat, in der Kita sitzt und für Esther zum Martinstag eine Laterne basteln soll, platzt ihr fast der Geduldsfaden. Warum sollte eine Laterne nicht einfach gekauft werden können? Und sie ärgert sich, als der Lehrer in der Grundschule Hanna und Lea, die in verschiedenen Klassen sind, jeweils neben den größten Rüpel setzt, weil er meint, die beiden hätten beruhigenden Einfluss auf andere. Das soll Pädagogik sein?

Hanna und Lea fühlen sich sehr wohl in Fulda, sie gehen zum Ballett und in eine Tanzschule, mit der auch Musicals aufgeführt werden. Sie haben viele Freundinnen in der Straße, in der sie wohnen. Auch Esther ist glücklich. Als sie 1996 eingeschult wird, kann sie morgens mit fünf anderen Kindern den kurzen Schulweg gehen.

Doch der berufliche Start ist für Margot nicht einfach. Im Amt bekommt sie die Vorbehalte der Kolleginnen und Kollegen zu spüren, die es ihrer neuen Chefin nicht leicht machen. An der Sitzung vor und nach ihrer Wahl haben auch sie teilgenommen und erlebt, wie heftig ihre Vorgesetzten Margot kritisierten. Nun scheinen sie verunsichert und vorurteilsbeladen. Einige Männer sparen nicht mit Macho-Sprüchen und nennen Margot gar „Schatzi".

Sie überlegt. Eigentlich weiß sie ja, wie sie sich als Chefin gerne verhalten möchte und kann. In dieser schwierigen Situation aber entscheidet sie sich, lieber einen Supervisor hinzuzuziehen. Eigentlich eine sinnvolle und professionelle Herangehensweise. Doch der Kirchentags-Finanzleiter fragt:

Mit Tochter Esther, 1999

„Haben Sie das jetzt auch noch nötig, Frau Käßmann?"

Margot reagiert konsequent und selbstbewusst und meldet sich auf eigene Rechnung bei der Supervision an. Die erste Frage, die der Supervisor ihr stellt, lautet: „Wenn Sie jetzt in der Mitte eines Sees wären und zu ertrinken drohten und am Ufer steht das Kollegium. Was würden die Kollegen tun?" Margot überlegt: „Vermutlich würden sie zugucken, um herauszufinden, ob ich schwimmen kann." Ein hilfreiches Bild. Sie weiß nun: Sie allein muss handeln, um dem Team näherzukommen.

Eine Vertrauensperson findet Margot in der Sekretärin Katharina Erhardt; sie gibt ihr wichtige Ratschläge, um sich in den neuen Strukturen zurechtzufinden. Und das geht dann doch schnell. Margot findet innerhalb kurzer Zeit Anerkennung im neuen Amt, die Kolleginnen und Kollegen, die haupt- und ehrenamtlich Engagierten, sehen sie bald selbstverständlich in ihrer Rolle. Sie besucht die verschiedenen Gruppen und identifiziert sich voll mit ihrer Aufgabe. Es macht ihr Spaß, und sie hat das Gefühl, das Leben mit Familie und Beruf gut ausbalancieren zu können, auch wenn es manchmal eine echte Herausforderung ist.

Dass die Organisation Konten bei der Deutschen Bank unterhalte, monieren viele Christen und Basisgruppen, schließlich unterstütze die Bank das südafrikanische Apartheidregime. 1987, beim Kirchentag in Frankfurt, hat Margot mitprotestiert. Nun, sieben Jahre später, muss sie als Generalsekretärin mit den Managern der Deutschen Bank darüber diskutieren.

Ein Arbeitsbereich des Kirchentages ist ihr besonders wichtig: Sie sorgt dafür, dass viele Veranstaltungsinhalte ins Englische übersetzt werden, damit auch Gäste aus anderen Ländern verstehen, worum es geht. Der deutsche Kirchentag soll europäischer werden, wünscht sie sich.

Auch die Übersetzung der Bibel in „gerechte" Sprache ist Margot ein wichtiges Anliegen, denn bei dieser Übersetzung werden unter anderem die sozialgeschichtlichen Hintergründe der Texte besonders berücksichtigt. Eine Gruppe von Theologen und Theologinnen, darunter Jürgen Ebach, Frank Crüsemann und Martina Severin-Kaiser, ist mit der Übersetzungsarbeit beschäftigt.

„WIR WERDEN UNS ÄNDERN"

„Es ist dir gesagt, Mensch, was gut ist!" Unter diesem Motto findet 1995 in Hamburg der erste Kirchentag, den Margot zu verantworten hat, statt. Sarah ist mit dabei, sie arbeitet im Pressezentrum als Helferin. 125 000 Dauerteilnehmer haben sich angemeldet. Beim Eröffnungsgottesdienst steht Margot neben Kirchentagspräsident Ernst Benda im strömenden Regen. „Frau Käßmann, das haben wir nicht verdient!", kommentiert er trocken. Der sogenannte Abend der Begegnung, bei dem sich die gastgebende Nordelbische Kirche präsentieren will, fällt buchstäblich ins Wasser.

Auch sonst dreht sich vieles um das kühle Nass. Die geplante Versenkung einer ausgedienten Ölplattform in der Nordsee durch den Shell-Konzern bestimmt gerade die Schlagzeilen und bewegt auch viele Kirchentagsbesucher. Unmengen an Ölrückständen sollen einfach im Meer entsorgt werden. Ein Unding, kritisierte Greenpeace und protestiert mit großen Aktionen. Unerwartet stellt sich der konservative Ernst Benda auf die Seite der Protestierenden und liest Shell in einer Rede die Leviten. Das trifft den Nerv der umweltbewussten Kirchentagsteilnehmer.

Der Konzern zitiert Ernst Benda und Margot Käßmann in die Zentrale in Hamburg-Nord. In der obersten Etage des Hochhauses werden sie von einer Schar ernst dreinschauender Manager erwartet. Sie fürchten um ihr Geschäft, die Shell-Tankstellen melden bereits Umsatzeinbußen, viele Menschen drücken ihren Unmut über die Versenkungsaktion aus, indem sie anderswo tanken. Dazu hat Greenpeace in den Medien aufgefordert. Und Tausende folgen dem Aufruf. Ernst Benda und auch Margot Käßmann sollten sich nicht länger in Dinge einmischen, von denen sie nichts verstehen, fordern die Konzernvertreter.

Margot bewundert Ernst Benda, der, seinem Amt als Bundesverfassungsgerichtspräsident entsprechend, klar und souverän reagiert. Er verstehe sehr wohl, dass das Vorhaben des Shell-Konzerns ein Umweltfrevel und ein Fehler sei, betont er. Margot holt erst einmal tief Luft, als sie das Shell-Hochhaus wieder verlassen.

1995 beim Kirchentag in Hamburg

Wenige Tage später freut sie sich, dass der Konzern doch auf die Proteste reagiert: Die Ölplattform soll nun geborgen und an Land umweltgerecht entsorgt werden. Mit einer Marketing-Kampagne unter dem Titel „Wir werden uns ändern" versucht Shell reumütig, das Vertrauen der Kunden zurückzugewinnen. Ein Weltkonzern reagiert auf Kritik von unten: Solche Geschichten mag Margot. Ihr Verhältnis zu Ernst Benda bleibt auch in den folgenden Jahren gut und ist von gegenseitigem Respekt geprägt.

Gleich nach Ende des Hamburger Kirchentags beginnen schon die Planungen für den nächsten. Er soll in Leipzig stattfinden. Doch Margot fährt mit den

Kindern erst einmal nach Frankreich an die Atlantikküste. Eckhard kommt nicht mit, Strandurlaub liegt ihm nicht. Aber Familie Wiedenhöft ist dabei, die ganz in der Nähe ebenfalls ein Ferienhaus mietet. Margot und die Kinder sind begeistert von Frankreich, von dem langen Sandstrand. Viele Jahre werden sie jeden Sommer hierherfahren, auch Schwester Ursula mit Familie kommt einmal mit. Bis heute sind diese Sommerurlaube als Höhepunkte des Jahres im Gedächtnis der Familie. Und es wird zum Ritual, auf der Rückfahrt eine Nacht in Disneyland Paris zu verbringen, ein Riesenspaß für alle.

LEIPZIG 1997

Auch in der DDR gab es Kirchentage – nun soll der erste gesamtdeutsche Kirchentag seit 1954 in Leipzig stattfinden. Das Motto: „Auf dem Weg der Gerechtigkeit ist Leben".

Die sächsische Landeskirche ist nicht sehr angetan vom Kirchentag. Auch die Vorstellung, den Schlussgottesdienst in einem Stadion zu feiern, in dem noch vor wenigen Jahren sozialistische Spartakiaden stattfanden, finden viele Leipziger befremdlich. Zudem steht weniger Geld zur Verfügung als sonst, die EKD-Kirchenkonferenz muss zusätzliche Zuschüsse bereitstellen. Und dann

protestieren auch noch die Schulen, sie wollen ihre Gebäude nicht, wie sonst bei Kirchentagen üblich, als Quartiere zur Verfügung stellen.

Margot hat große Zweifel, ob alles klappen wird. Von vielen Seiten gibt es unvermuteten Widerstand. Der in der friedlichen Revolution zu DDR-Zeiten aktive Nicolai-Pfarrer Christian Führer etwa möchte keine Pfadfinder im Umkreis von hundert Metern seiner Kirche, denn sie würden ihn in ihrer Kluft an die uniformierten Mitglieder der Hitlerjugend oder der „Jungen Pioniere" erinnern. „Christian, entschuldige bitte, das sind Pfadfinder!", entfährt es Margot im Streit.

Es folgt eine Auseinandersetzung über eine Bibelarbeit, bei der ein ehemaliger Stasioffizier seine Sicht der Dinge darlegen soll. Margot ist dafür, rudert allerdings zurück, als sie merkt, wie groß die Empörung vieler in der DDR aufgewachsener Menschen ist. Als der Kirchentag beginnt, herrscht trotz aller Widrigkeiten und Konflikte eine großartige Stimmung. Die Leipziger sind gastfreundlich, am Ende feiern 90 000 Christen im noch unrenovierten Stadion einen bewegenden Schlussgottesdienst. Anschließend blickt Margot von ihrem Zimmer im Hotelhochhaus aus hinunter auf die Stadt und hofft, dass alle trotz überfüllter Straßen und des noch nicht renovierten Hauptbahnhofs heil nach Hause kommen.

Nach dem Kirchentag ist vor dem Kirchentag. 1999 soll er in Stuttgart stattfinden, im Stammland des sehr frommen Protestantismus. Eigentlich ein Selbstläufer, denken viele.

Zunächst steht für Margot aber noch eine Reise an: Die inzwischen achte Vollversammlung des Ökumenischen Rates ist einberufen worden. Der Tagungsort: Harare, die Hauptstadt Simbabwes.

RINGEN UM EINE „KULTUR DES FRIEDENS"

Margot steigt mit Vorfreude in den Flieger. Sarah ist seit dem Sommer mit „Youth for Understanding" in Südafrika. Sie wollte unbedingt dorthin, nachdem sie Margot einmal auf eine Reise nach Kenia begleitet hatte. Doch die Mutter macht sich große Sorgen und vermisst die Tochter sehr. Nun wird es möglich, dass Sarah zur Vollversammlung nach Harare kommt und sie zwei intensive Wochen miteinander erleben können.

„Kehrt um zu Gott – seid fröhlich in Hoffnung!" ist das Motto der Versammlung, Frauenthemen stehen im Mittelpunkt. Vor zehn Jahren hatte der Ökumenische Rat eine Dekade unter dem Titel „Kirche in Solidarität mit den Frauen" ins Leben gerufen. Bärbel Wartenberg-Potter hatte beim Zentralausschuss 1985 in Buenos Aires eindrücklich von einer UN-Frauendekade berichtet, der ÖRK griff das Thema auf und entwickelte kreative Methoden. Als „living letters", lebendige Briefe,

wurden jeweils zwei Frauen und zwei Männer in die Mitgliedskirchen geschickt, um sich dort nach den Rollenbildern zu erkundigen, die den Frauen zugeschrieben wurden.

Einige der Antworten waren erschütternd, etwa die oft unklare Haltung einiger Kirchenvertreter zum Thema Gewalt gegen Frauen. Was denn mit Gewalt eigentlich gemeint sei, fragten manche sogar, „schon schlagen oder erst töten"? Abgründe des alltäglichen Sexismus taten sich auf. Mancherorts wurden die Frauen in den Kirchen durch die Besuche allerdings auch ermutigt, nicht länger zu schweigen angesichts von Unterdrückung und Gewalt.

In Harare soll die Dekade nun mit einem sichtbaren Signal für die Gemeinschaft von Frauen und Männern in der Kirche beendet werden.

Eine Frau als ÖRK-Generalsekretärin ist bisher undenkbar. Das Amt wird stets mit einem Geistlichen besetzt – da viele Mitgliedskirchen die Ordination

Mit Freundin
Janice Love 1998
in Simbabwe

von Frauen noch immer ablehnen, ist eine Frau in dem Amt utopisch. Mit der Wahl einer Frau zur Vorsitzenden des Zentralausschusses könnte jedoch ein Zeichen dafür gesetzt werden, dass die Kirchen der Welt die neue Dekade ernst nehmen. Eine geeignete Kandidatin steht dafür bereit: Margots Freundin und Weggefährtin Janice Love, die seit Langem im ÖRK arbeitet und auch schon Mitglied des Exekutivausschusses war. Sie genießt ein hohes Renommee, gilt als exzellente Moderatorin und kann ausgleichend auf unterschiedlichste Interessen und auch Emotionen einwirken.

Eigentlich scheint alles klar, Janice Love ist aussichtsreichste Kandidatin. Doch als es zur Wahl kommt, werden plötzlich Unterschriftenlisten durch die Reihen gegeben. Um des Friedens mit den orthodoxen Kirchen willen sei es besser, einen orthodoxen Vorsitzenden zu wählen. Auch Konrad Raiser, Margots ehemaliger Doktorvater, der inzwischen Generalsekretär des ÖRK ist, unterstützt diesen Wahlvorschlag, um die Konflikte mit der Orthodoxie nicht eskalieren zu lassen. Margot ist enttäuscht.

Die Vollversammlung folgt dem Votum, der orthodoxe Vertreter Aram Keshishian wird für eine zweite Amtszeit wiedergewählt. Wieder ein Mann, dazu noch ein Vertreter einer Kirche, die die Frauenordination ablehnt. Für Margot und alle an der Gleichberechtigung Interessierten eine Katastrophe. Frustriert verlässt sie Harare und macht mit Janice Love und ihrer Tochter Sarah einen Ausflug zu den Victoriafällen.

101

Bei der Vollversammlung werden aber auch andere Themen diskutiert. Nelson Mandela nimmt teil. An seiner Seite: Robert Mugabe, der umstrittene Präsident Simbabwes. Sicherheitskräfte strömen ins Veranstaltungszelt, als die beiden Politiker eintreten. Es folgt ein Blitzlichtgewitter. Die 4000 Teilnehmer sind sich bewusst, dass sie gerade Geschichte erleben, die Stimmung ist euphorisch. „Manche verhielten sich wie Teenager auf einem Justin-Bieber-Konzert", amüsiert sich Margot Käßmann noch heute. Keiner hält sich mehr an die strengen Sicherheitsregeln. Nachdem sich die Aufregung gelegt hat, spricht Nelson Mandela zu den Menschen. Die christlichen Missionare hätten viele Fehler gemacht, sagt er, aber die Grundbotschaft, die sie Afrika eingepflanzt hätten, sei wahr und wichtig: Alle Menschen sind gleich viel wert, egal welche Hautfarbe sie haben, weil jeder Mensch Gottes Ebenbild ist. Vielen, auch Margot, eröffnet er damit eine neue, differenzierte Sicht auf die Missionsgeschichte.

Am Ende der Konferenz beschließt die Vollversammlung, weiterhin solidarisch mit Afrika zu sein. Auch soll eine „Dekade zur Überwindung von Gewalt" ausgerufen werden, die 2001 bis 2010 dieses Thema in den Mittelpunkt des Ökumenischen Kirchen rücken soll.

Ausflug zu den Victoriafällen mit Tochter Sarah, Chung Hyun Kyung, Janice Love, Ada Maria Isasi-Diaz und zwei weiteren Theologinnen.

Kreative Projekte zur Überwindung von Gewalt sollen gefördert, neue Friedensnetzwerke geknüpft werden. Der Boden für eine „Kultur des Friedens" soll genährt werden, auch mit säkularen Bewegungen und Angehörigen anderer Religionen. Margot unterstützt auch dieses Anliegen, das eines der Themen des „Konziliaren Prozesses" aufnimmt, der 1990 in Seoul zu einem vorläufigen Abschluss gekommen war.

Aber sie kehrt enttäuscht aus Afrika zurück nach Fulda. Der Ökumenische Rat hat für sie an Strahlkraft deutlich verloren. Dass die orthodoxen Kirchen trotz ihrer Hartnäckigkeit in der Frauenfrage so hofiert werden, erscheint ihr zunehmend absurd und störend. Wer im ÖRK mitwirke, müsse doch das Ziel einer Einheit der Kirchen im Sinn haben und könne nicht stets Sonderrechte einklagen! Für Gerechtigkeit und Frieden einzutreten bleibt Margots Ziel, das geht aber auch lokal und vielleicht auch ohne den Ökumenischen Rat im Rücken. Durch ihre Reise-Erfahrungen kennt sie viele Frömmigkeitsformen auf der ganzen Welt. Sie beobachtet eine denkwürdige Tendenz: Manche „Christen und Christinnen in Europa meinen, ihr Mangel an Spiritualität könne ausgeglichen werden, indem sie spirituelle Elemente der Kirchen aus Afrika, Asien und Lateinamerika kopieren". Das findet sie seltsam, schließlich gebe es auch in der deutschen Kultur Angebote des Glaubens. „Wenn aber eine Friedensgruppe herausfindet, dass ihr Schweigen sie stärkt, oder wenn Menschen, die mit Gewalt konfrontiert sind, beginnen, uralte Choräle zu singen, und wenn Frauen neue Formen des Gottesdienstes aus dem Kampf ihres täglichen Lebens heraus kreieren, dann sehen wir vor unseren Augen, wie Spiritualität wachsen kann mitten im säkularisierten Europa", sagt sie bei einem Symposium in Amsterdam. Solche Spiritualität erlebt sie auch in der Familie. Beispielsweise, wenn sie am Ostermorgen schweigend zu einer Quelle fahren, sich mit dem Wasser symbolisch waschen. Auch das Osterlachen gehört dazu – sich von Herzen zu freuen, zu scherzen und miteinander zu lachen.

„WOLLEN SIE LANDESBISCHÖFIN IN HANNOVER WERDEN?"

Nein-Sagen fällt Margot schwer. Im Januar 1999 wird sie gebeten, in Lüneburg beim Empfang des Kirchenkreises einen Vortrag zur Kirchentagslosung „Ihr seid das Salz der Erde" zu halten. Wenig später bittet sie ein ehemaliger Mitarbeiter des Kirchentages, in einem Gottesdienst in Burgdorf zu predigen. Der Tag kommt, sie hält die Predigt über das Motto des kommenden Kirchentages. Was sie nicht weiß: Unter den Gottesdienstbesuchern sitzen viele Synodale der hannoverschen Landeskirche. Anschließend lädt Landesjugendpastor Arend de Vries Margot zum Essen ein. Nach ein wenig Small Talk wechselt er das Thema. Ob sie sich vorstellen könne, als Landesbischöfin zu kandidieren. Bei der kommenden Synodentagung stehen Wahlen an, der amtierende Landesbischof Horst Hirschler wird in Ruhestand gehen. Margot stutzt. „Soll das ein Witz sein?", entfährt es ihr. „Natürlich nicht, was soll die Frage?", antwortet ihr Gegenüber. „Quatsch, alles Quatsch", denkt sie auf dem Nachhauseweg.

Aber viele meinen, Margot wäre eine tolle Kandidatin für die Bischofswahl. Das spricht sich herum. Die „Gruppe Offene Kirche" (GOK), die liberale der beiden Synodalgruppen, möchte, dass der patriarchale Führungsstil des bisherigen Bischofs Hirschler endlich gebrochen wird. In der Landeskirche haben es nur sehr wenige Frauen in Leitungsfunktionen geschafft, eine Folge jahrzehntelanger Männerkungelei. Eine Bischöfin wie Margot Käßmann: jung, selbstbewusst und engagiert, Mutter und Doktorin der Theologie, wäre traumhaft. An die Verwirklichung dieses Traumes glauben die allerwenigsten. Aber schon eine Kandidatur könnte frischen Wind in die Synode und Landeskirche bringen, wäre für manche ein ermutigendes Zeichen.

Eines Tages besucht ein Pfarrer aus Hannover, Mitglied der „Gruppe Offene

1998

Kirche", Margot in Fulda und legt ihr den Gedanken einer Kandidatur nochmals ans Herz. Sie spielt immer öfter mit dem Gedanken: „Was wäre, wenn …"– und verwirft ihn immer seltener. Sie könnte ja wenigstens der GOK den Gefallen tun, zu kandidieren. Gewählt werden würde sie von dieser überwiegend konservativen Landessynode sowieso nicht, davon ist sie überzeugt.

Einige Zeit später klingelt in ihrem Kirchentagsbüro das Telefon. Diesmal geht es nicht um ein Kirchentagsthema. Am Apparat ist der Landessuperintendent von Aurich. Margot stutzt und hört ihn sagen: „Hiermit trage ich Ihnen im Namen des Senates der Evangelisch-Lutherischen Landeskirche Hannovers die Kandidatur für das hannoversche Bischofsamt an." „Das meinen Sie jetzt so richtig ernst und offiziell?", fragt sie zurück.

„Ja, ernst und offiziell."

Margot ist verwundert. Das geht ja sehr getragen und hierarchisch zu in dieser Landeskirche, denkt sie sich. Der Kirchensenat hatte die Aufgabe, die Kandidaten aufzustellen. Und in dieses hochoffiziöse Gremium muss Margot nun zum persönlichen Gespräch.

Als es so weit ist, ist Margot gerade im Mutterstress. In aller Eile hat sie sich den kleinen roten Koffer der siebenjährigen Esther geschnappt, eine kleine Hexe und Tierchen baumeln am Griff. So betritt sie das Landeskirchenamt in Hannover, ein blockartiges Bürogebäude, das den Charme der 50er-Jahre versprüht. Kirchenamtspräsident Eckhart von Vietinghoff nimmt ihr den Koffer ab und begleitet sie in den Sitzungssaal. Selbstbewusst steht sie Rede und Antwort und gibt Auskunft über ihre theologischen Ansichten. Warum auch nicht, sie hat ja nichts zu verlieren außer die Wahl in ein Amt, das sie sowieso nicht erreichen wird.

Als sie den Saal verlässt, sind die Mitglieder des traditionsbehafteten Kirchensenats ziemlich angetan von dieser jungen Frau. Jurist und Präsident von Vietinghoff kann sich erstmals vorstellen: Vielleicht haben wir sie unterschätzt. Diese Frau hätte das Zeug, Bischöfin zu werden.

IN DER MITTE DES LEBENS

Es rumort heftig in der evangelischen Landeskirche Hannovers. Der Grund: Margot Käßmann, aus dem hessischen Stadtallendorf. Diese junge Theologin, gerade mal 40 Jahre alt, hat sich doch tatsächlich zur Kandidatin für das höchste geistliche Amt der Landeskirche – die sie gar nicht kennt! – aufstellen lassen. Und sie wirkt noch nicht einmal so, als wolle sie Karriere machen. „Frisch, fromm, fröhlich, frei" – wenn diese klischeehafte Beschreibung auf einen Menschen zutrifft, dann auf Margot. In der Riege der älteren Herren, die die Kirche führen, kann sich niemand Margot Käßmann so richtig als Bischöfin vorstellen. Diese kleine, quirlige Frau, Doktorin der Theologie, die so unverblümt über alle möglichen Themen spricht, soll nun offizielle Stimme der Kirche werden? Bei vielen Konservativen löst der Gedanke Ängste und Bedenken aus. Weiblich, zu jung, vierfache Mutter und dann noch Bischöfin – wie soll das gehen? Und was wird das auslösen?

Verfechter der Ökumene und Basisgruppen der kirchlichen Frauenarbeit dagegen wittern Morgenluft. Für sie ist Margot Käßmann eine der wenigen, denen sie es zutrauen, die Kirche voranzubringen – erst recht die hannoversche Landeskirche, die vor Patriarchalismus strotzt. Landesbischof Horst Hirschler, seit elf Jahren im Amt, führt die Kirche freundlich, aber streng. Und er hat glasklare Vorstellungen, die er unumstößlich vertritt: Homosexuelle im Pfarramt? – undenkbar. Geschiedene Pastorinnen oder Pastoren? – müssen die Gemeinde wechseln. Kriegsdienstverweigerung? – nicht besser oder „christlicher" als Dienst an der Waffe.

An der Hierarchie im hannoverschen Kirchenamt war bisher nicht zu rütteln. Und nun kürt die liberale Fraktion der Synode Margot Käßmann, die Generalsekretärin des Kirchentages, zur Kandidatin! Und die Konservativen müssen noch etwas schlucken: Zum ersten Mal seit 74 Jahren gibt es eine echte Wahl. Bisher präsentierte der Kirchensenat immer nur einen Kandidaten – selbstverständlich einen Mann. Diesmal kandidieren ein Mann und eine Frau. Wer die Wahl gewinnen wird, ist offen. Das wirkt fast wie ein demokratischer Aufbruch.

Zwar ist Margot Käßmann umstritten, doch selbst manch bürokratischer Hardliner kann sie sich inzwischen sehr gut als Bischöfin vorstellen. Bei Auftritten überzeugt sie durch profundes theologisches Wissen, große Präsenz und Esprit. Ihr Gegenkandidat Jürgen Johannesdotter ist als Regionalbischof in Stade fest in die Strukturen der Landeskirche eingebunden. Er ist 15 Jahre älter, verheiratet und hat fünf Kinder. Seltsam: Ihm stellen weder Medien noch Kirchenverantwortliche die Frage, die Margot sich dauernd anhören muss: Wie wollen Sie denn das Bischofsamt schaffen mit so vielen Kindern?

Margot versucht in dieser Gemengelage die Ruhe zu behalten. Dass die Synode sie wählen könnte, hält sie noch immer für unwahrscheinlich. Trotzdem fragt sie sich: „Was wäre, wenn ...?" und spricht mit Eckhard, Freundinnen und Freunden darüber. Gut, dass ihre langjährige Freundin Almut auch jetzt präsent ist und ihr zur Seite steht.

Auch ihre Arbeit beim Kirchentag nimmt sie stark in Anspruch. Im Juni steht der Stuttgarter Kirchentag bevor, da muss noch viel geplant und entschieden werden. Und ausgerechnet zehn Tage vor Beginn der Veranstaltung muss sie nach Hannover zur Wahlsynode!

Die findet, wie immer, im Großen Schwesternsaal der Henriettenstiftung statt. Am 2. Juni versammeln sich hier die Synodalen aus den verschiedenen Regionen der Landeskirche. Die Stimmung ist angespannt. Als Margot den Saal betritt, spürt sie die Blicke aller und nimmt auf der Gästebank Platz, heute ist sie ja nur Beobachterin.

Die Tagesordnung wird aufgerufen. Kirchengesetze, Beschlüsse, das Übliche. Aber eigentlich denken alle nur an die Bischofswahl, die am nächsten Tag stattfinden soll.

Am nächsten Morgen gratulieren ihr viele – zum Geburtstag. Sie wird heute 41 Jahre alt.

Dann geht es in den Saal. Das Prozedere ist klar. Es gibt maximal drei Wahlgänge. Um in einem der ersten beiden zu gewinnen, wäre eine Zweidrittelmehrheit nötig, im dritten reicht die einfache Mehrheit. Zwischen den Wahlgängen müssen mindestens zwölf Stunden liegen. Theoretisch könnte es also lange dauern, bis Sonnabend.

Viele sind froh, dass die Wahl nun endlich beginnt und ihre Stimme gefragt ist. Denn die kann diesmal wirklich entscheidend sein. Für 11.30 Uhr ist der erste Wahlgang angesetzt. dann werden die Stimmen ausgezählt. Mit dem Ergebnis haben die wenigsten gerechnet: 50 zu 48 Stimmen. Die Mehrheit der Synodalen hätte gerne Margot Käßmann als Bischöfin. Unruhe kommt auf. Viele freuen sich, anderen steht der Schreck ins Gesicht geschrieben. Der damals noch amtierende Landesbischof Horst Hirschler erinnert sich heute, was ihm damals als Erstes in den Sinn kam: „Oh guck mal, dieses Mädchen hat die Stimmenmehrheit, das wäre ja eine Sensation, wenn in der größten deutschen Landeskirche eine Frau Bischöfin wird!"

Margot ist selbst vom Abstimmungsergebnis überrascht. Sie fährt zurück nach Fulda, ihre Tochter Sarah kommt heute nach einem Jahr in Südafrika nach Hause, extra zu ihrem Geburtstag. Familie Käßmann geht zusammen Pizza essen und redet über ganz andere Dinge: vor allem über die Erlebnisse in Südafrika. Am Ende des Abends erzählt Margot den Töchtern aber doch, dass es vielleicht in Hannover nicht nur um eine Kandidatur geht, sondern dass die Perspektive, dort Bischöfin zu werden, seit heute ein Stück weit realistisch geworden ist. Sarah findet das super, Fulda erscheint ihr klein nach Kapstadt. Esther findet es aufregend, aber Hanna und Lea sind weniger begeistert. Sie sind so gern in Fulda, da

wollen sie auf keinen Fall jetzt wieder wegziehen und ihre Freundinnen, die Hobbys und das bekannte Umfeld erneut zurücklassen.

Margot schläft diese Nacht schlecht. Sie hat nicht damit gerechnet, dass die Hannover-Option ernst werden könnte. Und mit Hanna und Lea hat sie das deshalb auch nicht ausreichend besprochen. Aber Eckhard beruhigt sie: Das wird schon.

Am nächsten Tag fährt Margot wieder nach Hannover. Pünktlich um 11.30 Uhr beginnt der zweite Wahlgang. Das Ergebnis ist ziemlich stabil geblieben: 51 Stimmen für Margot Käßmann, 47 für Jürgen Johannesdotter. Das bedeutet: Morgen wird die Entscheidung fallen.

DENNOCH ...

Margot bezieht ihr Quartier im kargen Gästezimmer des Diakonissenhauses, fließend Kalt- und Warmwasser, Dusche auf dem Flur. Komfortabel ist das nicht, aber es reicht. Am nächsten Morgen ist die Stimmung aufs Äußerste gespannt. Einige Synodale wurden am Abend noch per Telefon bekniet – „von ganz oben", unkt einer –, bloß nicht Margot Käßmann zu wählen, das würde sonst katastrophale Folgen für die Landeskirche haben. Die Ner-

Bischofswahl mit Gegenkandidat Jürgen Johannesdotter

ven liegen blank. Viele fürchten um ihre Macht. Altbischof Eduard Lohse macht sich vor der Synode, wie so viele andere, nicht nur öffentlich Sorgen um „seine" Landeskirche, sondern auch um Margots Kinder. Schließlich wisse er, der 75-jährige dreifache Vater, wie viel Kraft und Zeit das Bischofsamt koste.

Die Medien hoffen auf eine quotenbringende Nachricht, viele Kamerateams und Fotografen haben Position bezogen. Auch Ehemann Eckhard ist da und fiebert mit. Bevor das Ergebnis verlesen wird, herrscht gespannte Stille. 52 Stimmen für Margot Käßmann, 45 für den Gegenkandidaten, eine Enthaltung.

„Nehmen Sie die Wahl an?", fragt der Synodenpräsident. „Ja, im Vertrau-en auf Gottes Hilfe", antwortet Margot. Jubel in der Synode. Die neue Bischöfin versinkt in einem Blumenmeer. Unzählige Gratulationen, einige verhalten freundlich, die meisten aber erfreut und strahlend. Abends und am nächsten Tag ist die Wahl die Topmeldung.

Margot muss unzählige Interviews geben, bevor sie mit Eckhard nach Fulda zurückfährt. Freunde und Nachbarn sind gekommen. Sie sind begeistert. Und permanent klingelt das Telefon, ein Anruf folgt auf den anderen. Sarah, Hanna, Lea und Esther freuen sich ebenfalls für ihre Mutter. Sie machen sich aber auch Sorgen. Schon wieder ein Umzug. Margot versucht, sie zu trösten: Wir schaffen das! Wir sind doch eine große Familie, da findet ihr schnell wieder neue Freundinnen und Freunde. Aber ein schlechtes Gewissen hat sie trotzdem den Kindern gegenüber.

Freundinnen und Freunde sind eben nicht einfach zu ersetzen, und ihre Töchter sind in einem Alter, wo diese manchmal wichtiger sind als die Eltern oder Geschwister. Aber es ist eine große Herausforderung, und ihre Töchter werden hoffentlich über den Umzug hinwegkommen.

Nach der Wahl zur Landesbischöfin

„IHR SEID DAS SALZ DER ERDE"

Elf Tage nach der Wahl machen sich Zehntausende Christen auf den Weg nach Stuttgart. Nun heißt es für Margot, sich auf ihre momentane Riesenaufgabe zu konzentrieren und den Kirchentag mit der einprägsamen Losung aus dem Matthäusevangelium (Kapitel 5, Vers 13) in der Landeshauptstadt von Baden-Württemberg gut über die Bühne zu bringen. Auf dem zentralen Platz der Stadt ist ein Hügel aus Salz aufgeschüttet worden, die Teilnehmer nehmen es in kleinen, bedruckten Säckchen mit nach Hause. Überall in der Stadt finden Veranstaltungen statt, es wird gesungen, getanzt, gelacht und gemeinsam gebetet. Die Stimmung ist ausgesprochen gut. Es ist

ein großes, buntes Fest des Glaubens. Währenddessen reißt in der Geschäftsstelle die Zahl der Presseanfragen an die Generalsekretärin Margot Käßmann nicht ab. Viele Journalistinnen und Journalisten, die schwerpunktmäßig über Kirche berichten, sind in Stuttgart – und wollen Margot natürlich auch zu ihrem neuen Amt interviewen. Schwierig: Die Pressestelle der hannoverschen Landeskirche sieht sich noch nicht zuständig, die des Kirchentages natürlich auch nicht.

Nach dem Kirchentag findet Margot endlich Zeit, sich auf ihr neues Amt vorzubereiten. „Bischöfin sein – wie geht das eigentlich?", fragt sie sich.

Maria Jepsen war sieben Jahre zuvor in Hamburg erste lutherische Bischöfin Deutschlands geworden. Vom Typ her ist sie ganz anders als Margot, an ihr kann sie sich kaum orientieren. Wenn Margot an einen Bischof denkt, kommt ihr sofort ein älterer gesetzter Herr vor Augen, aber keine Frau, die gerade 41 ist und vier schulpflichtige Kinder hat. Eines ist klar: Für die Verantwortlichen in der Landeskirche von Hannover wird der Umbruch gewaltig.

Auf jeden Fall weiß Margot, was sie nicht will: sich in eine Rolle einzwängen lassen, in der sie nicht mehr als Person erkennbar ist. Das Amt soll den Menschen Margot Käßmann nicht überdecken. Und es soll nicht ihr einziger Lebensinhalt werden.

Erneut stehen ein Abschied und ein Umzug an – und das eigentlich ungewollt. Die Arbeit beim Kirchentag gefällt Margot sehr, Beruf und Muttersein lässt sich in dieser Konstellation gut miteinander verbinden, auch die Kinder fühlen sich wohl in Fulda. Dennoch geht es jetzt ins Bischofshaus nach Hannover. Mittlerweile ist Familie Käßmann das Packen gewohnt.

Und wenn man näher hinschaut, sind die äußeren Bedingungen in Hannover eigentlich ideal: Im Bischofshaus befindet sich oben in der ersten Etage die Wohnung der Familie, unten die Kanzlei der Bischöfin und die Büros

ihrer Mitarbeiter. Das heißt: Die Wege zwischen Schreibtisch und Familie sind kurz. Ein großer Garten bietet Platz zum Spielen, Sitzen und auch für den Hund. Das Haus liegt an einer ruhigen Nebenstraße in einer schönen Gegend und ganz in der Nähe des Maschsees. In die Innenstadt sind es nur wenige Minuten zu Fuß. Die Alternative wäre das Bischofshaus in Kirchrode gewesen, in dem Altbischof Lohse wohnte. Dann aber müsste Margot zwischen Familie und Büro hin- und herpendeln. Also entscheiden sich Käßmanns für die Variante Wohnen und Arbeiten im selben Haus.

Vor dem Umzug fährt Margot mit den Töchtern noch einmal nach Frankreich. Auch Almut und Ursula sind mit ihren Familien dabei. In Frankreich haben sie viel Zeit zum Reden und zum Nachdenken miteinander, was die neue Situation in der jeweiligen Lebensphase für Sarah, Hanna, Lea und Esther bedeutet. Durch den Umzug sind die Sommerferien für die Kinder acht Wochen lang, eine gute Zeit, um sich im neuen Umfeld einzugewöhnen, bevor die Schule beginnt.

Die Medienanfragen häufen sich, denn vielen ist klar, dass hier quotenstarke Aussagen zu erwarten sind, weil die Bischöfin kein Blatt vor den Mund nimmt und auch vermeintliche heiße Eisen anpackt. Margot gibt Interviews, geht auch in Talkshows. Damit provoziert sie ihre Kritiker. Einige sind aufgebracht darüber, dass sie ein Schmuck-Kreuz des Designers Wolfgang Joop annimmt, das der ihr in der Sendung „III nach 9" geschenkt hatte. „Ist ein Designer-Kreuz mit der Würde des Bischofsamtes vereinbar?", lautet die empörte Frage, in der die Antwort des Fragenden gleich mitschwingt. Andere sind verärgert über Margots spontane Antworten zu aktuellen Fragen.

Während Kirchenleitende sich sonst stets von den theologischen Abteilungen ihrer Kirchenämter oder Pressestellen wohlfeile Sätze zurechtlegen lassen, äußert Margot freimütig ihre Meinung, eine Pressestelle hat sie ja nicht. Auch gegenüber dem Kirchenredakteur Joachim Frank, der sie fragt, was sie denn von der „Abtreibungspille" Mifegyne halte, die derzeit kontrovers diskutiert wird. „Ich finde die Zulassung richtig", antwortet Margot, denn die körperliche Belastung für die Frauen werde bei einem Schwangerschaftsabbruch mit diesem Präparat deutlich herabgesetzt. Merkwürdig findet sie, „dass in der Debatte um das Für und Wider der Schmerz der Frau sozusagen zum Kriterium erhoben worden ist".

Denn konservative, katholische Kirchenvertreter meinen, eine Abtreibungspille sei abzulehnen, weil sie eine schonendere Abtreibung ermögliche. „Das klingt ja so, als ob die Frau notwendig Schmerzen ertragen müsse, wenn sie sich denn für einen Abbruch entschieden hat. Und eben das kann ich nicht verstehen", erklärt Margot.

Das Interview verursacht großen Wirbel. „Käßmann für Abtreibungspille", verkürzen Boulevardzeitungen ihre Aussage zum Thema und unterschlagen dabei, dass sie Abtreibungen prinzipiell nicht gutheißt. Fest steht: Dass eine Kirchentags-Generalsekretärin und designierte Bischöfin mit einer eigenen, profilierten Meinung so an die Öffentlichkeit geht, widerspricht allen bisherigen Gepflogenheiten innerhalb der Kirche.

„MENSCHEN MIT RÜCKGRAT UND WIDERSTANDSKRAFT"

Am 4. September 1999, dem Tag ihrer Amtseinführung, herrscht strahlendes Spätsommerwetter. Die Menschen Hannovers sollen mit ihr feiern, wünscht sich Margot. Bloß keinen abgeschotteten, steifen Empfang, von dem die meisten nichts mitbekommen haben und davon nur am nächsten Tag in der Zeitung lesen!

Zum Gottesdienst ist die Marktkirche proppenvoll, 1200 geladene Gäste wollen diesen besonderen Augenblick miterleben und mitfeiern. Die Spitzenvertreter der Kirche und der Politik sind anwesend: der EKD-Ratsvorsitzende Manfred Kock, Bundeskanzler Gerhard Schröder, Ministerpräsident Gerhard Glogowski. Mehrere Tausend Menschen, die nicht in die Kirche passen, verfolgen den Gottesdienst draußen auf einer großen Videoleinwand; auch im Fernsehen wird er übertragen. Margot zieht mit 70 kirchlichen Würdenträgern in die Kirche ein, auch Doktorvater Konrad Raiser ist dabei. Margots ökumenisches Netzwerk wird sichtbar.

Ihre Predigt hat die Geschichte des ungläubigen Thomas zur Grundlage. Plastisch führt Margot die Begegnung des Thomas mit dem auferstandenen Jesus vor Augen. „Was wäre, wenn der Auferstandene seine Wunden in Talkshows zeigen würde?", fragt sie provokant, zum Beispiel bei *Beckmann, III nach 9* und *Fliege*. Glaube entstehe nicht durch Beweise, fährt sie fort, sondern durch eine Vertrauensbeziehung. Die Kirche solle Menschen nicht kleinhalten, sondern aufrichten. Sie wünsche sich „Menschen mit Rückgrat und Widerstandskraft". Das klingt fast wie ein Programm für ihre Bischofszeit.

Als sie mitten in der Predigt die Gottesdienstbesucher bittet, sich gegenseitig den Friedensgruß zuzusprechen, entsteht eine fröhliche Stimmung, die an den Kirchentag erinnert. „Glaube ist das herzliche Vertrauen auf Gott als Antwort auf die Angst der Welt", beschließt sie ihre Predigt mit einem Zitat des Theologen Heinz Zahrnt, der ebenfalls in einer der Kirchenbänke sitzt.

Die Art ihrer Predigt zeigt: Es bricht etwas Neues an. Da steht kein kirchlicher Würdenträger alter Schule auf der Kanzel, sondern eine Frau, die sich verletzlich und suchend zeigt, wie jener Thomas. Sie spickt ihre Predigt mit so viel Alltagserfahrungen und Humor, dass die Menschen immer wieder schmunzeln und staunen. Eine Frau, der Martin Luthers Rat in Herz, Fleisch und Blut übergegangen ist: Um vom Glauben zu reden, muss man „auf des Volkes Maul schauen".

Margot Käßmann mit ihren Töchtern bei ihrer Einführung als Bischöfin

Vor der Kirche herrscht Volksfeststimmung. 5000 Menschen feiern die neue Bischöfin. Margot ist im Freudentaumel, ihr Mann und ihre Töchter sind auch dabei. Die Journalisten sind angetan davon, wie offen sich Kirche hier unerwartet zeigt. „Unter den Liberalen in der EKD herrscht Aufbruchstimmung wie in der Sowjetunion nach dem Machtantritt Michail Gorbatschows", schreibt der *SPIEGEL*.

Währenddessen treffen sich wenige Kilometer entfernt in einem Universitäts-Hörsaal ultrakonservative Christen zu einer „Notsynode". Sie nennen sich selbst „bibeltreu" und halten die Ernennung einer Frau zur Bischöfin quasi für Teufelswerk. Schließlich stehe in der Bibel, dass „die Frauen in der Kirche schweigen sollen", argumentieren sie. Die Wahl sei also „formal nicht zulässig". 2000 Teilnehmer haben die Veranstalter erwartet, nur 160 sind gekommen. Die Fundamentalisten bekommen Gegenwind, sogar aus den konservativen Kreisen der Landeskirche. Margot selbst zeigt sich dialogbereit: „Ich scheue die Diskussion und die Auseinandersetzung nicht, wenn sie von der anderen Seite gesucht wird."

Nun muss die Landeskirche ihre Bischöfin erst einmal kennenlernen – und Margot die Landeskirche in ihrer ganzen Vielfalt. 3,3 Millionen Gläubige gehören ihr an, das Gebiet reicht von Ostfriesland bis zum Harz. Die Erfahrungen, die Margot in der ersten Woche sammelt, sind positiv. Aus ihrer Wahl schöpfen viele Hoffnung: „In der Kirche verändert sich ja vielleicht doch etwas." Bergeweise Briefe gehen in der Bischofskanzlei ein, die allermeisten von Gutwilligen, die sich bestärkt fühlen. Viele Mitarbeiterinnen und Mitarbeiter der Landeskirche, vor allem ihre Pressesprecherin, unterstützen sie kräftig. Eine Frau schreibt: „Ich als ausgetretene Katholikin habe zwar mit der Kirche nichts zu tun, aber Ihre Wahl finde ich gut." Andere wünschen Margot, dass sie sich durch das Amt nicht verbiegen lassen, sich nicht verschleißen und ihren Humor behalten solle. Das tut gut.

Geduldig erklärt Margot immer wieder ihre Sicht der Dinge. Zum Beispiel, wenn es um Frauen in der Kirche geht. „Es wird gesagt, Jesus hätte keine Frauen in die Nachfolge berufen. Das ist Unfug. Die erste, der Jesus am Ostermorgen erschienen ist, ist Maria von Magdala. Die schickt er zu den anderen Jüngern und sagt: „Berichte ihnen, dass ich auferstanden bin."

Die Familie lebt sich langsam in Hannover ein. Esther kann die dritte Klasse einer Reformschule besuchen. So wird sie nach der vierten Klasse nicht noch einmal die Schule wechseln müssen, sondern kann von dort, weil sie wegen guter Leistungen eine Schulklasse überspringt, direkt in die sechste Klasse eines Gymnasiums gehen. An dieser Schule sind auch ihre drei älteren Schwestern. Sarah fühlt sich bald wohl in der 12. Klasse. Hanna und Lea fällt der Übergang schwerer, sie sind beim Umzug 13 Jahre alt, aber auch sie gewöhnen sich bald ein und finden schnell Freundinnen und Freunde. Die Schule ist von ihrer Wohnung fußläufig zu erreichen. Eckhard hat bald eine Stelle als Religionslehrer gefunden. Er ist deshalb mittags zu Hause, kocht gern für die Familie. Dadurch, dass die Bischofskanzlei in der Etage unter der Wohnung ihren Sitz hat, kann Margot immer beim Frühstück und fast immer auch beim Mittag- und Abendessen dabei sein und sich mit ihren Töchtern über die Sorgen und Freuden des Schulalltags austauschen.

Eines aber ist klar: Die Mädchen möchten nicht im Licht der Öffentlichkeit stehen, begleiten Margot aber dennoch zu einigen Veranstaltungen. Sie sind stolz auf ihre Mutter, auch wenn die öffentliche Aufmerksamkeit manchmal anstrengend ist.

Margot versucht, alles zu tun, damit ihre Kinder eine Jugendzeit ohne Medienrummel erleben können. Oft ist das nicht leicht, denn die Medien hätten natürlich gern die Bilder von einer heilen Bischöfinnenfamilie.

Beruflich möchte Margot Menschen, die noch in der Kirche sind, motivieren zu bleiben – und jene, die bereits gegangen sind, durch gute Angebote in den Gemeinden zurückholen. Außerdem wirbt sie dafür, dass andere Lebensformen neben der klassischen Ehe in den Blick genommen und anerkannt werden. Für sie ist es letztlich nicht nachvollziehbar, warum homosexuelle Pfarrer oder Pfarrerinnen nicht mit ihrem Partner oder ihrer Partnerin im Pfarrhaus leben können. Dass von den Betroffenen hier Unwahrhaftigkeit verlangt wird, belastet sie.

Heiße Eisen oder Themen, zu denen sie nichts sagt, gibt es nicht für Margot. Geschickt und stets die Stimmenvielfalt des Protestantismus lobend gibt sie Interviews, tritt in Talkshows auf und steht Rede und Antwort in den Sprengeln, Kirchenkreisen und Gemeinden ihrer Landeskirche. Dabei spart sie auch nicht mit Kritik an der eigenen Kirche. „Es regiert oft die Sprache des Gesetzes", sagt sie in einer Predigt, „Zärtlichkeit, Warmherzigkeit wird in die Frauenecke gedrängt, allenfalls modisch als emotionale Intelligenz gewürdigt. Brr!" Den Pastorinnen und Pastoren wünscht sie hingegen, dass niemand abfällig von der Kirche spricht. Und sie macht ihnen „Mut, von der eigenen Frömmigkeit zu reden". Souverän verweist sie auf die Möglichkeit, Fortbildungen in Anspruch zu nehmen. „Wir haben vom Glauben zu erzählen", schreibt sie ihnen ins Stammbuch und zitiert ein Lied des

Popsängers Chris Rea: „Sag mir, dass es einen Himmel gibt!"

„Eine Bischöfin hat eine relative Freiheit, ihren eigenen Stil zu finden", erklärt sie auf einem Frauentag, „das fängt schon bei der Frage an: Wie kleidet sich eine Bischöfin?"

Auf ihr Äußeres legt Margot Wert, sie findet schnell ihren eigenen Stil im Amt, kleidet sich schick und wirkt dabei nicht gekünstelt, sondern natürlich. Von Frauenzeitschriften wird sie dafür gelobt. Als „wahrhaftig" bezeichnet etwa die *Bild der Frau*-Chefredakteurin Sandra Immoor Margots modischen Geschmack, denn ihre Kleidung wirke nicht „beliebig oder zusammengewürfelt". Man sehe „eine Frau und keine Fassade".

2012 mit Kindern aus Tschernobyl

„ES GIBT MEHR DINGE, DIE UNS VEREINEN ALS UNS TRENNEN."

Die EXPO 2000 steht bevor. Eine Weltausstellung in Hannover, 155 Nationen und 27 internationale Organisationen beteiligen sich und haben Pavillons errichtet. Auf der „Plaza", dem Ausstellungsgelände, hat auch die hannoversche Landeskirche in Zusammenarbeit mit der katholischen Kirche einen Christus-Pavillon errichtet, eine Glas-Stahl-Konstruktion des Architekten Meinhard von Gerkan mit außergewöhnlicher, moderner Ausstrahlung. Doch der gesamten Weltausstellung fehlen noch Besucher. Die für die EXPO verantwortliche Generalkommissarin Birgit Breuel ruft in ihrer

Not Margot Käßmann an. Ob sie nicht eine Idee habe, an Pfingsten Menschen auf die Weltausstellung zu locken. Ein großer Name ist gefragt, denkt Margot – und ihr kommt Desmond Tutu in den Sinn, der ehemalige Erzbischof von Kapstadt und Friedensnobelpreisträger, eine international renommierte Persönlichkeit. Margot kennt ihn schon lange aus dem Ökumenischen Rat. Das wäre ein Coup: ein Pfingstgottesdienst mit diesem Mann auf dem EXPO-Gelände. Sie ruft Tutu an, er lässt sich von der Idee begeistern und sagt zu. Mit den Erfahrungen des Kirchentags im Hintergrund plant sie gemeinsam mit

Mit Erzbischof Desmond Tutu im Christus-Pavillon der EXPO 2000

vielen anderen Engagierten den Gottesdienst. Die katholische Kirche und die orthodoxen Kirchen beteiligen sich.

Der Tag wird ein großer Erfolg: 1600 Posaunenbläser sind gekommen, 800 Gospelsänger. Am Nachmittag zeigen Christen beim „Tag der christlichen Kirchen" ihr Engagement, abends beginnt der ökumenische Gottesdienst. Erzbischof Tutus Predigt ist erstaunlich offen. „Die Kirche ist für alle da – für Arme und Reiche, Schwule, Lesben und Heterosexuelle, Schöne und nicht so Schöne", denn jeder Mensch sei ein Kind Gottes. Und er appelliert an die Einheit der Kirchen: „Es gibt mehr Dinge, die uns vereinen als uns trennen."

Am Abend gibt die Bischöfin einen Empfang für den südafrikanischen Gast und den katholischen Bischof Josef Homeyer, der für den Christuspavillon mitverantwortlich ist. Erzbischof Tutu gibt eine Kostprobe seines Humors: „Na, lieber Bruder, wenn wir jetzt unsere Margot hier so sehen, dann wissen wir doch, dass unsere Kirchen Fehler machen, wenn sie keine Frauen ins Amt berufen, oder?!"

Bischof Homeyer kann nur verhalten über den launigen Spruch lachen. Für die neue Bischöfin ist der Pfingsttag auf der EXPO jedenfalls ein Erfolg.

„A WOMAN AS RELIGIOUS LEADER"

Ende 2001 trifft eine außergewöhnliche Einladung in der Bischofskanzlei in Hannover ein. Das Weltwirtschaftsforum, eine Stiftung international führender Manager und Politiker, wird im Januar 2002 nicht wie üblich in Davos tagen, sondern in New York. Die Solidarität mit den Opfern des islamistisch motivierten Anschlags auf die New Yorker Twin Tower ist groß. Die Veranstalter möchten auch 40 religiöse Führungspersonen einladen, um sich mit ihnen auszutauschen. Dort werden sich so viele einflussreiche Menschen treffen, dass Margot nach kurzer Überlegung gerne zusagt. Sie möchte die Gelegenheit nutzen, ihre Ansichten über eine Kirche der Solidarität und Offenheit mit anderen zu diskutieren und zu teilen.

Als sie im perfekt gesicherten Tagungshotel, dem „Waldorf Astoria", ankommt, betritt sie eine fremde Welt. Schnell merkt sie: Bei den Gesprächen hier steht „nicht der Mensch, nicht Solidarität oder die Sorge um die Hungernden in der Welt im Fokus, sondern allein Gewinn". Unter den „religious leaders" hat sie als einzige Frau eine Sonderrolle. Als sie Scheich Hamad bin

Khalifa Al Thani, dem Emir von Katar, vorgestellt wird, kann sich der große, breite Mann vor Lachen kaum halten. Immer wieder schüttelt er ihr die Hand und ruft belustigt: „A woman as religious leader!"

Desillusioniert kehrt Margot zurück. Sie empfindet ihre und die Anwesenheit der anderen religiösen Persönlichkeiten „wie ein Feigenblatt". „Religion fragt nicht nach Gewinn, sondern nach Sinn, stellt nicht Optimierung in den Vordergrund, sondern kennt Dankbarkeit gegenüber dem Schöpfer, sie sieht nicht ökonomisches Wachstum als die Lösung aller Probleme, sondern weiß um die Grenzen des Lebens und um ethische Verantwortung für den Lebensraum aller. Diese Fragen hatten dort letzten Endes keinen Raum", hält sie fest.

TRAUER UM JAN KOK

Aus vielen jahrelangen beruflichen Beziehungen im ökumenischen Netzwerk sind auch private Freundschaften entstanden. Margot pflegt jede Menge Kontakte, ist mit vielen ÖRK-Mitarbeitern und auch mit Journalisten freundschaftlich verbunden. Zum Beispiel mit dem Niederländer Jan Kok, der in der Kommunikationsabteilung des ÖRK arbeitet. Ende Januar 2002 liegt

ein Brief von ihm im Posteingang, abgestempelt schon am 23. Dezember. „Meine Gesundheit bricht zusammen", liest sie mit Schrecken, und dass er schon über 30 Kilo verloren habe. Am Abend greift sie zum Telefonhörer. Anderthalb Stunden telefonieren sie, reden über den Ökumenischen Rat, gemeinsame Erlebnisse, die Kinder. Und natürlich über seine Krankheit. Vier Jahre liegt die Krebsdiagnose zurück. Im Herbst wurde es schlimmer. Weitere Chemotherapien lehnt er nun ab. Er erzählt ihr, dass seine vor sieben Jahren von ihm geschiedene Exfrau zu ihm gekommen sei und ihn nun pflege. Langjährige Ehen sind, auch über Verletzungen und Grenzen hinweg, Lebensbündnisse, stellen sie miteinander fest. Als es zum Thema „Sterbehilfe" kommt, sind sie unterschiedlicher Meinung. „Als Bischöfin musst du dagegen sein", sagt er, „aber ich bin dafür!" Jan Koks Stimme wird schwächer. Beide wissen, dass es vielleicht das letzte Gespräch sein wird. Trotzdem ist es an der Zeit, das Telefonat abzubrechen.

Bewegt setzt Margot sich hin und schreibt ihm einen Brief. „Bei all deiner Tapferkeit bin ich jetzt doch den Tränen nahe", gesteht sie ihm und ruft noch einmal alle die gemeinsamen Erlebnisse in Erinnerung. Viel haben sie zusammen gelacht, sie freut sich darüber, dass er ihr empfohlen habe, ein Buch zu schreiben. Und sie bedankt sich „für so viele schöne Essen. Lachen muss ich heute noch, dass ich Dir als selbstständige Frau erklärt habe, jedes zweite Mal würde ich das Essen bezahlen. Das hat Dir den ganzen Abend verdorben, und ich habe es nie wieder getan." „In liebevoller Freundschaft" beendet sie den Brief, „Deine Margot". Jan Kok kann ihn noch lesen. Kurz darauf stirbt er. Ein wichtiger Freund fehlt in Margots Leben.

RÜCKSCHRITT UND RÜCKTRITT

Margots Amtseinführung in Hannover hat auch für den Ökumenischen Rat der Kirchen einen Vorteil: Nun ist eine populäre Bischöfin ökumenisch engagiert und trägt die Ideen der Bewegung weiter. Inzwischen sind längst Lieder und Gebete aus der Ökumene in Evangelische Gesangbücher aufgenommen worden – auch in ihrer jetzigen Landeskirche. Auf diese Weise gelangen das russisch-orthodoxe Kyrie, afrikanische Gebete und Halleluja-Gesänge aus der Karibik in abgelegenste deutsche Provinzen!

Anfang September 2002 fliegt Margot nach Genf, wo der Zentralausschuss des ÖRK tagt. Die geplanten Neuerungen, von denen sie dort erfährt, ärgern sie allerdings sehr. Aus Rücksicht auf Befindlichkeiten der orthodoxen Kirchen soll Unglaubliches eingeführt werden: Von nun an soll es keine ökumenischen Gottesdienste mehr geben, stattdessen „interkonfessionelle Andachten". Dabei soll darauf geachtet

werden, dass die Gebete „keinen theologischen, ekklesiologischen oder spirituellen Anstoß erregen". Außerdem heißt es nun, aus christlicher Sicht sei es genauso berechtigt, gegen die Frauenordination zu sein, wie dafür.

Ob sie in einer solchen ökumenischen Andacht dann auch nicht mehr segnen dürfe, fragt Margot, doch eine Antwort bleibt aus. Sie ist erbost. Wie sehr hatten sie die ökumenischen Gottesdienste bei Vollversammlungen wie in Vancouver begeistert – und nun so etwas. „Unerträglich" findet sie diese Entwicklung.

Hinzu kommt, dass der Ökumenische Rat künftig nicht mehr so einfach Stellungnahmen im Namen aller Kirchen abgeben darf. Jede Kirche soll jetzt ein Vetorecht bekommen. Wütend verlässt Margot Genf. Seit fast 20 Jahren ist sie nun in zentralen Gremien des ÖRK tätig, hat sich an Fortschritten in der Ökumene erfreut und viele Projekte wesentlich vorangebracht – und jetzt solche Rückschritte – was soll das? Sie bringt ihren Unmut zu Papier. „Die ökumenischen Gottesdienste waren für mich Herzstück des Ökumenischen Rates", schreibt sie, „hier wurde die Einheit in der Vielfalt erlebbar: In der Feier und im Fest, in Klage und Fürbitte, die im Gottesdienst gemeinsam vor Gott gebracht wurden." Da diese nun abgeschafft werden, gibt sie ihren Sitz als Delegierte im Zentralausschuss zurück. „Mich persönlich schmerzt dieser Schritt sehr", beteuert sie, und dass sie dem Ökumenischen Rat viel verdanke. Für sie sei es jedoch „eine Frage der eigenen Glaubwürdigkeit", fügt sie hinzu, „auch mit Blick auf das Amts- und Kirchenverständnis meiner Kirche, unter anderem mit Blick auf die Frauenordination". Margots Austritt aus dem ÖRK wirkt in der ökumenischen Szene wie ein Paukenschlag.

„Ich wünsche dem Ökumenischen Rat von ganzem Herzen, dass er einen Befreiungsschlag in die Zukunft wagt", sagt sie und droht indirekt mit einer Abspaltung der „Kirchen der Reformation: Sie sollten sich überlegen, wie sie sich auf Weltebene so organisieren, dass ihre Stimme in der Welt der Globalisierung hörbar wird".

Die Energie, die sie zuvor in die Arbeit beim ÖRK gesteckt hat, fließt nun in ökumenische Projekte der Landeskirche. Margot baut gute Beziehungen zu den katholischen Bischöfen und auch zu Geistlichen der serbisch-orthodoxen und griechisch-orthodoxen Kirchen auf.

Eine Frau im Bischofsamt – das macht auch einigen Evangelischen Probleme. Zum Beispiel der Selbstständig Evangelisch-Lutherischen Kirche (SELK), einer evangelischen Freikirche. Einmal soll sie mit den Teilnehmern eines Treffens der „Hermannsburger Mission" Gottesdienst feiern. Da die Tagung so gut besucht ist, reicht der Platz in der dafür vorgesehenen Kirche nicht aus, der Gottesdienst wird in eine nahe SELK-Kirche verlegt. Dort aber dürfen Frauen nicht predigen. Was tun?

Der findige Pfarrer der Kirche sagt vor Beginn, es handele sich nicht um einen ökumenischen Gottesdienst, sondern um einen „Gottesdienst im ökumenischen Kontext". Durch diese Spitzfindigkeit ist das Problem umgangen, und Margot kann als erste Frau diese Kanzel besteigen.

EHRENDOKTORIN

Vier Jahre sind vergangen, seit Margot ins Bischofsamt gewählt wurde. In Hannover ist sie beliebt wie nie. Langsam fruchten auch ihre Versuche, die kirchlichen Strukturen zu entbürokratisieren und für neue Entwicklungen durchlässiger zu machen. Geht es um die Besetzung von kirchenleitenden Stellen, achtet sie besonders darauf, dass Frauen sich bewerben. Der neue Geist, der nun in der hannoverschen Landeskirche weht, hat auch auf Loccum Auswirkungen. Hier, in dem ehemaligen Zisterzienserkloster am Steinhuder Meer, hat die Landeskirche wichtige Institutionen untergebracht, unter anderem die Evangelische Akademie und das Predigerseminar, wo angehende Pastorinnen und Pastoren ausgebildet werden. Innerhalb der Landeskirche hat das Kloster eine sehr eigenwillige Stellung. Ein Abt und acht sogenannte Konventualen leiten es, die Landesbischöfin ist qua Amt Mitglied des Männergremiums. Mit ihrer Wahl hatte das sich selbst als altehrwürdig bezeichnende Kloster ein Problem. Es hat eine Weile gedauert, bis Margot es mit viel Geduld und Durchsetzungskraft geschafft hat, die Struktur aufzuweichen und sich selbst dort eine angemessene Rolle freizukämpfen. So bricht

Neujahrsempfang Loccum mit Ministerpräsident Christian Wulff, 2010

nun auch in Loccum, diesem letzten Hort der männlichen, hierarchischen Kirche, die Gleichberechtigung ein. Am deutlichsten wird das bei den jährlichen Neujahrsempfängen, zu denen die Landeskirche einlädt. Traditionell nehmen Vertreter aus Politik und Kirche daran teil, auch Bischof und Ministerpräsident. Seit dem Jahr 2000 ist Margot Käßmann die Gastgeberin. Ihr Vorgänger Horst Hirschler hat nun das Amt des Abtes inne. Auch wenn der Rahmen ähnlich bleibt, spüren doch viele: Hier weht nun ein neuer Wind.

Statt die Männerbastion Loccum in den Mittelpunkt zu stellen, stärkt die neue Bischöfin in der Folgezeit die niedersächsischen evangelischen Frauenklöster und „Damenstifte". Eine kluge Frau, Elisabeth von Calenberg, hatte deren Existenz über die Reformationszeit hinweg gerettet, indem sie ihre schützende Hand über sie hielt. In Wennigsen, Wienhausen, Fischbeck und zwölf anderen Orten sind spirituelle Räume entstanden, an denen sich Frauen auch heute noch für Kirche, Bildung und soziales Engagement einsetzen. „Wer diese Räume betritt, spürt etwas von der Spiritualität durch die Jahrhunderte", sagt Margot, ihr sei „geradezu körperlich bewusst, welchen Frieden so ein Ort ausstrahlen kann". Die Stille und das Schweigen in den alten Gemäuern findet sie wohltuend. Auch alte Frömmigkeitstraditionen möchte sie wie-

derbeleben, zum Beispiel das Pilgern. Zwischen Loccum und dem thüringischen Kloster Volkenroda entsteht ein gut ausgeschilderter Pilgerweg. Nun können Christen zwischen den beiden Zisterzienser-Orten zu Fuß unterwegs sein und beim Gehen mit sich selbst neu in Berührung kommen, genauso wie die Menschen im 12. Jahrhundert, die schon damals zwischen den beiden Klöstern pilgerten. Einen Tag lang ist auch die Kirchenleitung auf diesem Weg. Alle merken: Hier kann man ganz anders miteinander reden als im Sitzungssaal im Kirchenamt!

„Spiritualität heißt für mich, Formen zu finden, in denen Gottes Geist wirken kann: Stille, Meditation, Gebet, Körpererfahrung", fasst Margot ihre Vision in Worte. Kritikern aus der politisch und sozial engagierten Szene erklärt sie: „Das ist keine Abkehr von der Welt, sondern ein Kraftschöpfen aus den Quellen unseres Glaubens."

Auch die Universität Hannover schätzt die Bischöfin. Im Jahr 2002 verleiht die Philosophische Fakultät ihr und dem katholischen Bischof Josef Homeyer die Ehrendoktorwürde. Sie habe sich während ihrer dreijährigen Amtszeit „einen Ruf als besonders kompetente Kirchenvertreterin erworben", heißt es in der Begründung. Eine Folge sei ihre Berufung in den „Rat für nachhaltige Entwicklung" der Bundesregierung.

Mit der Äbtissin des Klosters Wülfinghausen, Schwester Adelheid

Auch die von der Bischöfin maßgeblich mitgestaltete Bildungsinitiative von Kirche und Staat zu Fragen von Rassismus, Ausgrenzung und Vereinzelung in der Gesellschaft spiegele, dass sie keine Theologie im Elfenbeinturm betreibe. Das zeigt sich auch, indem sie sich ein weiteres Amt aufbürdet. Sie wird Präsidentin der Zentralstelle für Recht und Schutz der Kriegsdienstverweigerer aus Gewissensgründen.

Die Feier der Ehrendoktorwürde nutzt Margot als eine Art nachgeholtes Fest ihrer Promotion 1989. Ihre Familie kommt, auch ihre Freundinnen und Freunde, es wird ein schönes Fest, ein glücklicher Tag. Sarah hat inzwischen ein Studium der Politikwissenschaften in Marburg begonnen, Hanna und Lea haben ihren Platz in Hannover gefunden und fühlen sich wohl, Esther hat den Schritt aufs Gymnasium geschafft. Die Bischofskanzlei am Maschsee ist für alle zu einer neuen Heimat geworden.

Jahre später werden es Hanna und Lea sein, die sich in Hannover ganz beheimaten. Lea zieht nach dem Studium zum Berufsstart für einige Jahre nach Hamburg. Heute leben aber beide mit ihren eigenen Familien in Hannover.

„DER ESEL DES BARMHERZIGEN SAMARITERS"

Im Januar 2003 steht eine weite Reise an. Anlässlich des 75-jährigen Jubiläums reist Margot mit einer Delegation der Landeskirche als Vorsitzende der Hermannsburger Mission nach Äthiopien. Missionare aus der Lüneburger Heide hatten 1928 mit großem Einsatz den christlichen Glauben in das ferne Land gebracht. Inzwischen ist allen klar, dass Mission keine Einbahnstraße mehr ist, sondern ein partnerschaftliches Zusammenwirken, freut sich Margot.

Vor Ort trifft sie sich mit der über 80 Jahre alten Witwe eines der ersten äthiopischen Pastoren der evangelischen Mekane-Yesus-Kirche. Dabei erfährt sie viel über die bewegende Geschichte der Christen in dem armen Land. „Die Weißen kamen und gingen", erzählt die beeindruckende Frau, „und wir haben hier am Ort versucht, das Evangelium zu verkündigen." Das heißt damals wie heute, nicht nur über den Glauben zu reden, sondern auch an der Entwicklung im Land mitzuwirken. Ein Wiederaufforstungsprogramm, in dem Mission und Kirche zusammenarbeiten, ist ein hoffnungsvolles Zeichen, dass sich die Christen um die Bewahrung der Schöpfung sorgen.

Mit einem Kleinflugzeug geht es weiter nach Tschallia im Westen des Landes. Captain Solomon heißt der Pilot. Er zeigt Margot seine Maschine und erklärt ihr, dass er sie vor 20 Jahren mit mehreren Zwischenstopps aus den USA geholt habe. Viele würden den Flieger verächtlich anschauen, klagt er, dabei sei er so etwas wie der Esel des barmherzigen Samariters. Der biblische Helfer aus dem Gleichnis Jesu hätte auch nicht barmherzig sein können, hätte er kein Lasttier gehabt. Dieses Lasttier sei eben sein Flugzeug.

Margot steigt in die wenig Vertrauen einflößende Maschine. Dreimal umkreisen sie den Zielflughafen Tschallia, „It's not John F. Kennedy Airport", erklärt Captain Salomon. Mit dem Motorenlärm verscheucht er Kühe und Kinder von der Landebahn – hier landen nur selten Maschinen. Margot ist erleichtert, als sie endlich auf der Buckelpiste aufsetzen.

In der Stadt Aira besucht sie ein theologisches Ausbildungszentrum. Weil im Land viele fundamentalistische, charismatische und pfingstlerische Kirchen wirken, denen eine solche Ausbildung fehle, ist es Margot besonders wichtig, den Menschen hier ihre Anerkennung auszusprechen. Bei einem Besuch in einem Krankenhaus ist Margot erschüttert über die Schicksale der Frauen. 16 Frauen teilen sich hier ein Zimmer. Eine von ihnen, achtfache Mutter, erzählt Schreckliches: Erst nach zwei Tagen mit großen

Schmerzen sei sie auf einem Esel in die Klinik gebracht worden, ein achtstündiger Marsch. Viel zu spät, das Kind in ihrem Leib war bereits tot. Andere berichten von Genitalverstümmelungen, auch Aids ist ein Thema. Die Kirchen sollten dazu beitragen, dass die Menschen in diesem Land über diese Themen besser aufgeklärt werden, ist ein großer Wunsch von Margot.

Sie hat auch einen Termin beim äthiopisch-orthodoxen Patriarchen Paulos. Er residiert in einem Prachtbau in Addis Abeba. Als sie eintritt, erkennt er sie und sagt aufgeregt zu seinen Mitarbeitern: „It's Margot, why didn't you tell me, it's Margot, who's coming?" Alle anderen Anwesenden sind erstaunt, dass die beiden sich bereits kennen. Sie begrüßen sich herzlich.

„EINE ANDERE WELT IST MÖGLICH"

Im Sommer darauf findet im brasilianischen Porto Alegre das Weltsozialforum statt. Das mittlerweile dritte Forum hatte sich vorgenommen, die Kirchen stärker mit einzubeziehen. Auch der Ökumenische Rat der Kirchen wird diesmal vertreten sein. Margot entscheidet sich, die Einladung anzunehmen, die über Brot für die Welt vermittelt wird. Der Platz der Kirche ist aus ihrer Sicht eher bei den Globalisierungsskeptikern als bei den Mächtigen. Außerdem brauche es solche Veranstaltungen, „um den roten Faden der Gerechtigkeit auch in unseren eigenen Gesellschaften weiter zu verfolgen".

In den alten Hafenhallen treffen sich rund 100 000 Delegierte aus 5700 Organisationen. „Eine andere Welt ist möglich" lautet das Motto. Margot streift über das Gelände und lernt viele Menschen und deren Probleme kennen. Sie begegnet Frauen, die über Genitalverstümmelung aufklären und dagegen ankämpfen; und Männern, die Land in Chile besetzen, um es zu bebauen. Sie trifft Reisbauern aus Indien, die Arbeitslosen in Brasilien zeigen, wie Reisanbau bei ihnen funktionieren könnte, und Frauen aus Liberia, die von ihrem Ringen um Frieden berichten. Margot bemerkt: „Diejenigen, die um ihre Existenz bangen müssen – und zwar im wahrsten Sinne des Wortes –, haben offensichtlich eine viel stärkere Motivation, etwas zu verändern" als die Mächtigen und Reichen.

Bei der abschließenden Pressekonferenz appelliert Margot an die Gemeinschaft der Kirchen, ihre Einflussmöglichkeiten als Global Player stärker zu nutzen. „Die zentrale Aufgabe für die

Mit Peter Hahne 2015 vor dem Cranach-Altar der Wittenberger Stadtkirche

Zukunft ist es, der wirtschaftlichen Globalisierung eine Globalisierung der Zivilgesellschaft entgegenzusetzen", sagt sie und fordert, die kirchliche Entwicklungsarbeit müsse in internationalen Netzwerken aktiv bleiben. Auch spart sie nicht mit Kritik: „Die Kirchen fallen derzeit in eine provinzielle Haltung, obwohl sie durch ihren Einsatz für Frieden und Gerechtigkeit auf lokaler und regionaler Ebene alle Voraussetzungen mitbringen, Global Player zu sein. Gerade in den Hilfswerken ist eine Menge Wissen über die Anliegen der Menschen in aller Welt vorhanden, dessen sich die Kirchen ruhig öfter bedienen könnten." Nach der Rückkehr ist sie motiviert durch die „Atmosphäre des

Aufbruchs, die von allen Anwesenden als ermutigend empfunden wurde", wie sie in einem Artikel festhält.

„WAS, DU AUCH?"

Weit über die Grenzen der Landeskirche hinaus ist Margot Käßmann inzwischen zu einer der bekanntesten kirchlichen Persönlichkeiten Deutschlands geworden. Das spüren auch die Vertreter der anderen Landeskirchen und der Evangelischen Kirche in Deutschland (EKD). Deren Synode möchte Margot zukünftig stärker einbinden. 2003 wird sie in den Rat der

EKD gewählt, das höchste Leitungsgremium der deutschen Protestanten. Von nun an entscheidet sie auch über die Geschicke der evangelischen Kirche bundesweit mit. Hier trifft sie andere kirchenleitende Menschen, aber auch kirchlich Engagierte, die nicht ordiniert sind. Zum Beispiel Peter Hahne. Der ZDF-Moderator ist die Stimme der Evangelikalen im Rat, er verkörpert die konservativ missionarische Szene der evangelischen Kirchen.

Erstaunlicherweise nähern sich die beiden an, sie können miteinander frotzeln und jenseits aller inhaltlichen Meinungsverschiedenheiten Spaß haben. „Mit kaum jemanden fand ich in den EKD-Gremien so schnell eine Wellenlänge", erinnert sich Peter Hahne heute, „was haben wir gelacht über verbissene Rechte wie Linke, über humorlose doppelnamige Opportunisten. Und wer nicht mehr über sich selbst lachen kann, ist ohnehin ein armer Tropf!"

Als der Rat der EKD nach Israel reist, hat Margot eines Abends keine Lust auf das offizielle Programm. Sie schlendert alleine durch die Altstadt von Jerusalem und sitzt schließlich in einem Café am Jaffator. Plötzlich taucht ein bekanntes Gesicht auf: Peter Hahne! „Nach gegenseitigem Schock ‚Was, du auch?'", erinnert sich Hahne, „hatten wir einen unvergesslichen Abend, schon allein

wegen der beiderseitigen Begründungen, warum man jetzt hier und nicht dort ist." Im Laufe der Jahre entwickelt sich zwischen ihnen ein persönliches Vertrauensverhältnis, das stärker ist als Hahnes Unverständnis gegenüber Margots liberalen theologischen Ansichten. Natürlich reibt er sich an ihren Aussagen, etwa wenn sie erklärt, Maria sei bei der Geburt Jesu keine Jungfrau gewesen, das sei nur ein Übersetzungsfehler bei der Überlieferung der Weihnachtsgeschichte. Wenn sie wieder einmal auf dieses Thema kommt, reagiert Hahne jedoch humorvoll: „Margot, wir schaffen das! Auch du wirst das noch für bare Münze nehmen." Über die von Margot unterstützte „Bibel in gerechter Sprache" spottet er ebenfalls, denn darin ist im Zuge der geschlechtergerechten Sprache zum Beispiel von „Pharisäerinnen" und „Hirtinnen" die Rede. Das sei sozialgeschichtlich richtig, hält Margot dagegen, zu Jesu Zeit hätten eben Frauen und Männer das Vieh gehütet.

Immerhin, lobt Hahne, glaube Margot ja „im Gegensatz zu manchem Amtsbruder an die Wunder des Herrn", und er stellt fest: „In jedem Interview versteht sie es, auf Jesus Christus und die Bibel zu kommen, auch wenn nicht explizit danach gefragt wird."

Im November 2003, Margot ist gerade auf dem Weg zur EKD-Synode, klingelt ihr Handy. Dorothee Merseburger-Zahrnt ist am Apparat und sagt, ihr Mann sei in der Nacht gestorben.

Margot mochte den angesehenen Theologen. Beim Kirchentag hat sie viel mit ihm zusammengearbeitet. Sie schätzte die Fähigkeit Zahrnts, den Glauben und auch schwierige theologische Fragen lebendig und verständlich darzustellen. Sein Buch *Die Sache mit Gott,* das 1977 erschien, war für sie und ihre Generation ein Türöffner in die Welt der modernen Theologie. Zahrnt war Pfarrer, hat dann als Chefredakteur das *Deutsche Allgemeine Sonntagsblatt* in Hamburg mit aufgebaut. Als Präsidiumsmitglied und auch Präsident bestimmte er Kirchentage mit.

Als Margot dort Generalsekretärin wurde, begegnete Zahrnt der jungen Theologin zunächst mit großer Skepsis. Dass sie bei Konrad Raiser über den Ökumenischen Rat der Kirchen promoviert hatte, sah er nicht gerade als Ausweis von Kompetenz zur Leitung des Kirchentages. Gerne stichelte er gegen sie, nannte sie etwa „Meine liebe Frau Doktor Generalsekretärin". Ökumene, feministische Theologie, eine neue, „gerechte" Bibelübersetzung, das hielt er für überflüssig.

Im Laufe der Jahre kam er aber immer wieder in Fulda vorbei und lud Margot zum Essen ein – manches Mal gemeinsam mit Klaus von Bismarck. Für Margot wurden diese Treffen zu Lehrstunden über das, was den Kirchentag in der Nachkriegszeit ausgemacht hat. In Zahrnts Erzählungen schien die deutsche Kirchengeschichte lebendig zu werden.

Mit jedem Treffen werden sich die beiden sympathischer, schließlich wechselt Zahrnt die Anrede. „Meine Liebe" sagt er nun – ein Zeichen großer Wertschätzung.

Auch an Margots Einführung in das Bischofsamt nahm er teil. Margot freute sich besonders über das Geschenk, das er ihr mitbrachte: ein kleines Buch mit einem braunen Pappeinband. *Der Mensch an der Grenze,* lautete der Titel. Innen steht „Military Government Information Control 1947". Autor: Heinz Zahrnt. In seiner unverkennbaren Schrift hat er mit grüner Tinte hineingeschrieben: „Für Margot Käßmann. Ich gedenke der alten Zeit, der vergangenen Jahre (Ps 77) und wünsche gute neue Zeit in noch vielen zukünftigen Jahren. Heinz Zahrnt". Er hat das Buch 1946 geschrieben, es war sein erstes Werk. Vier Jahre war er Soldat; kurz nach Ende des Krieges hat er die großen Fragen nach dem Sinn des Lebens, nach dem Umgang mit Leid, Schuld und Verzweiflung gestellt und in einem fiktiven Briefwechsel diskutiert, der dann als Buch veröffentlicht wurde.

Erst vor Kurzem hatte Heinz Zahrnt Margot gebeten: „Liebes, es wird nicht mehr so sehr lange dauern, denke ich. Würden Sie mich beerdigen?" Margot empfand seine Bitte als Auszeichnung und versprach es ihm. Nun wird sie ihr Versprechen einlösen. Am 14. November findet in Soest die Trauerfeier statt.

Margot liest die Aufzeichnungen, die Heinz Zahrnt ihr hinterlassen hat. Um Psalm 139, der davon handelt, wie Gott die Menschen erkennt, soll es in der Traueransprache gehen. Außerdem hat Heinz Zahrnt sich gewünscht, dass Margot ein Liebesgedicht an seine Frau vorliest. Denn, so erklärt er, „da Gott nicht zaubert, widerfuhr seine Liebe mir durch meine Frau".

Gerührt hören die Trauergäste zu, als Margot Heinz Zahrnts Verse vorliest:

Wenn deine Liebe mich nicht trüge
Und dies ist wahrlich keine Lüge
Ich könnt' das Leben nicht ertragen,
würd' schon den nächsten Tag nicht
wagen.

„Unter der manchmal rauen Schale verbarg sich seine sogenannte ‚weiche' Seite, humorvoll und liebevoll, zart und poetisch", fügt Margot hinzu und schließt ihre Ansprache mit einem Augenzwinkern: „Ich nehme an, des theologischen Disputierens wird im Himmel kein Ende sein. Nicht mit Heinz Zahrnt. Amen."

EIN GRÜNER SARG

Ein weiterer Tod geht Margot zu Herzen. Thomas, der Mann ihrer Freundin Almut Wiedenhöft, war gerade mal 44 Jahre alt, als ein ganz normaler Arztbesuch im Mai 2003 die Diagnose Krebs brachte. Tapfer ertrug er die Krankheit, verlor weder Hoffnung noch Lebensmut. Die Metastasen ließen sich jedoch trotz Chemotherapien nicht aufhalten. Margot stand ihrer verzweifelten Freundin und auch Thomas bei.

Er wusste, dass es auf den Tod zugeht. Eines Tages saß Margot mit ihm auf dem Balkon. „Würdest du mich beerdigen?", fragte er sie. Sie überlegte kurz, dann sagte sie: „Thomas, ich weiß nicht, ob ich das kann." „Das erwarte ich von dir!", erwiderte er. Dann sprachen sie über die Beerdigung: über Lieder, den Sarg, die Trauerfeier.

Im April 2004 schreibt Margot an beide einen Trostbrief (den sie später auch in Einverständnis mit Almut veröffentlicht). Der Ton, den sie findet, zeigt ihre tiefe Anteilnahme – und ihre seelsorgerliche Fähigkeit, die Situation direkt anzusprechen. Sie schreibt: „Im

Urlaub habe ich Dorothee Sölles ‚Mystik des Todes' gelesen. Ein Gedanke war mir besonders wichtig. Sie hat den Tod und die Liebe in einem engen Zusammenhang gesehen. Und zwei Wochen vor ihrem Tod hat sie gesagt: ‚So ist es aber mit dem Tod, alles geht weiter.' Das klingt brutal, ist aber auch ein Freisetzen für den, der sterben muss, und die, die mit dem Sterben leben müssen." Margot beschließt den Brief mit einer humorvollen Aussicht. „Wenn wir denn leiblich auferstehen, dann lasst uns am Meer sitzen (Frankreich?), mit einer Flasche Rotwein, Thomas darf ein Pfeifchen rauchen, und wir spielen Doppelkopf. Das wäre doch eine schöne Vorstellung von Auferstehung!"

Gut drei Monate danach stirbt Thomas. Almut und ihre Töchter richten ihn für die Aufbahrung her. Am Tag darauf fährt Margot nach Frielendorf, sie segnet den Toten mit einer schlichten Liturgie aus, dann wird der Leichnam eingesargt. Vier Tage später findet die Trauerfeier statt. Fast 500 Menschen kommen in die Spieskappeler Kirche und nehmen Anteil. Der Sarg steht vor dem Altar – er ist grün, als Zeichen der Auferstehungshoffnung. „Geh aus mein Herz und suche Freud", singt die Gemeinde. Dann hält Margot die Traueransprache. Darin erzählt sie, dass Thomas kurz vor seinem Sterben „Licht" sagte und mit einer Geste darum bat, die Gardine aufzuziehen.

Margot zieht eine Verbindung zum Glauben. „Jesus Christus selbst hat ja Dunkelheit, Leid und Tod erlebt. Gerade deshalb können wir uns an ihn wenden mit unserer Angst. Er hört und versteht uns." Dann singt die Gemeinde, wie Thomas es sich gewünscht hatte, ein Hoffnungslied des jüdischen Schriftstellers Schalom Ben-Chorin: „Freunde, dass der Mandelzweig sich in Blüten wiegt, bleibe uns ein Fingerzeig, wie das Leben siegt." Die Träger nehmen den Sarg, Margot folgt, dann die Trauergemeinde. Bis jetzt hat Margot die Fassung bewahrt – doch auf dem Weg von der Kirche zum Friedhof kommen ihr die Tränen.

Die Trauerfeier habe etwas gezeigt „von der Chance des christlichen Glaubens, Menschen Kraft zum Sterben zu geben", schreibt sie später.

Margots Kinder sind erschüttert von der Beerdigung. Noch nie haben sie von einem Menschen Abschied nehmen müssen, den sie so gut kannten. Thomas war der Patenonkel von Esther. Immer wieder wird dieser Tod und das Leben und Sterben insgesamt Thema sein. Eine Pfarrersfamilie weiß ja stets davon. Aber jemanden, der im Familienleben so präsent war, zu verlieren bewegt alle zutiefst. Die Verbindung zwischen den Familien Käßmann und Wiedenhöft vertieft sich noch einmal.

„HOUSTON, WIR HABEN EIN PROBLEM!"

Freitag, 25. August 2006, 11 Uhr. Der Routinetermin bei der Gynäkologin fügt sich in Margots Terminkalender wie ein Vortrag, eine Sitzung, ein Gottesdienst. Abtasten, Ultraschall – wie immer. Doch diesmal dauert die Untersuchung länger als sonst. Da sei Gewebe, das nicht gut aussehe, sagt die Ärztin. Mit ernstem Gesichtsausdruck drängt sie Margot zur Mammografie – am besten sofort. Margot gibt in der Bischofskanzlei Bescheid, dass sie länger unterwegs sein wird. Wenige Stunden später hat sie Gewissheit. Die Diagnose ist beunruhigend: Es handle sich um einen Tumor in sehr frühem Stadium, wahrscheinlich bösartig, meint der Röntgenarzt, und dass er auf jeden Fall entfernt werden sollte. Das bedeute: Operation, danach Strahlen- oder Chemotherapie. Drei Monate werde das Ganze aller Erfahrung nach dauern.

„Houston, wir haben ein Problem!", schießt es Margot durch den Kopf, als sie an ihren Terminkalender für September denkt: die Aufnahme fürs Radio, die Fernsehsendung, die Generalkonvente, der Kirchenkreisbesuch, Predigten und Vorträge. Wie soll das bloß gehen?

Die Töchter sind gerade für einige Tage unterwegs. Als Erstes erzählt sie Eckhard von der Diagnose. „Er konnte es nur schwer wahrhaben", beschreibt sie später seine Reaktion, schließlich schaffte sie sonst immer alles. Dass sie nun mit einem Problem konfrontiert war, das sich nicht so einfach lösen ließ, habe er kaum akzeptieren können.

Die Mitarbeiterinnen in der Bischofskanzlei bemühen sich, ruhig zu bleiben. Viele Termine werden sie nun absagen oder verlegen müssen.

Als sie nach all den Untersuchungen und Gesprächen wieder allein ist, nimmt Margot sich die Predigt für Sonntag vor. Festgottesdienst – Groß- und Klein-Liedern feiern „1000 Jahre erste urkundliche Erwähnung". Als

Predigttext ist für diesen Sonntag Psalm 90 vorgesehen, darin heißt es: „Lehre uns bedenken, dass wir sterben müssen, auf dass wir klug werden." Das passt gut. Zufall?

Um 18 Uhr ist die Predigt fertig. Was heute passiert ist, kommt Margot inzwischen ganz unwirklich vor. Sie überlegt, wen in der Landeskirche sie nun eigentlich informieren muss: den Präsidenten des Landeskirchenamtes, das Kolleg, den Bischofsrat, den Ratsvorsitzenden, den leitenden Bischof der Vereinigten Lutherischen Kirche? Seit 1983 arbeitet sie, aber krankgeschrieben war sie noch nie – höchstens mal einen Tag lang erkältet. Alle werden sich wundern, wenn sie nun plötzlich ihre Termine absagt. Es wird sich kaum vermeiden lassen, dass die Nachricht durchsickert, sobald sie ihre Kollegen informiert.

Margots Töchter wissen inzwischen Bescheid. Die Nachricht beunruhigt sie natürlich. Sarah ist gerade in Südamerika zu einem Sprachaufenthalt und will sofort zurückkommen. Lange Gespräche stehen an, viele Fragen wollen beantwortet werden. Schön, dass die Töchter sich gegenseitig haben und sich austauschen können.

Dann ein Anruf bei ihrer eigenen Mutter. Die ist schockiert. Margot beruhigt sie und erklärt, dass es ja nicht ums Sterben gehe, sondern „nur" um einen begrenzten Tumor, Metastasen seien kein Thema.

Am nächsten Tag trifft sie sich mit ihrer Freundin Ulrike in der Stadt zu einem Kaffee. Das tut gut: keine Beileidsbekundungen und keine Trauermiene, einfach nur da sein, zuhören und reden, sich an der Freundschaft freuen.

Wieder im Büro, schreibt Margot an ihrem Buch. Darin geht es um die Passionsgeschichte – ausgerechnet. In ihrem Kopf rattert es weiter. Wie würden die Medien mit der Nachricht umgehen? Sie ruft ihre Pressesprecherin an. Im Gespräch mit ihr wird Margot klar: Früher oder später werden Journalisten es sowieso herausfinden. Denn wie erklärt man, dass man wochenlang ausfällt, ohne zu sagen, warum? Dann lieber offensiv vorgehen und eine Pressemeldung herausgeben – auch wenn Menschen ihr dann vorwerfen könnten, sie mache ihr privates Leid zum Thema in der Öffentlichkeit. So ist es ja nicht – die Menschen, gerade die Gläubigen ihrer Landeskirche, haben ein Recht darauf, zu erfahren, weshalb ihre Bischöfin für einige Zeit ausfällt.

Während andere sich sorgen, bleibt Margot bemerkenswert ruhig. Vor der Krankheit hat sie eigentlich keine Angst, das trifft doch Zehntausende, warum nicht auch sie? Jetzt muss nur noch Freundin Almut wissen, was los ist. Ihr Mann Thomas ist erst vor zwei Jahren an Krebs gestorben. Almut ringt um Fassung, als Margot es ihr erzählt.

Doch schließlich können beide darüber lachen, dass Margot als Erstes dachte, „Houston, wir haben ein Problem" und nicht „der Herr ist mein Hirte".

Am Sonntag geht es zum Festgottesdienst nach Groß-Liedern. Das dortige Festzelt ist brechend voll, alles ist liebevoll vorbereitet. Gemeinsam singen sie „Nun danket alle Gott". Die zweite Strophe mag Margot am liebsten: „Der ewigreiche Gott wollt uns bei unserm Leben ein immer fröhlich Herz und edlen Frieden geben." Margot predigt über Zuversicht im Leiden. „Was ich hier predige, werde ich jetzt auch leben müssen", denkt sie. Der Liturg nimmt auch die Bischöfin in die Fürbitte auf – wenn er wüsste, wie nötig Margot das gerade hat! Dann singen sie: „Bewahre uns Gott, behüte uns Gott, sei mit uns in allem Leiden." Aufgewühlt steigt Margot ins Auto und fährt zurück nach Hannover. Jetzt muss es nur noch ihre Schwester Gisela wissen. Abends spricht sie mit ihr, als Krankenhausseelsorgerin kennt Gisela sich aus und reagiert ruhig. Dann endlich abschalten beim *Tatort*, Folge 638. Kommissarin Lena Odenthal jagt den „Lippenstiftmörder". Toll, wie tough Ulrike Folkerts schwierigste Fälle löst. Am Montag muss Margot in die Klinik, Tochter Hanna begleitet sie. Die entnommenen Gewebeproben bestätigen die Diagnose. „Du kannst nie tiefer

fallen als in Gottes Hand", denkt Margot. Daran hält sie sich fest – auch in den nun folgenden Wochen.

Am Tag darauf steht auf der Titelseite einer überregionalen Zeitung: „Deutschlands jüngste Bischöfin: Brustkrebs". Und natürlich greifen auch viele andere Medien das Thema auf. „Was geschieht da eigentlich?", fragt Margot sich. Ist die Vorstellung, dass auch eine Bischöfin an Krebs erkranken kann, wirklich so besonders?

Schon am nächsten Tag hat sie den Operationstermin, dieses Mal fährt Tochter Lea sie in die Klinik. Ihren Humor verliert Margot nicht, selbst als der Narkosearzt ihr die Betäubung geben will. „Zählen Sie bis zehn", fordert er sie auf. „Nein", entgegnet Margot, „ich sage Psalm 23 auf, und wenn ich nicht mehr kann, beten Sie weiter! – Der Herr ist mein Hirte …", beginnt sie zu sprechen und dämmert nach diesen fünf Worten direkt weg.

Die Operation verläuft gut, glücklicherweise lässt sich der Tumor leicht herausschneiden. Eine Chemotherapie wird nicht nötig sein, Bestrahlungen genügen. Esther kommt mit Eckhard als Erste zu Besuch und ist sehr froh und erleichtert. Am nächsten Tag kommt auch Sarah mit dem Flieger zurück und kann die Mutter in den Arm nehmen.

In der Klinik taucht eine Journalistin auf, die ihr Zimmer sucht – Foto und Originalzitat soll es wohl geben. Die Klinikleitung verfügt, dass ihr Name und die Zimmernummer nicht herausgegeben werden. Dass die Medien die Grenze zwischen persönlich und privat überschreiten, erlebt Margot so zum ersten Mal.

Unzählige Briefe und Blumen mit Genesungswünschen treffen ein, viele Menschen beten für Margot. „Hoffentlich nervt es Gott nicht, wenn so viel für mich gebetet wird, obwohl es vielen anderen auf der Welt wesentlich schlechter geht", schießt es ihr durch den Kopf.

Acht Wochen Auszeit nimmt sie sich. Sie nutzt sie als geschenkte Zeit, als Zeit der Klärung: Wer bin ich? Lasse ich mich treiben von den Meinungen und Ansprüchen anderer? Wie will ich alt werden? Sie übt sich in Geduld, das fällt ihr nicht leicht. Langsam kommt sie zu Kräften, ihre Töchter und ihre Freundinnen begleiten sie und lachen auch mit ihr.

In einigen Zeitungen liest sie, es sei mutig gewesen, ihre Krebserkrankung öffentlich zu machen. Margot wundert sich. Mutig findet sie sich gar nicht – was hätte sie denn tun sollen? Sie hätte doch nicht ohne jede Erklärung zwei Monate von der Bildfläche verschwinden können! Sofort wären Gerüchte aufgekommen: „Hat sie etwa Depressionen?", „Ist sie ihren Aufgaben nicht gewachsen?" oder Ähnliches. Außerdem bekommt statistisch betrachtet jede siebte Frau Brustkrebs, weshalb sollte eine Bischöfin davon verschont bleiben?

Das Warten auf die Strahlentherapie fällt Margot schwer, die Operationswunde muss erst verheilen. So fährt sie zum ersten Mal in ihrem Leben allein in den Urlaub – eine Woche an die Ostsee auf die Insel Poel in der Wismarer Bucht. Margot bremst sich aus – das gibt es selten. Sie geht spazieren, liest viel, denkt nach. Ihrer Seele tut das gut, merkt sie. Ihre Ehe allerdings, das wird ihr auch bewusst, tut ihrer Seele und ihrem Herzen nicht mehr gut. Mit dieser Erkenntnis fährt sie zurück zu ihrer Familie.

Die anschließende Strahlentherapie steht sie wacker durch. Auf eine Chemo verzichtet sie. Sie ist überzeugt, das wird nicht nötig sein. Die Entscheidung hatte der Arzt ihr überlassen.

Am Reformationstag ist Margot wieder im Amt.

„Ich möchte auch anderen Frauen Mut machen, offen mit ihrer Krankheit umzugehen. Wer regelmäßig zur Vorsorge geht, hat gute Chancen, dass der Tumor früh genug gefunden wird, um vollständig zu genesen", erklärt sie den Journalisten, die sie mit Fragen löchern.

Ob denn die Erkrankung etwas an ihrem Lebensgefühl geändert habe, wollen sie wissen. „Ich habe mein Gottvertrauen und mein fröhliches Herz nicht verloren", antwortet Margot und zitiert einen Satz des Theologen Heinz Zahrnt, der ausdrückt, was sie fühlt: „Wenn das allgemeine Wissen, dass der Mensch sterblich ist, zu einer persönlichen Nachricht wird, nimmt man das schon noch mal anders auf." Das Leben ist endlich – das hat Margot nun am eigenen Leib erfahren. Später wird sie in ihrem Buch *In der Mitte des Lebens* über ihre Erfahrungen berichten und erlebt, dass viele Frauen, die in derselben Situation sind, das als hilfreich, ja als Trost empfinden.

Pressekonferenz am
31. Oktober 2006

Margots Genesung schreitet voran. Am 1. Januar 2007 läuft sie wieder in alter Frische und voller Energie mit ihrer Freundin Almut um den Maschsee. Die Medien beruhigen sich langsam. Eine Zeitung freut sich über Margots „harmonische Ehe", die quasi ein Fundament in ihrem Leben bilde. Was für eine Fehleinschätzung! Und zudem schlechte Recherche. Bereits im März 2006 hatte Margot einer *Zeit*-Reporterin anvertraut, die Zweisamkeit mit ihrem Mann sei über die Jahre auf der Strecke geblieben: „Dafür blieb keine Zeit, immer standen die Kinder obenan."

Durch die Krankheit hatte sie nun acht Wochen Zeit, über das Leben und die Liebe nachzudenken. Was ist gut in ihrem Leben, was belastet sie? Während der letzten Jahre haben sich Margot und Eckhard immer seltener gesehen. Was nicht nur daran lag, dass Eckhard seit drei Jahren eine Stelle in Kassel hat, eine Stunde mit dem ICE entfernt. Mit Margots Krankheit konnte er kaum umgehen, zu sehr haben sich die beiden schon auseinandergelebt, als dass sie einander noch eine Stütze sein könnten. „Die schwersten Wege werden alleine gegangen": Dieses Gedicht Hilde Domins geht Margot nicht aus dem Sinn.

Die Krankheit erlebt Margot als eine Art Zäsur. Als Chance, sich der Wirklichkeit zu stellen. Endlich wagt sie zu denken, was sie seit Jahren zu übersehen versuchte: Als gelebte Beziehung existiert ihre Ehe schon lange nicht mehr. Nur nach außen hin wirkt im Bischofshaus alles heil – und das, obwohl Eckhard sie nur selten zu Veranstaltungen begleitet. Diese Fassade will Margot nun nicht mehr aufrechterhalten. Sie spricht mit Eckhard darüber, und er ist einverstanden: Sie werden die Scheidung einreichen.

Margot ist sich unsicher, ob sie mit einer Scheidung im Amt bleiben kann. Aber angesichts der Frage, wie sie den Rest ihres Lebens verbringen will, ist sie sich sicher, diesen Weg gehen zu wollen, so oder so. Sie hat Angst vor dem Schritt, weil ihr bewusst ist, dass er nach der Krebsdiagnose wieder öffentliche Aufmerksamkeit auf sie ziehen wird. Aber sie will weiter authentisch leben und leitet deshalb die nötigen Schritte ein. Die Landeskirche als Arbeitgeberin muss Bescheid wissen. Kirchenamtspräsident von Vietinghoff bleibt sachlich und macht sich erst einmal über die Rechtslage kundig. In einer Kirchengemeinde müsste der Kirchenvorstand eingeschaltet werden, in der Landeskirche demnach der Kirchensenat. Bei dessen nächster Sitzung wird das Thema diskutiert, Margot muss währenddessen den Saal verlassen. Als sie wieder eingelassen wird, spricht ihr der Senat das volle Vertrauen aus: „Auch nach einer Scheidung können Sie Landesbischöfin dieser Kirche bleiben."

Das Ehepaar Käßmann sucht sich einen gemeinsamen Notar und einen Anwalt. Die Scheidung soll ohne Streit und mit möglichst wenig Aufsehen ablaufen, das wünschen sich beide. Ihnen ist klar: Diese Ehe lässt sich nicht kitten. In ihrer Rolle als Vater und Mutter der gemeinsamen Kinder schätzen sie sich weiterhin. Die Scheidung ist das Ergebnis eines langen, bitteren Prozesses der Einsicht. Auch die Kinder spüren, dass ihre Eltern keinen Draht mehr zueinander finden. Sie müssen akzeptieren, dass eine Trennung die logische Konsequenz ist. Dennoch schmerzt es sie, ihre Familie zerbricht ja. Und die war in all den Umzügen und auch während der Krebsdiagnose ihre Stütze.

Am Ostersonntag 2007 besucht Familie Käßmann noch einmal gemeinsam den Gottesdienst und geht zum Abendmahl. Auch Freundin Almut aus Spieskappel ist mit dabei. Sie kennt die Lage und weiß, dass Eckhard am Tag darauf ganz aus dem Bischofshaus ausziehen wird. Sie ahnt auch bereits, mit wie viel Argwohn und Häme Margot überschüttet werden wird von den Hardlinern, denen eine Frau im Bischofsamt sowieso eine

Zumutung ist. Ein gefundenes Fressen nicht nur für die Boulevardblätter. Die Reaktionen der Medien auf die Brustkrebserkrankung waren schon heftig. Nun wird es noch schlimmer werden, das ahnt auch Margot.

Am 7. Mai 2007 gibt der Kirchensenat in einer Pressemeldung sachlich bekannt, Margot Käßmann habe bei Gericht mit tiefem Bedauern die Scheidung ihrer Ehe beantragt.

Am gleichen Tag wird der „Webfish" verliehen, ein Preis für kirchliche Internetprojekte. Margot nimmt als EKD-Ratsmitglied an der Pressekonferenz anlässlich der Verleihung teil. Sie ist unerwartet gut besucht. Im Mittelpunkt des Interesses steht allerdings nicht die Internet-Arbeit der Kirche, sondern Margots Scheidung.

Ihr ist klar: Jetzt beginnt die Medienschlacht. Reporter werden ausschwärmen, um Details herauszubekommen. Margot warnt Familienmitglieder, Freundinnen und Freunde vor.

Zehn Tage später steht abends ein ökumenischer Gottesdienst an, es ist Muttertag. Während sie sich morgens auf die Predigt vorbereitet, piept ihr Handy, SMS. Mehrere Freundinnen schreiben ihr, was auf der Titelseite der *Bild am Sonntag* steht: „Käßmann-Scheidung: Jetzt redet die Schwiegermutter". Margot schickt Esther los, eine Zeitung zu besorgen. Mist, sie hat vergessen, ihre

Schwiegermutter vorzuwarnen. Nun hat sich ein Reporter durch den Garten an die 81-Jährige herangeschlichen und sie nach allen Regeln der Boulevard-Kunst zum Plaudern gebracht. „Mein Sohn war immer zu nachgiebig", meint sie, „er hätte auch mal mehr auf seine Bedürfnisse aufmerksam machen sollen. Meine Schwiegertochter dominierte in dieser Beziehung." Obwohl sie jetzt von der Scheidungsnachricht überrascht worden sei, habe sie als Mutter das Ende der Ehe schon kommen sehen. „Meine Schwiegertochter war ja nie zu Hause, sondern immer unterwegs." Schwierig sei in ihren Augen auch die räumliche, arbeitsbedingte Trennung gewesen.

Für ein Boulevardblatt ein tolles Thema am Muttertag.

Margot ärgert sich über die verzerrte Darstellung und den Übergriff auf ihr Privatleben. Am Nachmittag ruft Peter Hahne sie an. „Reg dich bloß nicht auf", rät er ihr und witzelt: „Fast jede Mutter eines Sohnes, die das liest, wird sagen: Ja, genau, auch mein Sohn hat es so schwer in seiner Ehe, meine Schwiegertochter ist genau so 'ne Schnepfe wie die Käßmann. Aber das ist nächsten Sonntag wieder völlig vergessen." Peter Hahne ist zwar in politischen und theologischen Fragen fast immer anderer Meinung als Margot – aber er hat Humor und Sinn für Menschliches. Margot hilft die Aufmunterung.

Und Eckhard? Er ist nach Hiddensee gefahren, um Abstand zu gewinnen. Seine Mutter hat auch ihn nicht gerade gut dastehen lassen. Er habe sich ja nicht einmal getraut, ihr unter vier Augen von der Scheidung zu erzählen, hatte sie den Journalisten mitgeteilt.

Die Gerüchteküche brodelt. Stimmen werden laut, die Margot unterstellen, sie habe 2001 nur ein Scheidungsritual als kirchliches Angebot vorgeschlagen, weil ihre Ehe damals schon am Ende gewesen sei. Auch dass sie im Jahr 2000 die Zwangsversetzung von geschiedenen Pfarrerinnen und Pfarrern abgeschafft hatte, sei wohl eine Vorbereitung auf ihre eigene Scheidung sieben Jahre später gewesen.

Die Presse versucht weiterzubohren: Wer ist schuld, er oder sie? Ist eine andere Frau, ein anderer Mann im Spiel? Geht er fremd, hat sie einen Neuen? Margot und Eckhard schweigen und schützen ihr Privatleben. Die Töchter lieben wie alle Kinder beide Eltern, sie sind aber auch erwachsen genug, die Trennung zu akzeptieren. Sarah, Hanna und Lea leben längst in eigenen Wohnungen, sind berufstätig oder studieren. Esther bleibt mit Margot in der Bischofswohnung. Wenn Margot an Wochenenden unterwegs ist, kommt Eckhard und versorgt sie. Weihnachten feiern sie alle zusammen.

Margot muss den acht Generalkonventen der Pfarrerinnen und Pfarrer Rede und Antwort stehen. Konservative Pfarrer versuchen zu moralisieren. Dass ihre Anwürfe ohne Grundlage sind, wird allerdings jedem aufmerksamen Beobachter schnell klar. Denn theologisch steht fest: In der evangelischen Kirche ist die Ehe kein Sakrament, sondern „ein weltlich Ding" – und das kann durchaus scheitern und darf dann auch geschieden werden.

Und die Medien? Einige hauen wie erwartet drauf. Andere kommentieren: „Ein Bischofspaar erlebt genau dasselbe wie andere Paare. Warum auch nicht?", heißt es etwa und die *Süddeutsche Zeitung* zitiert aus einem Erich-Kästner-Gedicht: „Als sie einander acht Jahre kannten, und man darf sagen, sie kannten sich gut / Da kam ihnen die Liebe abhanden, wie anderen Leuten ein Stock oder Hut."

Die dumpfen Reaktionen sind jedoch massiv. Es fühlt sich an wie ein Spießrutenlauf. Margot spürt Häme und Zurückweisung und erhält unflätige Briefe – mal ohne Absender, mal von sich christlich nennenden Schreiberinnen und Schreibern. „Offensichtlich haben viele Menschen Freude am tiefen Fall eines Menschen", denkt Margot.

Auch Skurriles erlebt sie. Die öffentliche Diskussion lockt seltsame Menschen an. Eines Morgens will Margot wie immer mit ihrem Hund Ole joggen gehen. Als sie die Tür öffnet, steht eine bunte Heiligenfigur aus Holz davor. Ole knurrt. Margot erschrickt, dann muss sie lachen. Die Figur solle sie auf den rechten Pfad der Ehe zurückbringen, erklärt die Frau aus Bayern, die ein paar Tage lang vor dem Haus campiert und die Figur dorthin gestellt hat. Sie zündet Kerzen und Weihrauch an. Damit wolle sie die Dämonen vertreiben, die Margot ihrer Ansicht nach befallen hätten, fährt die ungebetene Besucherin fort. Doch damit nicht genug. Die Frau klingelt auch Tag und Nacht an der Haustür. Genervt ruft Margot die Polizei und bereitet so dem Ganzen endlich ein Ende.

Nur langsam ebbt die Diskussion ab. Unzählige Male muss Margot sich im persönlichen Gespräch oder vor Gremien die gleichen Vorwürfe anhören: „Aber in der Bibel steht doch ..." – „Sie sind doch kein Vorbild mehr, Frau Käßmann!" Geduldig erklärt sie jedes Mal, wie es um den Vorbildcharakter eines evangelischen Geistlichen steht, auch um den einer Bischöfin: „Wir haben als Ordinierte keinen Weihestatus, wir müssen nicht so tun, als seien wir über alles Menschliche erhabene Personen. Denn das sind wir wahrhaftig nicht. Niemand muss behaupten, als Person im ordinierten Amt unfehl bar zu sein. Ich denke, unglaubwürdig werden ein Pastor oder eine Pastorin gerade dann, wenn sie versuchen zu vertuschen, was nicht gelingt." Und genau das wolle sie nicht mehr. „Wahrhaftigkeit ist für mich das Wichtigste", sagt sie, trotzdem sei es auch ihr nicht leichtgefallen, sich einzugestehen, dass ihre Ehe gescheitert ist. Ohne die Krebserkrankung hätte sie wahrscheinlich nicht den Mut gefunden, sich scheiden zu lassen.

Den Käßmanns gelingt es, den Scheidungstermin geheim zu halten. Am 31. Mai, nur drei Wochen nach Einreichen der Scheidung, werden sie ganz diskret von einem Richter, nur in Anwesenheit ihrer Anwältin geschieden. Die Presse hat davon nichts mitbekommen.

Bemerkenswert schnell akzeptieren auch Kritiker, dass die hannoversche Landeskirche nun von einer geschiedenen Bischöfin geleitet wird, der die Glaubwürdigkeit wichtiger ist als das Aufrechterhalten einer Heile-Familie-Fassade. Und es hat den Anschein, dass nun Eheprobleme von Christen, erst recht von Pastoren und Pastorinnen, aus der Tabuzone geholt sind.

„SIE IST MIR ZUM ENGEL GEWORDEN"

Einmal am Tag raus, den Kopf frei bekommen und sich im Rhythmus der Schritte Gott zuwenden. Laufen ist für Margot Freiheit, schon seit ihr in Spieskappel manchmal die Decke auf den Kopf fiel.

Aber zehn Kilometer!? Das ist dann doch eine ziemliche Herausforderung. Margot joggt zwar gerne, aber so lange Strecken ist sie nicht gewohnt. Doch nun steht der Hannover-Marathon an, PR-Strategen haben sich einen Lauf „Pro Toleranz" überlegt, das würde Aufmerksamkeit für eine gute Sache wecken. Margot ist vieles, sehr sportlich aber nicht. Schon im Zeugnis hat sie im Fach „Leibesübungen" stets die schlechteste ihrer Noten bekommen, maximal „befriedigend". Aber okay, denkt sie, sollen die Initiatoren die gewünschte laufende Bischöfin bekommen. Das wird sie schon schaffen. Der Bruder einer Freundin trainiert sie. Zehn Kilometer sind bald kein utopisches Ziel mehr. Am Tag des Marathons zieht sie sich mit den anderen Läufern eigens angefertigte T-Shirts an: „Evangelische Kirche laufend dabei" steht darauf. Es macht Spaß, Wetter und Stimmung sind gut, die Menschen am Wegesrand feuern sie an, und sie kann sich beim Laufen sogar unterhalten.

141

„Wenn du weniger redest, wird die Zeit am Ende besser", sagt ihr Laufpartner. „Da habe ich doch mehr Freude an der Kommunikation als an der Minutenzahl!", denkt sie und genießt später den Einlauf ins Ziel.

Von da an wird ihr das Laufen immer wichtiger. Wenn möglich, läuft sie vor Beginn des Arbeitstages. Der Maschsee ist nah, er lässt sich gut umrunden, gut sechs Kilometer lang ist die Strecke, genau die richtige Länge. Sie hat den passenden Sport für sich gefunden. Laufen kann sie immer und überall, sobald sich zwischen all ihren Terminen eine Gelegenheit dazu bietet. Ihre Laufschuhe reisen sogar mit um die Welt, wenn Tagungen in fernen Ländern anstehen. Die Laufzeit versteht Margot nicht als Hochleistungstraining, sondern eher als eine Art Meditation. Im Kopf hat sie die Tageslosung, einen Bibelvers oder eine Gebet. Fern der Alltagsanforderungen, der beruflichen und privaten Turbulenzen, kann sie frei denken. Das tut ihr gut. Beim Laufen ist die Seele in Balance.

Eines Tages meldet sich der Chefredakteur der Laufzeitschrift *Runner's World*. Er interviewt für die Rubrik „Ein Lauf mit ..." joggende Prominente. Ein Anrufer hatte ihm den Tipp gegeben: „Ihr bringt doch neuerdings in eurem Magazin immer Interviews mit berühmten Menschen, die regelmäßig laufen. Ich hätte da einen Vorschlag: die niedersächsische Landesbischöfin Margot Käßmann." – „Um Gottes willen", wehrte Frank Hofmann ab, „wer interessiert sich denn für eine joggende Bischöfin?" Der Anrufer bleibt hartnäckig: „Keine Sorge, die ist nicht fromm oder so, die ist wirklich klasse. Versucht es doch mal!"

Eigentlich hatte Frank Hofmann mit der Religion abgeschlossen. Kirche war für ihn ein rotes Tuch. Er hatte sogar eigens Philosophie studiert, um seinen Atheismus besser begründen zu können. Doch komischerweise geht ihm der Anruf nicht aus dem Sinn. Er googelt die Adresse, erbittet im Landeskirchenamt einen Termin – und erhält sofort eine Zusage. Zur Vorbereitung des Gesprächs liest er ihre Bücher *Mit Herzen, Mund und Händen* und *Wurzeln, die uns Flügel schenken*. „Leichte Lektüre", denkt er sich zunächst. Aber mit jeder Seite fühlte er sich tiefer berührt. „Es ist, als würde jemand die dicke Staubdecke wegfeudeln, die sich in meinem Kopf auf die Kiste ‚Religion' gelegt hat", beschreibt er später das Geschehen.

Die beiden treffen sich in der Bischofskanzlei. Die Stimmung ist zunächst kühl, geschäftsmäßig, für Frank Hofmann ein Pflichttermin, keine Herzensangelegenheit. Margot ist erkältet, statt des geplanten gemeinsamen Laufs also nur ein Interview auf der Sitzgruppe im Arbeitszimmer. Der Journalist spult seine Standardfragen ab: „Seit wann laufen Sie? Wie oft, wie lange?" Langsam kommen sie ins Gespräch, auch aufs Thema „Brüche im Leben": Scheidungen, Krankheiten. Sie erzählt ihm, wie ihr das Laufen nach der Strahlentherapie wieder Kraft gegeben hat. Wie sie beim Laufen meditiert, betet, Erfahrungen macht mit Gott. Wie der innere Rhythmus, die Schritte, das Atmen ihr helfen, innerlich frei zu werden. Frank Hofmann horcht auf. Plötzlich sieht er das Laufen in einem ganz neuen Licht. Als hätte jemand einen Vorhang weggezogen. Seine täglichen Trainingseinheiten, mehr als ein Sport? Eine innere Kraftquelle, ein Tank voller Spiritualität? Ist es nicht das, was ihm seit Jahren fehlt? „Welches Gebet empfehlen Sie einem Anfänger für den Einstieg?", fragt er sie. Sie erwidert: „Versuchen Sie es doch mal mit dem Vaterunser."

Am nächsten Tag versucht Frank Hofmann es. Er spricht beim Laufen immer wieder das Vaterunser und spürt, dass Rhythmus und Text gut zum Laufen passen. In der Folgezeit ändert sich seine Einstellung zum Glauben. Das neue Training verändert ihn. So sehr, dass er beschließt, ein „theologisches Jahr" einzulegen: Ein Jahr lang will er nur theologische Bücher lesen.

Beim Joggen mit Hündin Lisa, 1999

Beim täglichen Laufen lässt er das Gelesene in sich weiter arbeiten. Seine Erfahrungen von Meditation und Laufen schreibt er in einem Buch auf: *Mein Marathon zu Gott.*

Zwei Jahre nach der Begegnung bekommt Margot einen Brief von Frank Hofmann. Erstaunt liest sie: „Vielleicht erinnern Sie sich noch an unser Gespräch über Laufen und Glauben vor zwei Jahren. Für mich war die Begegnung der Anstoß, Gott wieder eine Chance in meinem Leben zu geben. Ich hatte ihn über zweieinhalb Jahrzehnte aus den Augen verloren – aber er mich offensichtlich nicht. In zwei Monaten laufe ich übrigens den Jerusalem-Marathon in einem interreligiösen Team: eine Jüdin, ein Moslem und ich – als Christ."

Margot ist überrascht und freut sich an Frank Hofmanns Lebensgeschichte. Die noch weitergeht: Der ehemalige Atheist Frank Hofmann studiert nebenberuflich evangelische Theologie. Dann hängt er seinen gut bezahlten Job an den Nagel und wird Chefredakteur des christlichen Vereins „Andere Zeiten", der unter anderem einen sehr erfolgreichen Adventskalender herausgibt. Margot Käßmann ist bis heute Vorbild für ihn – „als virtuose Sprachkünstlerin des Christentums, die eine knackige Kolumne in einer Boulevardzeitung genauso treffend verfassen

kann, wie sie einen fesselnden theologischen Vortrag hält." Er sagt: „Ihre Bedeutung für mein Leben kann ich, der Skepsis gegenüber religiöser Sprache zum Trotz, gar nicht anders beschreiben: Sie ist mir zum Engel geworden."

MIRJAM UND MOSE

Besonderes Augenmerk legt Margot auf Themen, die Frauen betreffen. Die Abtreibungsfrage gehört auch dazu. Noch immer wird heiß diskutiert, wie Christen und Kirchen sich dazu verhalten sollten. Im Jahr 2000 war die katholische Kirche in Deutschland aus der Schwangerschaftskonfliktberatung ausgestiegen. Die katholischen Beratungsstellen dürfen seitdem keine Scheine mehr ausstellen, die Betroffene als Nachweis für eine erfolgte Beratung vorlegen könnten, wenn sie sich für eine Abtreibung entscheiden. Daraufhin hatte Margot schon damals vor der Landessynode bekundet, dass die evangelische Kirche diese Beratungsscheine weiterhin ausstellen werde. „Das heißt nicht, dass wir nicht für das Leben agieren", erklärte sie, „unsere Beraterinnen und Berater beraten eindeutig für das Leben. Sie versuchen, einer Frau einen Weg zum Leben mit ihrem Kind zu vermitteln. Dennoch respektieren sie auch die Frau, die sich für eine Abtrei-

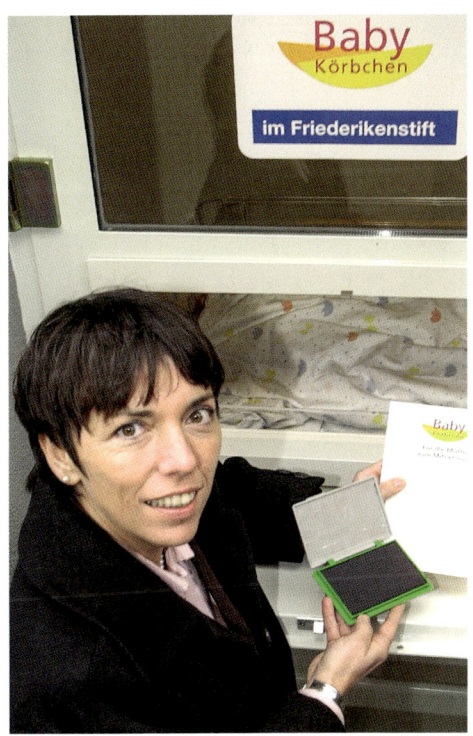
Am Babykörbchen des Friederikenstifts

Engagiert treibt Margot mit anderen den Gedanken voran, ein Netzwerk zu schaffen, das möglichst für alle Frauen ein passendes Angebot bieten kann: „Mirjam" soll es heißen, benannt nach der Schwester des biblischen Findelkindes Mose. Frauen in Schwangerschaftskonflikten finden hier rund um die Uhr Beratung und konkrete Hilfe. Landeskirche und Diakonie unterstützen das Projekt. Außerdem möchte Margot verhindern, dass verzweifelte Frauen sich gezwungen sehen, ihr Neugeborenes vor Kliniken oder Arztpraxen auszusetzen, wo es oft nicht gleich gefunden und versorgt werden kann. Im hannoverschen Friederikenstift, einem diakonischen Krankenhaus, soll ein sogenanntes „Babykörbchen" den Tod dieser Kinder verhindern: Mütter können anonym ihr ungewolltes Kind durch eine Klappe in einer Tür in ein Wärmebett legen. Automatisch wird das Krankenhauspersonal alarmiert und kann sich sofort um das Baby kümmern. Die Bischöfin als Schirmherrin des Netzwerkes ist froh über diese Einrichtung, die in bestimmten Kreisen durchaus umstritten ist.

Im Januar 2008 kommt es allerdings zu einer Tragödie: Vor dem rettenden Babykörbchen des „Netzwerk Mirjam" wird in einer Jutetasche ein Säugling gefunden. Tot – erfroren. Wer ihn dort hinbrachte, hat ihn nicht in das rettende Wärmebettchen gelegt, sondern auf

bung entscheidet. Das entspricht dem evangelischen Grundgedanken von der Verantwortung des Einzelgewissens." Margot betont, bei der Beratung gehe es nicht um die Schuldfrage, sondern um die Verantwortung, die Mütter wie Väter mit ihrer Entscheidung übernehmen. Wer Abtreibungen verhindern wolle, dürfe „nicht bei hehren Worten, großen Ermahnungen und wunderbaren Prinzipien stehen bleiben". Konkrete Hilfsangebote seien nötig. Auch die Möglichkeit der Freigabe zur Adoption müsse weiter bekannt gemacht und aus der Tabuzone geholt werden.

die kalten Steinplatten. Ein Hemdchen hatte der Kleine an, ein Handtuch wurde ihm mitgegeben. Bis heute ist ungeklärt, warum es in diesem Fall so schrecklich schiefging. Hat die Klappe geklemmt und das Öffnen des Bettchens verhindert? Hat die Mutter oder der Vater die Flucht ergriffen aus Angst, ertappt zu werden? Die Mitarbeiter des Netzwerkes sind geschockt – und müssen die Vorwürfe der Kritiker ertragen, die schon immer gegen das „Babykörbchen" waren.

Margot nennt den toten Säugling Mose, denn „er sollte gerettet werden wie der kleine Mose in der biblischen Geschichte". Er wird eine würdige Bestattung bekommen. Selbstverständlich übernimmt die Bischöfin den Trauergottesdienst. Mose wird in einen schlichten Holzsarg gebettet, Margot legt ihm einen kleinen weinenden Engel in die winzigen Hände. „Er weint mit uns um das Unvollendete, das Zerbrochene im Leben", erklärt sie, „er weint mit uns um dieses Kind." Die Kapelle des Friederikenstifts ist bis auf den letzten Platz gefüllt: Pflegepersonal, engagierte Menschen aus dem Mirjam-Netzwerk, Journalisten.

„Wir müssen heute Abschied nehmen von einem kleinen Jungen, den niemand von uns kannte", beginnt Margot ihre Ansprache sichtlich bewegt. „Auch seine Eltern kennen wir nicht. Und doch hat dieses Kind die Herzen vieler Menschen bewegt." Die Gemeinde singt ein Wiegenlied: „Weißt du, wie viel Kinder schlafen heute Nacht im Bettelein? Gott der Herr hat sie gezählet, dass ihm auch nicht eines fehlet, kennt auch dich und hat dich lieb!" In ihr Gebet schließt Margot auch die Mutter des Jungen mit ein. „Bewahre uns davor, zu verurteilen, was wir nicht kennen. Tröste alle, die in den letzten Tagen gequält waren von dem, was hier geschehen ist." Seinen letzten Ruheplatz findet Mose auf dem Kindergrabfeld des Stadtfriedhofs Stöcken.

Trauerfeier für Mose

Ein Jahr nach der Tragödie bewegt ein weiteres Säuglingsschicksal die Menschen. Eltern lassen ein mehrfach schwerstbehindertes Mädchen nach der anonymen Geburt im Krankenhaus zurück. Das „Netzwerk Mirjam" springt ein und kümmert sich. Margot tauft das Mädchen auf den Namen Mirjam, der Taufspruch soll es begleiten: „Denn er hat seinen Engeln befohlen über dir, dass sie dich behüten auf all deinen Wegen."

„DANN ERSCHIESST SIE EBEN UNSERE SEITE!"

Dass sie jemals fremden Menschen ihr Handy aushändigen würde, hätte Margot nicht gedacht. Am Flughafen Suhan in Pjöngjang hat sie keine andere Chance. Alle Handys der EKD-Delegierten werden eingesammelt. Beim Rückflug bekämen sie sie wieder zurück, heißt es. „Hoffentlich", denkt Margot.

Mit einem der drei wöchentlichen Flüge ist sie von Frankfurt aus via Peking angereist. Neben der EKD-Delegation sitzen noch vier Amerikaner an Bord, sie reisen als Touristen ins Land. „Befremdlich", denkt Margot. „Was will man als Tourist in Nordkorea?"

Die Delegierten beziehen ihr Hotel. Allen ist klar, dass die Räume verwanzt sind und dass sie auf Schritt und Tritt überwacht werden. Als sie durch die Stadt gehen, ist Margot betroffen von dem, was sie sieht: Es herrscht ganz offensichtlich große Armut, die Menschen sind abgemagert.

Auch bei einem Besuch der Grenze zu Südkorea bietet sich ihr ein merkwürdiges Bild. Mehrere Häuser stehen direkt auf der Grenze. Sie wurden einst für Friedensverhandlungen genutzt und waren von beiden Seiten begehbar.

Margot kann es kaum glauben. Ob Seoul wirklich nur 67 Kilometer entfernt sei, möchte sie von einem Offizier wissen. In der Theorie stimme das, antwortet er – aber praktisch müsse man erst gut 3000 Kilometer über Peking reisen. Was denn passiere, wenn sie jetzt einfach über die Grenze laufe, fragt sie weiter. Dann würde sie erschossen. „Das sind Deutschlands NATO-Partner, die können mich doch nicht erschießen!", sagt sie entsetzt. Der Offizier erwidert: „Dann erschießt Sie eben unsere Seite!"

Auf dem Rückflug sitzen außer den EKD-Delegierten nur zehn Menschen im Flugzeug. Margot hat sich einen Platz weit hinten gesucht, um etwas Ruhe zu haben. Als die Maschine auf das Flugfeld rollt, setzt sich unverhofft eine junge Stewardess neben sie. Seltsamerweise schnallt sie sich nicht an. Beim Start nimmt sie Margots Hand und erklärt in gebrochenem Englisch, dass sie in einem Wohnheim am Flughafen wohne und ihre Mutter nur einmal im Jahr sehen dürfe. Sie habe großes Heimweh, und Margot erinnere sie an ihre Mutter. Margot ist gerührt.

Von Peking aus geht es nach Seoul, hier stehen Kirchenbesuche an, auch in den schnell wachsenden pfingstlerischen „Mega-Churches", in denen an jedem Sonntag Tausende Christen gemeinsam Gottesdienst feiern. Hier wird gelehrt, dass Erfolg und Gesundheit Folgen eines richtigen Glaubens seien. Margot findet das befremdlich.

Wieder zu Hause, schreibt sie einen Reisebericht für die Kirchenzeitung. Kurz darauf erhält sie ein Schreiben der nordkoreanischen Botschaft. Vieles sei falsch in ihrem Bericht, wird moniert. „Wow", stellt sie fest, „die nordkoreanischen Sicherheitsbehörden lesen sogar die *Evangelische Zeitung!*"

FAHRT NACH ULM

Die nächste EKD-Synode steht bevor. Ende Oktober treffen sich die Synodalen in Ulm. Auf der Tagesordnung stehen die Wahlen zum Rat der Evangelischen Kirche. Deren Vorsitzender, Bischof Wolfgang Huber, wird seine Amtszeit nicht verlängern, für ihn muss ein Nachfolger – oder eine Nachfolgerin! – gewählt werden. Margot ist seit zehn Jahren im Bischofsamt, ihre Beliebtheit ist ungebrochen. Viele sehen sie als Favoritin für diese Wahl, die besonders ist: Es gibt keine Kandidaten, die bereits vorher feststehen, wie damals bei der Wahl zu Landesbischöfin. Dennoch werden einige Namen von Bischöfen genannt, die dem renommierten Wolfgang Huber nachfolgen könnten: Jochen Bohl (Dresden), Ulrich Fischer (Karlsruhe), Otfried July (Stuttgart) und Martin Hein (Kassel). Und eben Margot Käßmann, Landesbischöfin der größten Landeskirche der EKD.

Vieles spricht für sie: Sie kennt sich in der Ökumene aus, spricht auch Kirchendistanzierte an und ist medienerfahren. Sie bezieht deutlich Position. Und sie ist eine Frau.

Das Amt des Ratsvorsitzes würde eine weitere Belastung mit sich bringen, das weiß Margot. Zusätzlich zu ihrem bischöflichen Amt wäre sie höchste Repräsentantin der EKD, müsste noch mehr reisen, hätte zusätzliche Gremien-

arbeit zu leisten und wäre in ein zweites Kirchenamt eingebunden. Platz für
Privatleben, Zeit für ihre Töchter bliebe
noch weniger. Vielleicht reagiert sie deswegen dem Evangelischen Pressedienst
gegenüber „genervt", als sie auf die
Möglichkeit angesprochen wird, Ratsvorsitzende zu werden.

Mit gemischten Gefühlen fährt Margot am 26. Oktober nach Ulm und
checkt im Maritim-Hotel ein. Als sie die
Empfangshalle betritt, spürt sie schon
wieder viele erwartungsvolle Blicke.

Margot Käßmann vor Beginn eines Jugendgottesdienstes in der Wittenberger Schlosskirche, 2017

„NICHTS IST GUT …"

Mit Margot Käßmann könnten die Protestanten weiter auf Erfolgskurs kommen, trotz eines chronischen Schrumpfungsprozesses der großen Kirchen in Deutschland." Selten stehen im *Spiegel* so kirchenfreundliche Sätze. Doch am 28. Oktober kann selbst der *Spiegel*-Journalist Peter Wensierski nicht anders: „Sie hat klug taktiert, demütig Zurückhaltung geübt und am Ende überzeugt", schreibt er anerkennend, kurz nachdem bekannt ist, dass Margot Käßmann zur Ratsvorsitzenden der Evangelischen Kirche in Deutschland gewählt wurde. 132 von 142 Synodalen haben für sie gestimmt. Nur fünf stimmten gegen sie, vier enthielten sich, eine Stimme war ungültig. Tosender Applaus tönte durch den schmucklosen Hotelsaal. Margot wirkte gelöst. Ein überwältigender Erfolg. „Im Vertrauen auf Gottes Hilfe nehme ich die Wahl an", sagte sie glücklich und erklärte, sie habe „allergrößten Respekt" vor der neuen Aufgabe. Dann nahm sie Glückwünsche entgegen. Den Beobachtern im Plenum und auf den Pressebänken war klar: Alle sind hier gerade Zeugen eines historischen Ereignisses. Zum ersten Mal hat die EKD eine Frau an die Spitze gewählt. Der frische Wind, der seit zehn Jahren die hannoversche Landeskirche durchweht, kann nun auch die gesamte evangelische Kirche durchwirbeln. Für sechs Jahre ist Margot gewählt. Ein „neues Leben" beginne nun für sie, mutmaßt Robert Leicht in der *Zeit* und fragt vieldeutig: „Wer weiß, wohin sie wachsen kann." Er wünscht der neuen Ratsvorsitzenden „exzellente, loyale theologische und kirchenpolitische Berater", auf die sie auch höre, denn: „In der Vergangenheit hatte sie sich immer wieder mit Äußerungen hervorgewagt, bei denen der eine oder andere sich im Stillen gedacht hatte: Da hätte man doch vorher etwas besser nachdenken sollen. Aber hat man das Höchste erreicht, was zu erreichen ist, dann wird man wohl auch souveräner – auch sich selbst gegenüber." Welch mahnende Worte.

Margot muss sich erst einmal ihren neuen Mitarbeiterstab zusammenstellen. Die Zusammenarbeit in der Bischofskanzlei funktioniert bestens. Jetzt braucht sie Vertraute und kompetente Mitarbeiter im EKD-Kirchenamt. Dort ist durch die Wahl große Unruhe aufgekommen. Manche fragen sich, in welche Situationen die für ihre deutlichen Äußerungen und überraschenden Aussagen bekannte neue Ratsvorsitzende sie wohl bringen wird. Viele ahnen, dass nun andere Zeiten anbrechen. Der scheidende Ratsvorsitzende Wolfgang Huber war eloquent, stets bedacht und kooperativ. Margot Käßmann, 51 Jahre alt, freut sich über das Vertrauen. Da sie offensichtlich energiegeladen ist, scheint sie vielen in der EKD-Hierarchie unberechenbar. Einen kirchenpolitischen Konflikt gibt es als Folge ihrer Wahl schon, für den kann sie aber nichts. Die russisch-orthodoxe Kirche will den langjährigen Dialog mit der EKD abbrechen – nur weil die Kirche in Deutschland jetzt von einer geschiedenen Frau geleitet wird. „Es ist ein Gebot des gegenseitigen Respekts, diese Verschiedenheit auszuhalten und doch zu wissen, was Paulus an die Epheser schreibt: Ein Herr, ein Glaube, eine Taufe", mahnt Margot die Russisch-Orthodoxen.

Sie selbst sieht sich auch in einer Umbruchsphase. Einerseits genießt sie Anerkennung – im Volk wie in der Kirche. Doch wie sie sich in der neuen, vermittelnden Rolle einer Ratsvorsitzenden zurechtfinden wird, weiß sie noch nicht. Als Erstes stehen die Mitarbeitergespräche an, und im eh schon übervollen bischöflichen Terminkalender müssen nun auch noch die EKD-Termine untergebracht werden. Viel Arbeit steht bevor.

YOU'LL NEVER WALK ALONE

Mitten in die Vorbereitungen auf die neue Arbeit platzt eine Nachricht, die ganz Deutschland bewegt: Der Fußballspieler Robert Enke hat sich das Leben genommen. Bei Hannover 96 stand er jahrelang im Tor, auch bei acht Spielen der Nationalmannschaft. Nahe seinem Wohnort Himmelreich in Niedersachsen hatte er an einem Bahnübergang Selbstmord begangen. Enke habe seit Jahren an Depressionen gelitten, heißt es auf einer Pressekonferenz. Weit über Niedersachsen hinaus sind die Menschen bestürzt. Der Vater eines Jungen ruft sie an: Jemand müsse doch jetzt passende Worte finden, die Kirche müsse der Trauer einen Ort geben. Für den folgenden Tag, den 11. November, lädt Margot daher zu einer

Trauerandacht in die hannoversche Marktkirche ein. Die Kirche ist überfüllt. Angehörige, Freunde und Fans kommen zusammen, um Abschied zu nehmen. Auch DFB-Präsident Theo Zwanziger, Bundestrainer Joachim Löw, Hans-Dieter Flick, Andreas Köpke und Spieler der Nationalmannschaft sind da. Vor der Kirche haben sich 3000 Menschen versammelt. Margot hält die Trauerrede. „Robert Enke ist seinen Weg alleine zu Ende gegangen. Ganz alleine in der Dunkelheit, die ihn umgab und die in ihm gewesen sein muss", beginnt sie, und das, obwohl er so vielen ein Vorbild gewesen sei, als Sportler, sozial engagierter Mensch und als Vater, der mit dem Tod seiner Tochter umgehen musste. Es sei gut, dass die Trauernden hier „gemeinsam innehalten" und „still werden", meint sie, denn „Gemeinschaft, sich gehalten wissen auch in allen Schwächen unseres Lebens, das zählt". Traurig sei es, dass viele sich noch immer nicht trauten, „über Depressionen und Krankheit zu sprechen, weil das als Schwäche angesehen wird". Verzweiflung, Leid und Tod könne der Mensch „in dieser Welt nicht überwinden". Doch „Gott geht mit uns in den schwersten Stunden unseres Lebens". Robert Enke habe das Leben geliebt und nicht gewollt, dass andere Menschen es ihm gleichtun, schließt Margot die Rede, dann fordert sie die

Trauergäste auf, Lichter anzuzünden für Robert Enke, seine Familie und alle, die „mit betroffen sind". Enkes Frau Teresa zündet die erste Kerze an. Gemeinsam beten sie das Vaterunser. Nach der Andacht ziehen die Fans in einem Trauerzug zum Stadion. Dort findet vier Tage später eine weitere riesige Trauerfeier statt. „You'll never walk alone", singen sie dort und drücken auf diese Weise ihre Verbundenheit aus. Ein Fangesang, der nun noch einmal eine andere Bedeutung hat.

Margot ist froh, dass manche Menschen, die der Kirche eher distanziert gegenüberstehen, nun aber an diesem Ort ihrem Idol Robert Enke die Ehre erweisen wollten, in der Marktkirche zuvor die alten christlichen Rituale des Trauerns kennengelernt haben. Vielen fehlten vor Bestürzung die Worte.

„In solchen Situationen auf erlernte Gebete wie das Vaterunser zurückgreifen zu können ist tröstlich", sprach Margot das Gefühl vieler aus. „Wir bringen unseren Schmerz und unsere Fragen vor Gott in Worte, die seit Jahrtausenden gesprochen werden."

NAIV UND BLAUÄUGIG

Langsam gewöhnen sich Margot und die EKD-Hierarchie aneinander. Arbeitsabläufe werden festgezurrt, Mitarbeiter

154

ziehen in neue Büros. Die Pressestelle der EKD stellt sich auf eine turbulente Zeit ein. Margot überlegt, welche Botschaften sie künftig auf welche Weise verkünden möchte. Viele Projekte, die sie in den letzten Jahren ins Leben gerufen hat, tragen inzwischen Früchte. Unter anderem die Aktion „Advent ist im Dezember", in der dafür geworben wird, Weihnachtsmärkte nicht schon vor dem Totensonntag beginnen zu lassen, sondern wirklich erst in der ersten Adventswoche. Der Schutz des arbeitsfreien Sonntags ist ihr wichtig, viele Auseinandersetzungen mit dem Einzelhandel hat sie dafür in Kauf genommen. Der Sonntag müsse ein Ruhetag bleiben, hat sie stets argumentiert, denn Menschen brauchten Zeit zur Besinnung. Dazu gehört es für sie, dass Geschäfte geschlossen bleiben.

Auch das Thema Frieden liegt ihr weiterhin sehr am Herzen. Meldungen aus Afghanistan bewegen die Menschen. 5000 Bundeswehrsoldaten sind dort stationiert – im Dienste des Friedens, argumentiert die Bundesregierung. Mehrere deutsche Soldaten wurden bereits Opfer der Auseinandersetzungen im dortigen Bürgerkrieg. Wenn Weihnachten das Fest des Friedens ist, dann sollte der Frieden als Thema auch in ihrer Predigt vorkommen, ist Margot überzeugt. Die Jahreslosung für das kommende Jahr 2010 lautet „Erschrecket nicht – glaubt an Gott und glaubt

an mich". Als Margot am Neujahrstag auf die Kanzel der Dresdner Liebfrauenkirche steigt, sind die Menschen gespannt. „Wir stehen ja am Beginn eines neuen Jahres meist in einer Spannung zwischen der Hoffnung, dass alles gut wird, und den Ängsten, dass Schweres auf uns zukommen könnte", beginnt sie ihre Predigt. Dann zieht sie viele rhetorische Register und gibt ein Beispiel ihrer Predigtkunst. Sie habe Karten mit Neujahrsgrüßen bekommen, auf denen stehe: „Alles wird gut!" Xavier Naidoo singe „Alles kann besser werden". Verglichen mit der Jahreslosung klängen solche Sprüche eher banal, meint sie, denn in der Losung gehe es um tiefes Erschrecken: „Wenn unser Herz so erschrickt, dann ist unser Leben zutiefst berührt [...] dann steht unser ganzes Leben auf dem Prüfstand. Allzu oft weichen wir davor lieber aus." Erschrecken, denkt sie weiter, geschehe aber nicht nur im Inneren eines Menschen. Auch im Blick auf unsere Welt gebe es Erschrecken. Da sei eben nicht alles gut, wie jene Neujahrskarte weismachen wolle. Um das zu illustrieren, dreht Margot den Spruch um: „Nichts ist gut in Sachen Klima, wenn weiter die Gesinnung vorherrscht: Nach uns die Sintflut! Da ist Erschrecken angesagt und Mut zum Handeln [...] Nichts ist gut in Afghanistan. All diese Strategien, sie haben uns lange darüber hinweggetäuscht, dass Soldaten

155

nun einmal Waffen benutzen und eben auch Zivilisten getötet werden. Das wissen die Menschen in Dresden besonders gut! Wir brauchen Menschen, die nicht erschrecken vor der Logik des Krieges, sondern ein klares Friedenszeugnis in der Welt abgeben, gegen Gewalt und Krieg aufbegehren und sagen: Die Hoffnung auf Gottes Zukunft gibt mir schon hier und jetzt den Mut, von Alternativen zu reden und mich dafür einzusetzen […] Wir brauchen mehr Fantasie für den Frieden, für ganz andere Formen, Konflikte zu bewältigen. Das kann manchmal mehr bewirken als alles abgeklärte Einstimmen in den vermeintlich so pragmatischen Ruf zu den Waffen." Weitere gesellschaftliche Beispiele nennt sie, in denen „nichts" gut ist. Im Licht der Weihnachtsbotschaft und der Jahreslosung jedoch könnten Christen mit dem Erschrecken leben. „Lasst uns also mit Gottvertrauen und Mut in dieses neue Jahr gehen. Unser Herz muss nicht erschrecken, wir sind gehalten und wir können halten, wir sind ermutigt und können andere ermutigen, wir sind durch den Glauben veränderte Menschen und können etwas verändern, damit andere nicht länger erschrecken müssen." Eine Predigt, die die beklagenswerten Zustände in der Welt benennt und den Trost des Glaubens zuspricht. Eine gute, bewegende Predigt – aber nicht sonderlich mitreißend oder provokant,

finden viele der Gottesdienstbesucher. Kaum jemand weiß, dass Margot einige Abschnitte der Predigt Heiligabend schon in der hannoverschen Marktkirche genutzt hat. Auch dort hatte sie viel Zustimmung erfahren.

Wenige Tage später bricht ein Sturm der Entrüstung los. „Nichts ist gut in Afghanistan" – dieser völlig aus dem Zusammenhang gerissene Satz bringt Politiker auf. Der Tenor: Bischöfin Käßmann habe die Bundeswehr kritisiert, das stehe ihr nicht zu, sie agiere „unverantwortlich", sei „naiv und blauäugig". Reinhold Robbe, der Wehrbeauftragte der Bundesregierung, rät ihr spöttisch, „sich mit den Taliban in ein Zelt zu setzen und über ihre Fantasien zu diskutieren, gemeinsam Rituale mit Gebeten und Kerzen zu entwickeln". Ihre „populistische Fundamentalkritik" entbehre jeder Grundlage. Andere Politiker ziehen nach, eine aufgeregte Debatte beginnt. Bundesverteidigungsminister Karl-Theodor zu Guttenberg bittet Margot zum Gespräch und äußert seine Bedenken. Er lädt sie zu einem Truppenbesuch an den Hindukusch ein.

Das CDU-Präsidium möchte mit Margot sprechen, selbstverständlich nimmt sie die Einladung an. Viel Kritik schlägt ihr dort entgegen, Bundeskanzlerin Angela Merkel allerdings hält sich zurück. „Sie werden nicht nur die evangelische Kirche auf Trab halten", hatte die Kanzlerin bei Margots Einführung als Ratsvorsitzende gesagt, „sondern auch gleich noch manch anderen mit. Ich habe da keine Zweifel." Öffentlich sagt Merkel später, sie könne mit so einer Meinungsäußerung sehr gelassen umgehen, weil sie sich „nicht genötigt fühle, alles zu teilen". Auch andere Politiker zeigen sich gelassen – unter anderem der CSU-Vorsitzende Horst Seehofer, der offensichtlich zu den wenigen gehört, die den Text der Neujahrspredigt ganz gelesen haben: „Wenn man die ganze Predigt von Frau Käßmann liest, kann man ihr nur zustimmen", meint er.

Margot steht wieder einmal im Mittelpunkt des Medieninteresses – und muss erneut einiges aushalten. In ihrer Standhaftigkeit erinnert sie an Martin Luther und sein „Hier stehe ich, ich kann nicht anders". „Ich würde die Predigt noch mal so halten, weil ich sie in aller Freiheit so gehalten habe und voll hinter dem Wortlaut stehe", sagt sie in der Talkshow *Beckmann* und betont, sie habe „eine sehr seelsorgliche Predigt mit einer kleinen Passage zum politischen gesellschaftlichen Geschehen" gehalten. „Die ist mir um die Ohren gehauen worden, dies habe ich nicht vorhergesehen, aber ich stehe zu dem, was ich gesagt habe." Ausführlich begründet sie, warum sie dem Bundeswehreinsatz kritisch gegenüberstehe: „Deutschland befindet sich in Afghanistan in einer kriegerischen Auseinandersetzung. Das haben wir lange nicht wahrhaben wollen und stattdessen um völkerrechtliche Definitionen gerungen. Aber bewaffnete Konflikte, wie immer wir sie definieren, ziehen stets Unrecht und Gewalt nach sich … Es sollte nicht überraschen, dass auch Zivilisten getötet werden. Bedrückend ist, dass das immer wieder nur am Rande erwähnt wird. Wir müssen offen mit der Wahrheit umgehen."

Schon häufig hat Margot solche Missstände beim Namen genannt. Was nun neu ist: Als Ratsvorsitzende repräsentiert sie 24 Millionen evangelische Christen. Unter denen befinden sich Kriegsbefürworter wie Abrüstungsfreunde. Der Rat der EKD bemüht sich natürlich, die unterschiedlichen Flügel der Protestanten zusammenzuhalten. Margot als oberste Repräsentantin soll idealerweise vermitteln und nicht polarisieren. Im Rat werden lange Diskussionen geführt, am 25. Januar veröffentlicht er eine Stellungnahme. Darin heißt es, der Deutsche Bundestag solle nicht nur die Bundeswehr nach Afghanistan schicken, sondern auch „zivile Kräfte". Darüber hinaus solle „ein Datum beschlossen werden, an dem der gesamte Einsatz evaluiert wird. Frieden müsse ‚gestiftet', also gemacht werden."

Fernsehaufnahmen mit Moderator Tobias Glawion in einem Baumarkt

Anfang Februar legt sich langsam die Aufregung. Der erste Sturm in ihrer Zeit als Ratsvorsitzende ist überstanden. Eine Woche Urlaub, wieder durchatmen. Am Ende der Ferienwoche, Samstagabend, noch einmal etwas abspannen nach den Aufregungen der letzten Monate. Wie wär's mit Kino? Da läuft doch gerade „Invictus", ein Film über Nelson Mandela, Morgan Freeman spielt die Hauptrolle. Sie verabredet sich mit einem Freund, reserviert zwei Karten.

Es sind nur zwei Kilometer bis in die Innenstadt, aber Margot ist knapp in der Zeit. Mit dem Fahrrad kann sie nicht fahren, die Straßen sind vereist. Mit ihrem Privatwagen ist eine Tochter unterwegs. In der Eile nimmt Margot den Dienstwagen, einen VW Phaeton. Das sei ein Fehler gewesen, gesteht sie später. Um halb sieben trifft sie sich mit dem Freund in einer Tapasbar in der Nähe des Kinos. Sie isst wenig, trinkt zwei Glas Weißwein. Um zehn nach acht gehen sie ins Kino. Der Film ist ganz nett, mehr nicht. Danach ist sie müde. Sie will den Phaeton nicht in der Innenstadt stehen lassen und steigt ein, ihr Bekannter ebenfalls. Die Straßen sind leer. An einer großen Kreuzung sieht sie einen Polizeiwagen stehen, ist kurz abgelenkt, fährt langsam weiter. In dem Moment springt die Ampel um.

Margot biegt rechts ab, Tempo 30. Es sind nur noch wenige Hundert Meter bis nach Hause. Sie fährt vor die Garage und öffnet das Garagentor, der Bekannte steigt aus. Im Rückspiegel sieht Margot das Polizeiauto. Ein junger Polizist verlässt den Wagen und möchte ihre Papiere sehen. Mist.

„Die Ampel war grad umgeschaltet", sagt der Polizist und fragt, ob sie etwas getrunken habe. „Wir waren essen, und ich habe Wein getrunken", antwortet sie wahrheitsgemäß. Margot muss pusten, das Gerät zeigt 1,1 Promille. Sie muss mit aufs Revier zur Blutkontrolle.

Der Polizist nimmt auf der Wache das Protokoll auf. Seine Kollegin sagt, die Ampel sei ja gerade erst umgesprungen, als Margot über die Kreuzung fuhr, das sei noch im Toleranzbereich. Nach 20 Minuten kommt ein Arzt und nimmt Blut ab. Margot muss ihren Führerschein abgeben, fährt im Taxi zurück. Um Mitternacht ist sie zu Hause. Das alles kommt ihr unwirklich vor, erschöpft geht sie schlafen.

Am nächsten Tag hat sie frei. Beim morgendlichen Joggen spürt sie ein Gefühl, das sie kaum kennt: Angst. Was, wenn die Boulevardpresse von dem Fauxpas erfährt? Sie malt sich Schreckensszenarien aus. Mit jemandem darüber sprechen mag sie allerdings nicht.

Für den nächsten Morgen stehen einige Termine im Kalender. Margot hat noch immer ein ungutes Gefühl und erzählt dem Präsidenten des Landeskirchenamtes, was geschehen ist. Das unterliege dem Datenschutz, sagt er als Jurist und beruhigt damit Margot etwas. Aber schon mittags ruft er sie an. BILD habe angefragt, was denn da los gewesen sei mit der Bischöfin! Bei der Polizei muss es ein Leck gegeben haben, irgendjemand hat da geplaudert.

Am Abend hat sie einen Termin bei einer Veranstaltung im Schauspielhaus, es geht um Theater und Kirche. Auf dem Weg dorthin ruft die BILD-Chefredaktion sie auf dem Handy an. Ob der Polizeibericht stimme. Margot erklärt, die Sache unterliege dem Datenschutz. Aber der Chefredakteur sieht es anders: Die Sache sei von öffentlichem Interesse.

Hanna und Lea begleiten Margot an dem Abend, sie sind also gleich informiert. Nach der Veranstaltung ruft Margot in ihrer Bischofskanzlei eine Krisensitzung zusammen. Pressesprecher und Berater der Landeskirche und der EKD nehmen teil. Zusammen formulieren sie eine Stellungnahme, die BILD bis 23 Uhr haben möchte. „Ich bin über mich selbst erschrocken, dass ich einen so schlimmen Fehler gemacht habe. Mir ist bewusst, wie gefährlich und unverantwortlich Alkohol am Steuer ist. Den rechtlichen Konsequen-

zen werde ich mich selbstverständlich stellen", heißt es darin.

Dann beginnt die Medienhatz. „Bischöfin Käßmann betrunken am Steuer" titelt BILD am nächsten Tag. „Polizei stoppte Bischöfin, als sie bei Rot über die Kreuzung fuhr". Das stimmt nicht, denn die Polizei ist ihr ja bis zur heimischen Garage gefolgt. BILD will sogar wissen, dass Margot „etwa 1,3 Promille" hatte. Im Kirchenamt eröffnet ihr der Präsident, der Anwalt der Landeskirche habe etwas von 1,5 Promille erfahren. Die leitenden Kirchenverantwortlichen werden nervös. Aus dem Kirchenamt der EKD heißt es, Margot müsse nun alle Termine absagen. Jemand anders empfiehlt, sie möge doch „eine Besinnungszeit im Kloster" einlegen. Margot steht mitten im Wirbelsturm.

Aufgewühlt fährt sie nach Hause zurück. Als sie aus ihrem Wagen aussteigt, stürmen plötzlich Fotografen auf sie zu. Fotos der „betrunkenen Bischöfin" sind heute wahrscheinlich hoch bezahlt. In den Redaktionen sind Journalisten dabei, die Fakten mit Vermutungen anzureichern und zu verdrehen. Die FAZ etwa schreibt, Margot sei auf Tour durch das „Kneipen- und Rotlichtmilieu Hannovers" gewesen. In der BILD steht nun, es seien 1,54 Promille gewesen. Sie habe Rotwein getrunken, steht irgendwo – dabei trinkt sie nur Weißwein. „Experten" errechnen anhand des Körpergewichts, ihrer Größe und ihres Alters, wie viel Margot getrunken haben muss. Skurrile Mengen kommen dabei heraus. Das Wort „Suff-Fahrt" macht die Runde, andere schreiben von „Volltrunkenheit" und Alkoholismus.

Mittlerweile stehen die Fotografen auf den Garagendächern rund um das Bischofshaus. Margot und Esther, die ja in der ersten Etage wohnen, werden geradezu belagert. Ein Pizzabote kann sich nur mühsam einen Weg zwischen den Journalisten hindurchbahnen, die sich vor dem Haus drängeln und darauf warten, dass die Bischöfin herauskommt. Abends in der *Tagesschau* meldet sich erstmals eine leitende EKD-Frau zu Wort. „Das ist nicht akzeptabel, dass man mit 1,5 Promille Auto fährt", sagte die Präses der EKD-Synode und Grünen-Politikerin Katrin Göring-Eckardt. Sie wisse aus persönlichen Gesprächen mit Margot Käßmann, dass diese über ihr Fehlverhalten selbst am meisten betroffen sei. Deshalb respektiere sie, „dass sie sich jetzt für eine Zeit zurückzieht".

Der Rat der EKD stärkt Margot den Rücken. „In ungeteiltem Vertrauen überlässt der Rat seiner Vorsitzenden die Entscheidung über den Weg, der dann gemeinsam eingeschlagen werden soll", erklärt der Rat nach einer Telefonkonferenz mit Margot. Sehr formal klingt das. „Ich will lieber han-

deln, als mich behandeln zu lassen", denkt sie.

Für die Medien ist die „Alkoholfahrt" ein gefundenes Fressen. Eine für ihre Glaubwürdigkeit bekannte Bischöfin hat einen Fehler gemacht. Besseres Futter gibt es nicht. Am Mittwoch zeigen sie ihre ganze Zerstörungsmacht: „Die Alkoholfahrt der Bischöfin" titelt *BILD*. Öffentlich wird diskutiert, ob sie zurücktreten sollte. „Ist Käßmann noch zu retten?", fragt die *Hannoversche Allgemeine* sogar. Bundestagsvizepräsident Wolfgang Thierse hofft, „dass die Gläubigen der Landeskirche Niedersachsen und die Bischofskollegen der EKD zu Frau Käßmann stehen und sie stützen. Dann wird sie auch diesen groben Fehler heil überstehen." Außerdem bedauert er verbreitete Häme als Grundton der politischen Kommunikation: „Ein bevorzugtes Objekt ist jeder, der in irgendeiner Weise moralische Autorität beansprucht oder besitzt. Moralische Autoritäten sind offenbar für hämische Menschen schwer zu ertragen. Wenn es Anlass gibt, stürzen sie sich drauf."

Eine schlaflose Nacht liegt hinter Margot, doch sie hat eine Entscheidung getroffen. Beim Frühstück spricht sie lange mit ihrer Tochter Esther und sagt: Da geht nur Rücktritt, denke ich. Esther stimmt zu. Die Entscheidung ist gefallen.

„Vielleicht besser so, Mums", teilt Esther ihr aus der Schule später via SMS mit. Margot telefoniert mit Sarah, Hanna und Lea. Die drei sind auch schockiert über die Medienberichte und die Häme und raten Margot zu.

Um elf Uhr ruft Margot ihre engsten Mitarbeiter zu sich. Unter Tränen erklärt sie ihnen, dass sie sich entschlossen habe zurückzutreten. Einige weinen, andere versuchen, sie noch umzustimmen: „Du wirst das schon schaffen!" Doch Margot bleibt bei ihrer Entscheidung. Um in Ruhe die nächsten Schritte vorzubereiten, schließt sie

sich in ihr Büro ein. Freundin Almut aus Spieskappel fragt, ob sie nach Hannover kommen solle. Gerne nimmt Margot das Angebot an, auch Sarah macht sich von Berlin aus auf den Weg, ebenso Hanna und Lea. Um 15 Uhr möchte sie eine Pressekonferenz einberufen. Die Mitarbeiter zögern, Margot ist erbost. Sie ist die Chefin. Die Pressekonferenz wird für 16 Uhr angesetzt. Die Pressestellen der Landeskirche und der EKD rotieren. So viel Aufregung und so viele Medienanfragen haben sie noch nie zu bearbeiten gehabt.

Auf dem Weg zur Pressekonferenz im EKD-Kirchenamt am 24. Februar 2010

„MEINE TRÄNEN BEKOMMT IHR NICHT!"

Um zwanzig vor vier steigt Margot, beobachtet von vielen Journalisten und Fotografen, in den Dienstwagen. Ihre vier Töchter, Almut und deren Tochter Nora begleiten sie zur Pressekonferenz. Um fünf vor vier trifft sie vor dem Kirchenamt der EKD in der Herrenhäuser Straße ein. Auch dort warten schon Pressevertreter. Viele der Kirchenamtsmitarbeiter haben Tränen in den Augen.

Um zwei nach vier tritt Margot vor die Presse. „Nur nicht weinen", hat sie sich vorgenommen: „Meine Tränen bekommt ihr nicht!" Souverän setzt sie sich zwischen ihre beiden Pressesprecher Reinhard Mawick und Johannes Neukirch. Das Klicken der Kameras füllt den Raum. In der ersten Reihe sitzen ihre Töchter, Almut und Nora. Mit bemerkenswert ruhiger Stimme verliest sie die Erklärung, die sie kurz zuvor in ihrem Büro selbst verfasst hat:

Am vergangenen Samstagabend habe ich einen schweren Fehler gemacht, den ich zutiefst bereue. Aber auch wenn ich ihn bereue und mir alle Vorwürfe, die in dieser Situation berechtigterweise zu machen sind, immer wieder selbst gemacht habe, kann und will ich nicht darüber hinwegsehen, dass das Amt und meine Autorität als Landesbischöfin

sowie als Ratsvorsitzende beschädigt sind. Die Freiheit, ethische und politische Herausforderungen zu benennen und zu beurteilen, hätte ich in Zukunft nicht mehr so, wie ich sie hatte. Die harsche Kritik etwa an einem Predigtzitat wie „Nichts ist gut in Afghanistan" ist nur durchzuhalten, wenn persönliche Überzeugungskraft uneingeschränkt anerkannt wird.

Einer meiner Ratgeber hat mir gestern ein Wort von Jesus Sirach mit auf den Weg gegeben: „Bleibe bei dem, was dir dein Herz rät" (37,17). Und mein Herz sagt mir ganz klar: Ich kann nicht mit der notwendigen Autorität im Amt bleiben. So manches, was ich lese, ist mit der Würde dieses Amtes nicht vereinbar. Aber mir geht es neben dem Amt auch um Respekt und Achtung vor mir selbst und um meine Gradlinigkeit, die mir viel bedeutet.

Hiermit erkläre ich, dass ich mit sofortiger Wirkung von allen meinen kirchlichen Ämtern zurücktrete. Ich war mehr als zehn Jahre mit Leib und Seele Bischöfin und habe all meine Kraft in diese Aufgabe gegeben. Ich bleibe Pastorin der hannoverschen Landeskirche. Ich habe 25 Jahre nach meiner Ordination vielfältige

Margot Käßmann erklärt den Rücktritt von allen kirchlichen Ämtern

Erfahrungen gesammelt, die ich gern an anderer Stelle einbringen werde.

Es tut mir leid, dass ich viele enttäusche, die mich gebeten haben, im Amt zu bleiben, ja die mich vertrauensvoll in diese Ämter gewählt haben. Ich danke allen Menschen, die mich so wunderbar getragen und gestützt haben, für alle Grüße und Blumen, die meiner Seele sehr gutgetan haben in diesen Tagen. Dem Rat der EKD danke ich sehr, dass er mir gestern Abend deutlich sein Vertrauen ausgesprochen hat.

Ich danke allen Mitarbeiterinnen und Mitarbeitern in der hannover-schen Landeskirche und in der EKD, die mich haupt- und ehrenamtlich unterstützt haben. Insbesondere danke ich meinem engsten Team, das mir in manchem Sturm die Treue gehalten hat. Ich danke allen Freundinnen und Freunden, allen guten Ratgebern. Und ich danke meinen vier Töchtern, dass sie meine Entscheidung so klar und deutlich mittragen und heute hier sind.

Zuletzt: Ich weiß aus vorangegangenen Krisen: Du kannst nie tiefer fallen als in Gottes Hand. Für diese Glaubensüberzeugung bin ich auch heute dankbar.

Nach der Verlesung steht Margot auf, noch einmal klicken die Kameras. Sie zieht sich zurück in ihr EKD-Büro, dann fährt sie in die Bischofskanzlei. Noch einmal kämpft sie sich durch die Journalistenschar. Abends schaut sie mit ihren Töchtern und Freundin Ulrike Millhahn die *Tagesschau*. In sechs der fünfzehn Minuten geht es um sie.

Die Schlagzeilen am folgenden Tag geben ihr Gewissheit, dass sie die richtige Entscheidung getroffen hat. „Der tapfere Rücktritt", heißt es da etwa, und überall liest sie auch das Zitat des Schriftstellers Arno Poetsch, das sie so schätzt und mit dessen Worten sie ihre Erklärung beschlossen hatte: „Du kannst nie tiefer fallen als in Gottes Hand". Im Deutschlandfunk kommentiert Ernst Elitz: „Margot Käßmann verdient mehr als Respekt, sie verdient unsere Achtung. Sie hat öffentlich bereut. Das macht sie zum Vorbild!"

Doch es wird auch munter weiterspekuliert – vor allem darüber, wer wohl Margots Beifahrer war. Namen prominenter Politiker, aber auch die katholischer Bischöfe kursieren. Skurril. Gerhard Schröder sieht sich genötigt, anwaltlich gegen die Nennung seines Namens vorzugehen. Margot entschließt sich, den Namen des Beifahrers nicht zu nennen. Warum soll ein Außenstehender in den Medienrummel mit hineingezogen werden? Welches Recht nimmt sich die Presse

da heraus, zu erfahren, mit wem sie ins Kino geht?

Es kommen waschkörbeweise Briefe ins Haus – beleidigende und lustige. Zum Beispiel von Bischof Damian, einem in Deutschland wirkenden Abt der koptischen Kirche. „Wir fahren in Ägypten immer über rote Ampeln", schreibt er, „ich verstehe die Aufregung nicht!" Er bietet Margot sein Kloster in Brenkhausen als Rückzugsort an. Auch viele andere Bekannte und Freunde bieten ihr Unterschlupfmöglichkeiten an. Nett!

Die Wochenzeitungen schreiben nun ausführlich. In der *Zeit* lobt Antje Vollmer Margot und prophezeit: „Alle werden in Zukunft Margot Käßmann hören wollen […]. Jede Kanzel steht ihr offen, jede Zeitung wird ihre Artikel drucken. […] Sie erfährt eine Zuneigung, die den meisten Medienleuten ein Rätsel ist und bleiben wird. Die Erfahrung dieser existenziellen Bedrohung wird sie ruhiger, gelassener und auf das Wesentliche konzentrierter machen. Wie man es auch dreht und wendet: Die Sache, die so albtraumartig und schockhaltig begann, ist gut ausgegangen!"

Im NDR sinniert der Theologe Fulbert Steffensky über den Rücktritt der „wundervollen Bischöfin": „Da steht ein Mensch zu seiner Schuld und trägt die Konsequenzen. Sie sagt nicht: Ich hatte ein Blackout, ich habe es nicht

Esther, Lea, Sarah und Hanna Käßmann bei der Pressekonferenz

gemerkt, ich konnte nichts dafür. Sie hat sich die Würde gestattet, sich nicht selber freizusprechen, und sie stand nicht unter dem Zwang, sich selber zu rechtfertigen. Das nun hat tatsächlich etwas mit dem Christentum zu tun. Man kann zynisch werden über die weinerlichen Selbsterklärungen so vieler Politiker, wenn sie ertappt werden. Bei Käßmann kann man lernen, was Mut und Anstand ist. […] Ich bin außerdem davon überzeugt, dass sie in absehbarer Zeit wieder da ist mit ihrem rotzigen Charme. Nein, die Kirche ist nicht untergegangen mit dem Rücktritt von Frau Käßmann."

Der Kirchenpublizist Siegfried von Kortzfleisch lobt: Der Rücktritt habe „das öffentliche Bild des Protestantismus mit wunderbar deutlichen Kon-

turen ausgestattet. Vielleicht wird das nachhaltiger wirken als all das, was sie in den Jahren als EKD-Ratsvorsitzende hätten schaffen können!" Und im Deutschlandfunk sagt Herbert A. Gornik: „Die Bischöfin Margot Käßmann ist nicht gescheitert. Sie war ja auch keine Moralapostelin; ihr selbst war nichts Menschliches fremd. Zur Häme besteht kein Anlass. Sie war keine Besserwisserin, sie war nie eine Besser-Glauberin. […] Für das seelische Leben im Land ist der Rücktritt dieser ungenierten kessen Wahrheits- und Menschheitsliebhaberin ein Riesenverlust. Für die evangelische Kirche ist es, als ob ihr weibliches Gesicht gehe, als ob dem Leuchten, das sie in viele Augen brachte, nun wieder ein gedimmtes Grau folgt."

167

Mai 2010

Aus dem Kirchenamt der EKD trifft ein gigantischer Rosenstrauß ein. Andere schicken Päckchen mit Pralinen, Engeln, Büchern, CDs. Viele fragen empört: Wie kann es sein, dass *BILD* an Informationen der Polizei kommt, die ja dem Datenschutz unterliegen? Spekulationen machen sich breit, einige vermuten eine politische Intrige. Margot war stark für Kirchenasyl engagiert und hatte sich in dieser Frage öffentlich mit dem niedersächsischen Innenminister behakelt. Sollten da Gründe für das Datenleck zu suchen sein? So schnell solche Gedanken auftauchen, so schnell verschwinden sie wieder im Reich der Verschwörungstheorien.

In den meisten Zuschriften äußern Menschen ihr Bedauern. Viele hoffen, dass Margot ihren Rücktritt rückgän-

gig macht. Mit einer Freundin versucht sie, die Postberge zu sichten, ist gerührt von manchen Zuschriften. Alte und Junge, Schulklassen, Frauengruppen, Kranke und auch Katholiken schreiben. Einige empfehlen eine Alkoholtherapie. Einer schreibt, man habe schon bei Margots Besuch in der Fernsehshow *Pelzig* gemerkt, dass Margot die Bowle geschmeckt habe. Nur Insider wissen: Die „Bowle" ist alkoholfrei. Ein anderer schreibt launig, hätte Jesus einen Führerschein gehabt, „ihm wäre Ähnliches widerfahren". Das amüsiert Margot trotz aller Aufregung. Eine Frau meint: „Gott hat mit Ihnen bestimmt etwas anderes vor! Das war kein Zufall. Diese rote Ampel sollte Ihnen etwas sagen!" Ein älterer Herr rät ihr, sie solle sich nicht grämen, in

168

den fünf Minuten der Rücktritts-Pressekonferenz habe sie mehr Resonanz erreicht als vermutlich während einer sechsjährigen Amtszeit. Viele bieten ihr Fahrdienste an. Einer freut sich, „dass Sie nicht nur arbeiten, sondern auch feiern können".

Weitere Presseartikel erscheinen. „Wenn Christus eine Ahnung davon bekommen will, was ihn im Fall seiner Ankunft auf deutschen Erden erwarten würde, muss er nur das Schicksal Margot Käßmanns betrachten. Die Medien haben zwei Tage gebraucht, um sie zur Strecke zu bringen. Chapeau!", schreibt die *Berliner Zeitung*. Im *SZ*-Magazin ruft Christian Nürnberger in Erinnerung: „Moral war nie intendiert im Volk Gottes. Dessen Führungspersonal war zumeist das Gegenteil von tugendhaft. Jakob war ein Schwindler, Mose ein Totschläger [...] Aber keiner wurde in die Wüste geschickt. Alle werden sie noch heute verehrt, denn Sünder sind wir sowieso, und worauf es ankommt, ist der Glaube [...] Der Fall schrumpft auf Zwergen-Niveau, wenn man ihn vor dem Hintergrund jener Zocker betrachtet, die uns, unsere Kinder und Enkel in Geiselhaft genommen haben, um ihre milliardenschweren Wettschulden zu begleichen."

Der Ökumenische Kirchentag in München fragt nach, ob es dabei bleibe, dass Margot dort auftrete. Sie überlegt. Alle Termine als Bischöfin und Ratsvorsitzende sind natürlich abgesagt, aber beim Kirchentag war sie auch schon vor ihrer Bischöfinnenzeit aktiv, da geht es nur um die Person, nicht um das Amt. Also sagt sie zu. Als die Entscheidung an die Presse durchsickert, finden die Journalisten gleich die nächste Schlagzeile: „Comeback von Margot Käßmann". In der *Welt am Sonntag* meint Matthias Kamann, die Fangemeinde werde riesig sein, und fragt: „Hält es die Kirche aus, dass in ihrer Mitte eine Volkstribunin alles überschattet?"

Mittlerweile haben auch die Kabarettisten den „Fall Käßmann" für sich entdeckt. „Manch einer wird sich an Otto Wiesheu erinnern fühlen", unkt Django Asül, „der musste auch mal nach einem Unfall mit 1,75 Promille gehen und wurde später Verkehrsminister. Insofern ist Frau Käßmann in zehn Jahren Papst!" Der rheinische Kabarettist Jürgen Becker fährt schwereres Geschütz auf. Er spottet über die Nachfolge des Papstes: „Die katholische Kirche wartet jetzt darauf, dass Margot Käßmann wieder nüchtern wird!" Ja, das ist bissig. Trotzdem schwingt da auch etwas Wertschätzung mit.

Am 23. März kommt der „Strafbefehl": Fahrlässigkeit. Führerscheinentzug bis Ende November und 3600 Euro Geldstrafe. Margot überweist den Betrag. Das hat befreiende Wirkung. Die amtliche Seite ist nun wenigstens behoben. Der Ärger über sich selbst bleibt.

Langsam ebbt die Briefflut ab. Die beiden Sätze „Folge dem, was dein Herz dir rät", und „Du kannst nie tiefer fallen als in Gottes Hand", die sie in ihrer Erklärung erwähnt hat, empfinden viele als tröstlich. In der Post findet Margot auch eine Predigt des Bremer Pastors Peter Oßenkop. „Durch den Rücktritt ist sie nicht mehr Getriebene", meint er, „sie ist nicht gefesselt durch die Notwendigkeit, sich ständig verteidigen zu müssen oder um Nachsicht zu bitten. […] Durch ihren Rücktritt hat sie ihre Handlungsfähigkeit hergestellt. Sie steht nicht unter dem Druck, ständig reagieren zu müssen. […] Ich wünsche mir, alle Menschen könnten sich zu solch einer Freiheit durchringen." Dieser Amtsbruder hat Margots Beweggründe offensichtlich verstanden.

Bei facebook eröffnet ein wohlwollender Christ eine Fan-Seite. Binnen kurzer Zeit hat die Seite Tausende Follower.

Langsam ordnet sich vieles. Nikolaus Schneider, der rheinische Präses, wird als Stellvertreter bis zur nächsten Ratswahl Margots bisherige Aufgaben übernehmen.

Anfang April ruft die *BUNTE* bei Margots geschiedenem Mann Eckhard an. Es sei doch nun klar, dass ein ver-

Hannover, Marktkirche, beim ersten Gottesdienst nach dem Rücktritt

heirateter Pastor neben Margot gesessen habe, er könne der *BUNTEN* jetzt die große wahre Geschichte der Scheidung anvertrauen. Eckhard schlägt Margot scherzhaft vor, zu sagen, dass er der Beifahrer gewesen sei, und beide lachen herzlich.

Manchmal rufen Politiker an, die von Journalisten gefragt wurden, ob sie nicht derjenige waren. Skurril – die Presse jagt den Beifahrer. Im *Spiegel* dagegen findet sich eine interessante Umfrage: Welche Personen ihr Handeln besonders stark an Werten wie Ehrlichkeit, Gerechtigkeit und Verlässlichkeit ausrichten, erfragte das Magazin. Auf Platz eins: Margot Käßmann.

„VERBESSERT DIE WELT!“

Obwohl sie kein Amt mehr hat, ist Margot in aller Munde. Ihr Buch *In der Mitte des Lebens* hält sich seit Monaten auf den oberen Plätzen der Bestsellerlisten. Was viele erwartet hatten, tritt ein: Tausende strömen beim Kirchentag in ihre Bibelarbeit und die anderen Veranstaltungen, an denen sie teilnimmt. Menschen umringen sie, wollen Autogramme. Unweigerlich entsteht der Eindruck, mit Margot Käßmann sei ein Popstar auf dem Kirchentag. Sie spricht vor 6000 Menschen über den Bund Gottes mit den Menschen. „Geht in die Welt, um sie zu verbessern“, ruft sie den Menschen zu, „das wird belächelt werden, ich weiß es jetzt schon. Aber lasst euch nicht entmutigen.“ Sie selbst lasse sich „gern belächeln, wenn ich mehr Fantasie für den Frieden fordere“.

In einer anderen Veranstaltung geht es um die „Mütter und Kinder der Bibel“. Bei der musikalischen Lesung spielt der bei vielen Kirchentagsteilnehmern beliebte Flötist Hans-Jürgen Hufeisen. Eine halbe Stunde vor Beginn ist die Halle bereits überfüllt, so viele Menschen sind gekommen.

Margot erzählt von den Lebenswegen, Sorgen und Freuden biblischer Mütter, die denen heutiger Mütter gar nicht so unähnlich sind. Hans-Jürgen Hufeisen lässt die Geschichten in Melodien aufleben. Am Ende der Veranstaltung dauert es einige Sekunden, bis die Zuschauer Beifall klatschen, so ergriffen sind sie.

Hans-Jürgen Hufeisen kennt sie schon lange. In ihrer Zeit als Kirchentagsgeneralsekretärin gab es Auseinandersetzungen: Sie musste die Kosten niedrig halten, er wollte kostspielige Inszenierungen seiner Werke. Aber sie fanden zusammen. Jahre später hatten sie gemeinsam CDs produziert: Sie sprach Texte zur Weihnachts- und Passionszeit, Hufeisen spielte alte geistliche Lieder in neuen Arrangements. „Margot Käßmann versteht etwas von

Ökumenischer Kirchentag 2011 in München

der Poesie des Lebens und von der Herzensliebe", lobt Hufeisen sie.

Auf dem Kirchentag 2011 werden die beiden ein weiteres Mal zusammen auftreten. Wieder ist die Messehalle überfüllt – 5000 Menschen sind gekommen. Auf der Bühne stehen drei Tische wie drei Stelen, auf ihnen sind die Namen vermisster und getöteter Kinder verzeichnet. Ihre Namen werden verlesen. Hufeisen spielt „Verleih uns Frieden gnädiglich". Dann betritt Margot die Bühne. „Selig sind, die Frieden stiften, denn sie werden Gottes Kinder heißen", zitiert sie aus der Bergpredigt. Dann

kündigt sie an, was bei dieser Aufführung geschehen wird: „Drei Menschen unserer Zeit werden uns heute begegnen. Juanita, Tambo und Samir. Sie stehen symbolisch für viele, viele andere. Alle drei haben Sehnsucht nach Frieden. Deshalb machen sie sich auf den Weg nach Bethlehem." Die Menschen, von denen sie spricht, sind drei Kinder aus Argentinien, Liberia und Afghanistan. Auf eine Leinwand werden Fotos projiziert, die die Lebenswirklichkeit in diesen Ländern zeigen. Hufeisen spielt Flöte, immer wieder sind alte Choräle herauszuhören: „Jesu meine Freude", „Herzliebster Jesu", „Befiehl du deine

Wege". Mit großen Tüchern erzeugen Jugendliche Bewegtbilder. Am Ende der Vorführung erreichen die drei Kinder die Krippe von Bethlehem. Bei einem großen Friedensmahl begreifen sie: Die Welt ist nicht verloren. Margot deutet die Weihnachtsgeschichte: „Es ist unsere Welt! Gott hat sie uns anvertraut. […] gegen all die Realpolitik, gegen all die fantasielose Waffengewalt ist in dieser Welt ein Ton, ein Klang zu hören, der anders klingt … Wie ein Säugling ist Gott in die Welt gekommen. Seine Stimme ist nicht laut, eher eine zarte Melodie, die erzählt, wie Feinde sich respektieren, vielleicht gar lieben lernen. Es ist ein warmer Klang, der sie erzählt, die Geschichten von Neuanfang und Miteinander." Sie spricht den Menschen Mut und Hoffnung zu: „Die Krippe lässt die Welt in einem neuen Licht erscheinen. Wir haben Kräfte in uns, die Berge versetzen können, wenn wir lieben, versöhnen. Wer selbst vergeben kann, spürt eine ungeheure innere Freiheit. Wer mit sich selbst Frieden findet, muss nicht mehr durchsetzen, herrschen, Macht haben, sondern kann sich öffnen für Neues, für das Verschiedene und für das Leid der Welt." Die Aufführung hat die Zuschauer verstört und nachdenklich gemacht. Wieder dauert es eine Weile, bis der Applaus einsetzt.

„SIND SIE IN DER KIRCHE?"

Soll sie in Hannover bleiben? Die Stadt ist schön, ja, viele Freundschaften sind hier entstanden. Aber andererseits ist es gut, wegzugehen aus der Stadt, in der sie fast elf Jahre lang hoch geachtet und beliebt war – und in der ihr der entscheidende Fehler passierte. Sie möchte nicht immer wieder auf der Straße angesprochen werden, weil sie hier jeder kennt. Außerdem soll ihr Nachfolger, ihre Nachfolgerin ohne die „Altlast" das Amt übernehmen. Berlin ist groß, in Berlin gehören Prominente zum Alltag. Eine liebenswerte Stadt, die Anonymität wahrt und doch in den einzelnen Kiezen Nachbarschaft leben lässt! Zudem wohnen zwei ihrer Töchter in Berlin. In Friedenau findet sie eine Wohnung. Altbau, Parkett, hohe Zimmer, eine U-Bahn-Station in der Nähe, zwölf Minuten bis zum Ku'damm – ideal. Der Umzugswagen bringt ihre Sachen aus der Hannoveraner Bischofswohnung nach Berlin. Endlich Ruhe. Als sie sich beim Einwohnermeldeamt anmeldet, fragt die Beamtin, ob sie in der Kirche sei. Innerlich lacht sie. Hier wird sie nicht erkannt. Das ist gut. Ein paar Menschen kennt sie in Berlin bereits. Friederike von Kirchbach zum Beispiel, sie folgte Margot im Amt der Kirchentagsgeneralsekretärin, inzwischen ist sie Pröpstin der hiesigen evangelischen Kirche.

Und Elke Rutzenhöfer, eine Lektorin, mit der sie bereits mehrere Projekte verwirklicht hat. Sie zeigt Margot einige schöne Ecken Berlins. Auch sie ist lauffreudig. Wenn es eben geht, fahren die beiden morgens um sieben zum Schlachtensee, eine Viertelstunde im Auto. Morgens um sieben ist die Welt noch in Ordnung. Beim Laufen tauschen sie sich aus über ihre Mütter und ihre Kinder, über ihre Lebensbrüche und das Älterwerden. Und dann schwimmen sie, wenn es das Wetter zulässt, durch den See. Eine Freundschaft entsteht. „Sie ist immer ‚ganz‘, eine lebenserfahrene, politisch hellwache Frau", staunt Elke Rutzenhöfer, „selbstverständlich mit Narben an Leib und Seele, ihren Schwächen und ihren Stärken: Eine solche Rolle kann man nicht spielen, die schreibt das Leben." Beim Laufen entstehen auch außergewöhnliche Buchprojekte. Zum Beispiel ein Jugendbuch über die Geschichte von Josef und seinen Brüdern, liebevoll illustriert von der Berliner Grafikerin Kitty Kahane.

ZEIT, UM ABSTAND ZU GEWINNEN

Wenige Tage nach dem Rücktritt rief Margots langjährige ÖRK-Freundin Janice Love an. Sie ist inzwischen Dekanin der Candler Faculty of Theology an der Emory University in Atlanta. „Du bist jederzeit willkommen für ein Gastsemester", hatte sie Margot schon lange angeboten. Am Telefon sagt sie: „Margot, now ist the time!" Mit dem hannoverschen Dienstgesetz lässt sich ein solches Semester gut vereinbaren, denn die Landeskirche schenkt ihren Pfarrerinnen und Pfarrern alle zehn Jahre ein dreimonatiges „Kontaktstudium" – eine Zeit, um Abstand zu gewinnen, sich intensiv mit theologischen Fragen auseinanderzusetzen und Neues zu lernen. So ein „Sabbatical" hat Margot bisher noch nie in Anspruch genommen. Nun entscheidet sie sich dafür.

Ganz nach dem Motto „Ich bin mal kurz weg" packt sie Ende August das Nötigste zusammen und fliegt nach Atlanta. Dort kommt sie in einem Studentenwohnheim unter. Nach Lust und Laune besucht sie Vorlesungen und Seminare, hält aber auch selbst Seminare und Vorträge. Es ist sehr merkwürdig, nach all den Jahren des Großfamiliendaseins auf einmal ganz allein zu sein. Aber sie lernt: Einsamkeit und Alleinsein sind zwei sehr verschiedene Wahrnehmungen. Mit den Töchtern ist sie

fast täglich in Kontakt. Und das Alleinsein tut ihr gut. Sie kann zu sich selbst
kommen, nachdenken, auch tatsächlich
einmal nur lesen oder gar nichts tun.

Im Wohnheim ist sie die ältere Dame
zwischen den jungen Studentinnen,
ein interessantes Gefühl. Es gibt Ge-
meinschaftsräume, Waschmaschinen,
Trockner und eine komplett eingerich-
tete Küche inklusive Geschirrspüler.
„Campus Nanny gesucht" liest Margot
einmal am Schwarzen Brett und wundert sich: Einige Studenten scheinen so
viel Geld zu haben, dass sie sich eine
Putzkraft leisten können. Die Studen-
tenschaft ist bunt gemischt: Die jungen
Frauen und Männer kommen aus allen
Erdteilen, manche Mädchen sind ex-
trem leicht bekleidet, andere sehr ele-
gant, wieder andere tragen Kopftuch.
Das Universitätsgelände ist riesig und

wirkt fast wie eine Stadt für sich. Margot pendelt mit dem Fahrrad zwischen
ihrem Zimmer, der Bibliothek und den
Vorlesungsgebäuden hin und her.

Abends zappt sie sich gerne durch die
Fernsehprogramme. Es gibt unzählige
religiöse Sender. Viele „Tele-Evangelis-
ten" versuchen hier auf manchmal un-
glaubliche Weise, Menschen zu missio-
nieren. Smarte Prediger halten lange,
emotionale, fordernde oder warnende
Predigten. Zwischendurch werden deren Bücher beworben – mit Telefon-
nummer zum sofortigen Bestellen. Oft
verkünden sie, dass christlicher Glaube zu wirtschaftlichem Erfolg führe.
„Gott will, dass wir Erfolg haben!", hört
Margot in verschiedenen Varianten.
Sie ist entsetzt. Glaube stärkt, hilft und
tröstet, ist sie überzeugt. Aber die Vor-

stellung, dass man nur genug glauben müsse, um erfolgreich zu sein, oder dass man am Erfolg eines Menschen ablesen könne, wie sehr ihn Gott mag, widerspricht ihrem Glauben. Jesus hat doch nicht stolz triumphiert, er ist am Kreuz gestorben!

Margot lernt viele Menschen kennen. Zum Beispiel, als sie einer Einladung muslimischer Studentinnen und Studenten zum Fastenbrechen folgt. Auch der Universitätspräsident ist gekommen – ein Zeichen von Solidarität. Margot sitzt mit zwei jungen Leuten aus Colorado am Tisch. Der junge Mann aus einem 800-Seelen-Ort ist zum Islam konvertiert. Seine Frau kommt aus Libyen. Anfangs sei es schwer gewesen als Muslima an der Uni, erzählt sie. Inzwischen werde aber akzeptiert, dass sie Kopftuch trage und während des Ramadan faste. „In den USA gelingt Integration viel besser als in Deutschland", stellt Margot begeistert fest.

Mehrere Tage verbringt sie mit Janice Love in den Black Mountains. Sie fahren von Georgia nach North Carolina. In einem Ferienhaus mitten im Wald quartieren sie sich ein. Das Gelände gehörte einst den Cherokee-Indianern, erfährt Margot, und dass die Indianer freundlich zu den Siedlern waren, dann aber trotzdem brutal vertrieben wurden. Gemeinsam besuchen sie den Gottesdienst einer presbyterianischen Kirche, dann wandern sie im Land der „Rednecks", wie sich die Leute hier wegen ihres vom Sonnenbrand rot gefärbten Nackens nennen, den sie sich bei der harten Arbeit holen.

Auf der Fahrt durch einige Städte wundert sich Margot erneut über den American Way des christlichen Glaubens. Da gibt es doch tatsächlich kleine Kirchen, die zur Verbrennung des Korans aufrufen. An den Straßen stehen Schilder mit Aufschriften wie „Give God what's right, not what's left" (Gib Gott, was angemessen ist, nicht was übrig ist) oder: „Spread the Gospel, not gossip" (Verbreite das Evangelium, nicht Gerüchte). Gleichzeitig gibt es Kirchen, die baptistischen allen voran, die sich an Martin Luther King orientieren. Er ist in Atlanta aufgewachsen – seines und das Grab seiner Witwe Coretta befinden sich auf dem Gelände des Martin-Luther-King-Gedächtniszentrums.

Direkt gegenüber dem Zentrum, in der neuen „Ebenezer Baptist Church", erlebt Margot einen beeindruckenden Gottesdienst. Es geht multikulturell zu, gesungen werden Lieder aus dem „African American Heritage Hymnal". Als der Pastor predigt, gerät die Gemeinde in immer stärkere Begeisterung. Er redet nicht nur über persönliche Frömmigkeit, sondern auch über soziale Gerechtigkeit. Viele der Gemeindeglieder haben wenig Geld, die Menschen rufen

176

dazwischen, stehen auf und klatschen zustimmend. Anschließend lädt der Pastor Gläubige ein, nach vorn zum Altar zu kommen und sich zu Jesus zu bekennen. Ein Jugendlicher steht auf, andere umarmen ihn, eine anrührende Szene, in der Tränen der Freude fließen. Es wirkt alles sehr ehrlich und nicht übergriffig. Bewegt und gestärkt verlässt Margot den Gottesdienst.

Zusammen mit Bekannten besucht Margot auch den Grenzzaun zu Mexiko. Sie ist beeindruckt von den Pfarrern, die dort ein gemeinsames Abendmahl mit Menschen diesseits und jenseits des Zauns feiern. Brot und Wein reichen sie durch die Maschen. Obwohl jeder Austausch von Dingen streng verboten ist, greifen die Grenzer nicht ein.

Dann findet an der Emory-Universität ein interreligiöses Gipfeltreffen zum Thema Glück statt. Auch der Dalai-Lama nimmt teil. Als er hereinkommt, wird das Publikum aufgefordert, sich zu erheben und zu schweigen. Leicht zähneknirschend steht auch Margot auf. Der Dalai-Lama macht eine Geste mit geschlossenen Händen, viele verneigen sich, alles in vollkommener Stille, niemand klatscht. Als der Dalai-Lama als der „happiest religious leader of the world" begrüßt wird, erfasst Ehrfurcht den Saal. Margot findet das alles

befremdlich, ihr kommt das eher vor wie Starkult. „Glück bringend fand ich die Veranstaltung nicht", notiert sie anschließend.

Auch den Gottesdienst einer orthodox-jüdischen Gemeinde besucht sie. Eingeladen wurde sie von einer jungen Frau aus Deutschland, die zum Judentum konvertieren möchte. Im Gottesdienst tragen die Männer Gebetsschals, die Frauen sitzen hinter einer Abtrennung auf der rechten Seite mit Sichtkontakt, viele tragen eine Kopfbedeckung. Vor dem Kiddusch wird ein acht Tage alter Junge beschnitten. Dazu kommen viele Kinder in die Synagoge, die zuschauen wollen. Das Baby liegt auf dem Schoß des Rabbiners, alles passiert auf der Männerseite. Der Junge schreit ein wenig, als er beschnitten wird. Dann hebt der Rabbiner ihn hoch, und alle klatschen. Ein eindrückliches, fremdes Ritual. Nach dem Gottesdienst geht Margot mit einigen zu einem Bekannten. Es gibt koscheres Essen. Alle erzählen und lachen viel.

SCHNEETREIBEN

Zu Hause in Berlin türmen sich derweil Presseanfragen und Vortragseinladungen. Die Töchter haben Sehnsucht nach ihrer Mutter, am meisten Esther. Margot beschließt, im Oktober für ein paar Tage nach Deutschland zu fliegen. Danach kehrt sie noch einmal für vier Wochen nach Atlanta zurück. Nikolaus Schneider, ihr Stellvertreter im Rat der EKD, ist inzwischen zu ihrem Nachfolger gewählt worden. Auch an der EKD-Front glätten sich also langsam die Wogen, die Margots Rücktritt ausgelöst hatte.

Für Margots neues Leben in Deutschland hat sich ebenfalls etwas ergeben. Die Ruhr-Universität Bochum, an der sie promoviert hat, hat sie zur Honorarprofessorin ernannt. Vom nächsten Jahr an soll sie dort die „Max-Imdahl-Gastprofessur" wahrnehmen. Das heißt: Vorlesungen und Seminare halten, außerdem einige Vorträge. Eine schöne und ehrenhafte Aufgabe, die der Landeskirche auch Geld sparen wird, denn Margots weiterlaufendes Bischöfinnengehalt wird bis auf Weiteres die Universität übernehmen. Der Kirche auf der Tasche zu liegen, ohne für sie zu arbeiten, entspricht nicht Margots Art.

In der Adventszeit stehen einige kleine Termine an. Hörbücher müssen aufgenommen werden und am vierten Advent eine öffentliche Diskussion für den MDR-Hörfunk. „Terra X" möchte Margot als theologische Expertin für zwei Filme über die Bibel einsetzen, das sagt sie gerne zu, die ZDF-Sendung ist seriös und preisgekrönt, außerdem

geht es dort um Inhalte, die ihr am Herzen liegen.

Weihnachten kann sie zum ersten Mal seit Jahrzehnten ganz in Ruhe feiern – in den Jahren zuvor hatte sie ja meist predigen müssen. Ihre Töchter kommen, es wird familiär turbulent und gemütlich. Günther Jauchs Einladung in seinen Fernseh-Jahresrückblick hat sie abgesagt. Es ist auch mal genug mit der unseligen „Alkoholfahrt". Der STERN bringt die Top-Jahresereignisse auf den Titel – Margot im Talar ist auch abgebildet.

Silvester feiert sie mit Freunden. Das Jahr 2010, das so viel Unruhe und Veränderungen brachte, liegt hinter ihr.

Der Januar beginnt mit einer Kältewelle. Ausgerechnet jetzt, am 6. Januar, muss sie ins tiefste Bayern. Die CSU hat zur legendären Landesgruppentagung nach Wildbad Kreuth geladen. Am Abend bietet sich den Nachrichtenzuschauern ein unerwartetes Bild: Neben Horst Seehofer, Karl-Theodor zu Guttenberg und Hans-Peter Friedrich stapft Margot Käßmann im orangenen Mantel durch den Schnee vor der idyllischen Klosterkulisse. Der Kaminsaal, in dem sie spricht, ist voll wie selten, staunen Beobachter. Zu ihrer Sicht auf den Afghanistan-Einsatz wird Margot befragt. Auch zum heiß diskutierten Beitritt der Türkei zur EU soll sie sich äußern. Je länger sie Rede und

Antwort steht, desto mehr lassen sich die Kritiker überzeugen. In der Kellerbar gehen die Gespräche weiter. Ilse Aigner und Margot witzeln und finden gemeinsame Themen.

„Käßmann säuselt die CSU an", schreibt die Presse am nächsten Tag hämisch – verkennt dabei allerdings, dass Margot keine neuen „Freunde" sucht, schon gar nicht in der Politik. Sie ist eine Frau der Kirche und will das auch bleiben.

Der Rückflug am nächsten Tag ist gestrichen: Schneetreiben am Berliner Flughafen, nichts geht mehr. Und das, wo Margot doch um 18 Uhr im Berliner Mariendom bei der Gossner Mission predigen soll – ein Termin, der schon lange feststeht! Sie fliegt also stattdessen nach Leipzig, von dort aus geht es im Taxi weiter nach Berlin. Fünf Minuten vor Beginn des Gottesdienstes erreicht sie die Kirche. Margot bleibt ruhig. Terminstress kennt sie aus ihrer Bischofszeit.

„WURZELN, ABWEHR UND VISIONEN"

In der zweiten Januarwoche hält sie ihre Antrittsvorlesung in Bochum. Auch hier ist der Saal brechend voll. „Keine Persönlichkeit unserer Zeit wäre berufener als Sie, Frau Kollegin Käßmann, die erste Max-Imdahl-Gastprofessur zu vertreten: weitgreifend denkend, wirkmächtig, beeindruckend und begeisternd, wie Sie sind", lobt Rektor Elmar Weiler Margot. Isolde Karle, die Dekanin der Evangelisch-Theologischen Fakultät, fährt fort: Margot Käßmann sei „eine ganz große Impulsgeberin und eine Persönlichkeit mit enormer Präsenz und Ausstrahlungskraft. Sie hat in herausragender Weise zum Wissenstransfer theologischer Theorie in die Öffentlichkeit beigetragen. Zugleich hat sie stets das Gespräch mit Wissen-schaftlerinnen und Wissenschaftlern gesucht und sich auch als Ratsvorsitzende der EKD nicht gescheut, den Reformprozess der evangelischen Kirche der theologischen Kritik auszusetzen und sich von ihr inspirieren zu lassen." Dann tritt Margot selbst ans Rednerpult, biegt, wie immer, das Mikrofon etwas zu sich herunter und spricht über die „Multikulturelle Gesellschaft – Wurzeln, Abwehr und Visionen". Das christliche Abendland sei ein Ergebnis von Migration, erklärt sie; Widerstände gegen Einwanderung gingen auf irrationale Ängste vor dem Fremden zurück. Um gegen Fremdenfeindlichkeit in Deutschland vorzugehen, sei es nötig, Gelegenheiten und Räume zur Begegnung zu schaffen. Auf die richtige

Balance komme es an „zwischen klaren gemeinsamen Grundlagen unserer Gesellschaft, die vor allem durch das Recht geprägt werden. Und auf der anderen Seite der Freude und Offenheit für Vielfalt für das Verschiedene. Weder ‚multikulti‘ noch ‚Leitkultur‘ noch ‚Parallelgesellschaft‘ als Schlagworte werden der Komplexität dieser Balance gerecht.“ Viele Professorinnen und Professoren, Studentinnen und Studenten gratulieren ihr beim anschließenden Empfang. Von nun an wird Margot jede Woche mindestens zwei Tage in Bochum sein, eine Vorlesung und ein Seminar anbieten und zur Studienberatung zur Verfügung stehen.

Ihr während des Amerikaaufenthaltes geschriebenes Buch *Sehnsucht nach Leben* erscheint im März und steht kurz darauf auf Platz 1 der *SPIEGEL*-Bestsellerliste. 53 Wochen wird sich das Buch auf der Liste halten und ist am Ende einer der Jahresbestseller 2011. Auch im Fernsehen ist sie regelmäßig präsent, das ZDF zeigt in den Jahren 2010 bis 2012 acht Sendungen unter dem Titel „Margot Käßmann mitten im Leben“.

„HIER STEHE ICH ...“

Inzwischen gehen immer mehr Bitten um Vorträge zu Themen der Reformation ein. Die Evangelische Kirche in Deutschland hatte im Jahr 2009 die „Luther-Dekade“ eingeläutet. Im Jahr 2017 wird sich der Tag, an dem Martin Luther seine 95 Thesen veröffentlichte, zum 500. Mal jähren. Zehn Jahre lang sollen Themen der Reformation einen Schwerpunkt in den evangelischen Kirchen bilden. Margot hat sich intensiv mit Luther und auch mit den Frauen der Reformation auseinandergesetzt. Einmal war sie sogar als Luther-Verfechterin in einer Fernsehshow zu Gast und wollte Luther zum berühmtesten Deutschen machen. Dass bei der Publikumsumfrage stattdessen Konrad Adenauer siegte, ist ihr noch immer ein Dorn im Auge. Den Vortragsanfragen kommt Margot also gerne nach.

Auch der Musikproduzent Dieter Falk meldet sich bei ihr. Er möchte ein großes „Pop-Oratorium“ über Martin Luther machen. Das bereits mit dem Stück „Die Zehn Gebote“ erprobte Konzept überzeugt. Zu den Aufführungen in den größten Hallen Deutschlands sind Kirchenchöre eingeladen mitzusingen. So wird das Pop-Oratorium zu einem riesigen Beteiligungs-Event. Als Texter hat Dieter Falk einen der erfolgreichsten deutschen Schlagertexter gewonnen: Michael Kunze, der auch schon große Musicals wie „Elisabeth" getextet hat. Ob Margot bei der Entstehung des Oratoriums beratend zur Seite stehen könne, fragt Dieter Falk. Margot sagt zu, und die drei treffen sich. Das Stück darf weder kitschig noch theologisch oberflächlich werden, sind sie sich einig. Zwar sind es noch mehr als fünf Jahre bis zur Aufführung, aber es wird viel Einsatz gefordert sein, um das Projekt auf die Beine zu stellen, das das Reformationsjubiläum 2017 in die Öffentlichkeit tragen soll.

Ein großes Fest für ganz Deutschland, ja sogar weltweit, soll es 2017 geben, wünscht sich die EKD. Eine große Herausforderung, denn für kirchliche Themen sind die Menschen nicht unbedingt leicht zu begeistern. Margot Käßmann könne eine hervorragende Vermittlerin des Projektes sein, meint der Rat der EKD. Im April unterbreiten der Ratsvorsitzende Nikolaus Schneider und Kirchenamtspräsident Ulrich Anke Margot die Idee. Sie überlegt. Die Gastprofessur in Bochum ist befristet. Als Theologin ist ihr die lutherische Tradition im Laufe der Zeit immer wichtiger geworden. Sie mag Luther mit seiner Mischung aus Glaubensgewissheit, Humor und einem an die Bibel gebundenen Freiheitsverständnis. Also sagt sie zu. Ab April 2012 wird sie als „Botschafterin des Rates der EKD für das Reformationsjubiläum 2017" zur Verfügung stehen.

Schon im Juli 2011 gibt die EKD diese Personalie auf einer Pressekonferenz in Berlin bekannt. Das Medieninteresse ist groß. Der Ratsvorsitzende Nikolaus Schneider meint, Margot werde den Vorbereitungen zum Jubiläum „weitere Kraft und neuen Schwung verleihen": Margot erklärt, dass die Lehre Luthers von der Rechtfertigung allein aus Gnade eine große Bedeutung auch für die heutige Zeit habe: Das sei eine „beglückende, revolutionäre Botschaft gerade für unsere Leistungsgesellschaft". Bei den Feierlichkeiten werde es keinen „Lutherkult" geben, auch seine Schattenseiten würden beleuchtet, kündigt sie an. Es soll ein internationales fröhliches Fest werden, mit dem die Bedeutung der Reformation für unsere Demokratie herausgestellt wird. Die Entscheidung für Margot als Botschafterin für das Reformationsjubiläum ruft große Zustimmung hervor. Eine „ideale Besetzung für alle Fälle", meint sogar der sonst bissige Hendryk M. Broder. Und die Zeit wagt den Blick in die Zukunft: „Es wird Reibung geben zwischen ihr, den Ämtern und den Gelehrten. Man wird ihr Öffentlichkeit vorwerfen. Sie wird hinreißend Gottesdienst feiern. Gelegentlich provozieren. Seid ruhig, Kritiker, das geht in Ordnung!"

181

Mit Sebastian Krumbiegel von den „Prinzen", 2009

BOTSCHAFTERIN

Das blaue Halbdunkel in der Berliner Kaiser-Wilhelm-Gedächtniskirche hat eine ganz besondere, schöne Atmosphäre. Die Glaskacheln sind frisch geputzt, der goldene Jesus, der mit ausgebreiteten Armen über dem Altar schwebt, scheint Gelassenheit auszustrahlen. Der Gottesdienst, der hier am 27. April 2012 stattfindet, ist allerdings sehr offiziell. Die ersten Reihen sind reserviert für geladene Gäste. Die EKD führt ihre prominenteste Theologin in ein Amt ein, das extra für sie geschaffen wurde. Margot Käßmann wird zur „Botschafterin des Reformationsjubiläums" ernannt. Der Rat der EKD ist gekommen, Vertreter aus dem EKD-Kirchenamt in Hannover, die Bischöfe Markus Dröge und Gerhard Ulrich. Der Ratsvorsitzende Nikolaus Schneider spricht über einen Text des Apostels Paulus. Gottes Wort sei wirkmächtig aus sich selbst heraus, sagt er, und dass er Menschen „berufe und be-

fähige, Zeugnis zu geben von seinem lebendigen Wort". Bei der Berufung Margot Käßmanns gehe es um einen „ganz konkreten Botschaftsdienst". Sie solle die inhaltlichen Anliegen der Reformation „allem Volk" vergegenwärtigen.

Nach der Einsegnung tritt Margot ans Kanzelpult: „Liebe Gemeinde", beginnt sie, „ausländerfrei, ethnische Säuberung, Überfremdung, Peanuts, Rentnerschwemme, sozialverträgliches Frühableben, Kollateralschäden" sind sogenannte „Unworte des Jahres". Alle Zuhörer sind gespannt, was nun folgen wird. Die „Unworte" sind provokant, lösen sofort „Kopfkino" aus, erinnern an heftige Debatten in den letzten Jahren. Margot bringt die heißen Themen der Zeit in die Kirche und illustriert damit zugleich die Macht des Wortes. Dann widmet sie sich dem Wort Gottes, das eben kein solches Schlagwort sei, sondern für freies „Denken,

Einsegnung zur Reformationsbotschafterin durch den Ratsvorsitzenden Nikolaus Schneider

Reflektieren, Nachdenken, Verstehen-können, Fragen-Dürfen" stehe. Statt-dessen werde der Religion aber von Kritikern oft eine Haltung unterstellt, die laute: „Nicht fragen, glauben!" Denn „Fundamentalismus, ob jüdi-scher, christlicher, islamischer oder hinduistischer Prägung, mag Bildung und Aufklärung nicht. Gegen jedwede Ausprägung von Fundamentalismus ist eine Kernbotschaft zum Reformations-jubiläum: selbst denken! Im Gewissen niemandem untertan: frei von Dogma-tik, religiösen Vorgaben, Glaubensin-stanzen. Und doch jedermann untertan,

verantwortlich für Gemeinschaft, ge-rufen zum Engagement für die ganze Schöpfung Gottes. Vielleicht ist einer der wichtigsten Beiträge der Reforma-tion, dass es ihr um gebildeten Glau-ben geht, einen Glauben, der verstehen will, nachfragen darf, auch beim Buch des christlichen Glaubens, der Bibel."

Als Margot die Kanzel verlässt, ist vielen klar: Diese Botschafterin wird die Reformation nicht nur historisch erklä-ren: Sie wird die Botschaft der Reforma-tion ungewöhnlich und eigensinnig ins Heute übertragen. Kirche solle ermu-tigen, nicht entmündigen, hat sie einmal gesagt. Das wird sie nun versuchen umzusetzen. Nach dem Schlusssegen folgen Grußworte: Katrin Göring-Eckardt, Präses der EKD-Synode, findet launige Worte: „Womöglich hätte Martin Luther sich auch nicht träumen lassen, dass einst ein Weib Reformationsbotschafterin würde, wo er doch Frauen eher nachgeordnet wichtig fand. Doch es steht der evangelischen Kirche des 21. Jahrhunderts gut zu Gesicht, dass ihre ‚beauftragteste‘ Künderin Rock trägt und Absatz.“ Beim Empfang werden Brezeln und Getränke gereicht.

„Für mich ist das persönlich eine ideale Chance, ich soll lesen, reden, schreiben, predigen, Vorträge halten zum Reformationsjubiläum – eine wunderbare Aufgabe, ohne dass ich mich in 15 verschiedenen Gremien abarbeiten muss“, freut Margot sich.

„Käßmanns Comeback“ titeln am nächsten Tag einige Zeitungen. Andere schreiben, die „verlorene Tochter“ sei „in den Schoß der Kirche zurückgekehrt“. Von einem „hohen Kirchenamt“ ist sogar zu lesen – was eher nicht stimmt, denn das neu geschaffene Amt der Botschafterin ist außerhalb der Kirchenhierarchie angesiedelt. Die neue Botschafterin ist allein dem Rat der EKD unterstellt – ansonsten hat Margot nun keine Machtstellung mehr in der Kirche und muss nicht an Sitzungen der Gremien teilnehmen. Ihr sagt die Freiheit, mit der ihr Auftrag formuliert ist, sehr zu: Sie soll dort ihre Popularität und ihr Können einsetzen, wo es dem bevorstehenden Reformationsjubiläum dient. Ein kleines Büro im Berliner EKD-Haus am Gendarmenmarkt wird ihr zur Verfügung gestellt. Assistentin Swetlana Varol wechselt aus der hannoverschen Bischofskanzlei hierher. Die beiden sind miteinander vertraut, eine gute Voraussetzung für die Organisation der vielen Termine, die in den kommenden fünf Jahren anstehen werden.

Margot arbeitet sich langsam ein. Im ersten Jahr hat sie nur eine halbe Stelle, danach wird auf 75 Prozent erhöht, von 2014 an soll es dann mit voller Kraft weitergehen. Viele Medienvertreter möchten Interviews mit ihr führen, offensichtlich freuen sie sich über eine schnell reagierende und deutlich formulierende Kirchenvertreterin. Unermüdlich spricht Margot über die Aktualität der Botschaft Luthers. Zum Beispiel im Deutschlandfunk: „Luthers Sinnfrage“, wie der Mensch einen gnädigen Gott finden könne, „würden viele heute so nicht stellen. Aber gerade in unserer Erfolgsgesellschaft ist die Botschaft besonders wichtig: ‚Nichts, was du tust oder leistest, gibt deinem Leben Sinn, sondern er ist dir schon zugesagt.‘ Das ist für viele Menschen, die heute finanziell nicht mithalten können, nicht dem gängigen Schönheitsideal entsprechen und dem Leistungsdruck nicht standhalten, eine befreiende Botschaft." Margots Statements sind nahezu frei von pastoralen Floskeln und blutleerer Theologensprache.

Hinter den Kulissen überlegt Margot zusammen mit anderen, wie das Jubiläumsjahr möglichst viele Menschen beeindrucken und zum gesellschaftlichen Topereignis des Jahres 2017 werden könnte. Margots Erfahrungsschatz der letzten 30 Jahre ist nützlich: Aus der Arbeit im Ökumenischen Rat kennt sie das weltweite Netzwerk der Christenheit. Als Kirchentagsgeneralsekretärin weiß sie, wie man große Events organisiert. Und als Bischöfin hat sie reiche Erfahrung im Predigen und im Umgang mit Kirchengemeinden und kirchenamtlichen Strukturen.

Für 2017 angedacht ist eine „Weltausstellung Reformation". Hier sollen Kirchen und christliche Organisationen aus der ganzen Welt präsentieren, wie der Glaube die Welt verändern kann. Gerechtigkeit, Friede und Bewahrung der Schöpfung sind wichtig – das sind Themen, die auch Margot am Herzen liegen. Es macht ihr große Freude, mit dem jungen Team des Vereins mit dem abstrakten Namen r2017 zusammenzuarbeiten, der die Weltausstellung in Wittenberg vorbereitet. Dazu gehören die Geschäftsführer Ulrich Schneider und Hartwig Bodmann, mit denen sie schon zu Kirchentagszeiten zusammengearbeitet hat.

GROSSMUTTERGLÜCK

Im September 2012 erlebt Margot bislang unbekannte Freuden: Sie wird Großmutter. Tochter Sarah hat 2011 geheiratet und nun eine Tochter bekommen. Margot fährt sofort zu ihr. Mit der Zeit merkt sie, „dass es eine ganz andere Form der Beziehung zu kleinen Kindern ist, ob du Großmutter bist oder Mutter". Als Großmutter habe sie ein ganz anderes Zeitverhältnis, beschreibt sie ihre Erfahrung. „Du bist nicht ständig unter diesem Druck, zu sagen: ‚Ich muss jetzt eigentlich noch die Waschmaschine füllen' oder ‚eine Predigt schreiben', sondern wenn du Zeit hast mit den Kindern, dann gehört sie nur ihnen. Das genieße ich sehr." Bis 2017 wird sie noch drei weitere Enkel bekommen. Prognose: steigend. Drei ihrer Töchter sind verheiratet, haben eigene Berufe, Tochter Esther studiert noch in Berlin. Die Familie wird zusehends größer.

„LASSEN SIE UNS DARÜBER REDEN!"

Noch hat Margot genug Zeit, sich auch anderen Themen zu widmen. Die ARD hat Großes vor. Im November 2012 soll die Themenwoche „Leben mit dem Tod" stattfinden. Als der Sender anfragt, stellt sich Margot als Schirmherrin zur Verfügung. Sie findet es wichtig, dass Menschen sich mit diesem Thema auseinandersetzen. Schon zuvor hatte sie versucht, darauf aufmerksam zu machen. Auch in der Jury eines Internet-Bestattungsportals, das den schönsten Sarg, die schönste Urne und den schönsten Friedhof küren wollte. Diese Auszeichnung fördere „den offenen und bewussten Umgang mit dem Tod und auch die Bestattungskultur in unserem Land", sagte Margot damals und musste hämische Kritik ertragen: „Schöner sterben mit Käßmann", hieß es etwa.

Dennoch scheut sie auch in diesem Fall die Öffentlichkeit nicht. „Sie werden sterben. Lassen Sie uns darüber reden!" – der Slogan der ARD-Themenwoche ist frech und anrührend zugleich und ganz nach Margots Geschmack. Unzählige Interviews gibt sie, geduldig steht sie Rede und Antwort, auch in Talkshows, unter anderem bei *hart aber fair*. Die Sendung dreht sich um das Thema Sterbehilfe. Margot geht in Position gegen WDR-Moderator Jürgen Domian, der für eine legale

Assistenz beim Suizid eintritt. „Ich wünsche mir, an der Hand, nicht durch die Hand eines Menschen zu sterben", entgegnet Margot, und dass sie ungern in einer Welt leben möchte, in der ein Arzt darüber entscheide, was lebensunwertes Leben sei und was nicht. Hatten einige ARD-Redakteure anfangs befürchtet, das Thema Tod lasse sich nicht lebenszugewandt, interessant – und quotenbringend – präsentieren, merken sie nun: Die Themenwoche ist ein großer Erfolg.

Auch andere Medien möchten mit Margot zusammenarbeiten. Marion Horn ruft an, sie ist Chefredakteurin der *BILD am Sonntag (BamS)*. Ihr Wunsch: eine wöchentliche Kolumne von Margot Käßmann im Blatt zu haben. Anders als die täglich erscheinende *BILD* versucht die *BamS* zum unterhaltsamen Familien-Sonntagsblatt zu werden, das heißt: keine Stammtisch-Parolen, keine nackten Frauen, keinen Sexismus. Stattdessen ist man sehr auf Leserinnen ausgerichtet. Margot Käßmann in einem Springer-Blatt? Wo die *BILD* Margot vor nicht allzu langer Zeit als Verkehrssünderin vorgeführt und eine Medienhatz ausgelöst hat? Margot lässt sich Zeit mit der Entscheidung. Was wäre, wenn … sie zusagt? Dann werden viele ihrer politischen Freunde enttäuscht sein und denken, Käßmann wechselt die Seite. Würde sie zusagen, könnte sie jede Woche mehr Menschen erreichen, als sie es mit 1000 Predigten vermag. Die EKD befürwortet die Sache, und die Redaktion sagt freie Themenwahl zu – das gibt den Ausschlag. Margot übernimmt die Aufgabe. Pfingsten 2014 startet die Kolumne mit einem großen Interview. Seitdem kommentiert Margot jede Woche ein Thema, über das gerade viel nachgedacht oder gestritten wird. „Mehr als Ja und Amen" ist die Rubrik überschrieben. Das passt gut. Denn einfach nur Ja und Amen zu sagen, ist nicht ihr Stil. Ein ganzes Buch hat sie vor einiger Zeit unter diesem Titel veröffentlicht.

BOHRENDE FRAGEN

Immer öfter kommt das Thema von Luthers Schattenseiten auf. Darf man das Werk eines Mannes feiern, der offen zur brutalen Verfolgung von Juden aufrief? Die Fragen sind bohrend und liegen nahe. Bei ihrer Einführung hatte Margot gesagt, sie wolle auch die Schattenseiten Luthers beleuchten. Nun setzt sie es um. Im Oktober 2013 lädt die EKD nach Berlin zur großen öffentlichen Diskussion ein. Das Podium ist mit dialog- wie streitfreudigen Männern und Frauen besetzt. Der

jüdische Religionsphilosoph Micha Brumlik ist dabei und die Islamwissenschaftlerin Lamya Kaddor, die baptistische Theologin Andrea Strübind und der EKD-Ratsvorsitzende Nikolaus Schneider. Rbb-Moderator Jörg Thadeusz moderiert das Gespräch. Margot zieht am Ende ein Resümee: „Wir befinden uns noch mitten in der Lerngeschichte. Toleranz bleibt ein brisantes und vielschichtiges Thema." Dann bekennt sie in bemerkenswert persönlichen Worten ihren eigenen Glaubensweg. „Durch die Begegnung mit anderen bin ich immer evangelischer geworden. Ich kann das Kirchenverständnis der römisch-katholischen Kirche nicht nachvollziehen, die russische Orthodoxie erscheint mir zu erstarrt, das Judentum versuche ich zu begreifen, der Islam irritiert mich in vielem, der Buddhismus bleibt mir fremd. Aber mich interessiert der Glaube anderer, und ich halte es für entscheidend, dass Religionen miteinander im Gespräch sind. Das scheint mir eine Konsequenz des reformatorischen Erbes." Diese selbstbewusste, aber nicht abgrenzende Haltung fiel schon der Stiftung Meridian auf. Sie verlieh Margot 2012 in Berlin den „Estrongo Nachama Preis für Toleranz und Zivilcourage". Die Laudatio hielt *BILD*-Herausgeber Kai Diekmann. Er würdigte Margots „Geisteshaltung von Souveränität und Gelassenheit. Und damit: auch von

2016
beim gemeinsamen
interreligiösen
Abendessen der
Benefiz-Aktion
„Speisen für
Waisen"

Mut." Es müsse in Deutschland „mehr Käßmann und weniger Konsens geben. Wir brauchen mehr Meinung. Weniger gefallsüchtigen Mainstream." Margot Käßmann sei eine „politische Theologin – aber eines ist sie gewiss nicht: eine naive Friedenstaube".

ABSCHIED VON DER MUTTER

Im November hatte Margot ihre Mutter zum letzten Mal gesehen. Mit ihren 91 Jahren war sie noch recht gut beieinander, aber sie war wieder etwas kleiner geworden. Außerdem rang sie nun manchmal um Worte, das war neu. Mehrmals hatten sie telefoniert, zuletzt kurz vor Heiligabend, da hörte sich die

Mutter leicht durcheinander an. Am Tag vor Heiligabend stürzte sie. Als Margots Schwester Gisela, bei der die Mutter lebt, sie fand, war sie bewusstlos. Im Krankenhaus bekam sie drei Tage lang eine Schmerzbehandlung, dann durfte sie wieder nach Hause – doch ihr Zustand besserte sich nicht.

Es würde bald zu Ende gehen, merkten Margots Schwestern. Margot selbst war in diesen Tagen auf Usedom an der Ostsee. Sie hatte alte Briefe hervorgekramt und las noch einmal, was sie und ihre Mutter sich 1975 geschrieben hatten, als Margot in den USA im Schüleraustausch war.

„Ich nehme alles an, wie es der Herrgott vorgesehen hat. Es ist schön, so einzuschlafen." Die Worte, die Margots Mutter zu einem ihrer Enkel sagt,

189

sind ein deutliches Zeichen. Am 1. Januar macht Margot sich mit dem Zug auf den Weg zu ihr. Gemeinsam stehen die drei Schwestern am Sterbebett ihrer Mutter. Tränen fließen. Sie singen zusammen „Befiehl du deine Wege" und beten ein Vaterunser. Für alle sind diese Stunden sehr bewegend und kostbar. „Wenn Menschen wüssten, wie gut ein solcher Abschied sein kann, hätten sie weniger Angst!", denkt Margot. Während die Schwestern erzählen und singen, wacht die Mutter ab und zu kurz auf, drückt eine Hand, spricht die Töchter mit ihren Namen an. Sie weiß also, dass alle drei da sind. „Der liebe Gott wird den letzten Weg auch noch mit dir gehen", sagt Margot zu ihr. „Ich weiß", antwortet die Mutter.

Margot erledigt ein paar Dinge und kommt nach wenigen Tagen wieder. Ihre Mutter ist nun noch weiter weg, hat sie den Eindruck. Margot setzt sich zu ihr, streichelt ihre Hände, versucht ihr ab und zu etwas Tee einzuflößen. In der Nacht sitzt sie bis halb drei an ihrem Bett. Margot ist klar: Diese Zeit jetzt ist unwiederbringlich, das sind die letzten Stunden, die wir zusammen haben.

Mitte Januar erhält Margot von Schwester Gisela an einem Sonntagmorgen die Todesnachricht. „Sie ist gestorben, als die Glocken geläutet haben", sagt Gisela, die mit ihrem Mann bei der Mutter war. Zu dritt bereiten die Schwestern nun die Trauerfeier vor.

Sie weinen miteinander und freuen sich an den guten Erinnerungen.

Die Beerdigung ist bewegend, die drei Schwestern gestalten sie gemeinsam „Wer so stirbt, der stirbt wohl", singt die Trauergemeinde. Eine der Schwestern liest den Lebenslauf, eine übernimmt die Fürbitten, Margot hält die Ansprache, ein Schwiegersohn spielt Orgel, drei Enkel musizieren. Sie betrauern den Tod der Mutter, Großmutter, Urgroßmutter, aber sie feiern auch ihr Leben und was sie ihnen bedeutet hat.

WIEDERSEHEN

Die Zahl der Anfragen steigt. Eine neue Mitarbeiterin, Sibille Reiner, verstärkt das Büroteam. Alles, was nicht unmittelbar mit dem Reformationsjubiläum zu tun hat, muss sie absagen. Eine dieser Einladungen allerdings nimmt sie an. Ihre Heimatkirche in Stadtallendorf wurde „entwidmet". Wo sonst Gottesdienste stattfanden, kümmert sich nun eine christliche Initiative um Jugendliche aus sozial schwachen Familien. Eine Skaterbahn ist aufgebaut worden, Jugendliche können hier nun ihre Freizeit verbringen, Sport machen und kreativ werden. Im Juli 2014 soll es dort ein Treffen mit Mitarbeitenden und Unterstützern geben. Mit ihrer Teilnahme und einem Vortrag sorgt Margot gerne für größere Beteiligung. Es ist ein warmer Sommertag. Unter die Besucher der Veranstaltung mischen sich auch alte Bekannte, Margot freut sich, sie zu sehen: Cousine Monika, mit der sie eingeschult wurde. Günther und Manfred, die ehemaligen Gesellen ihres Vaters, die sie noch aus Kindertagen kennt – inzwischen sind es natürlich alte Männer. Auch Jugendfreund Andreas Helm ist da. Ein fröhliches Wiedersehen. Zum ersten Mal seit 40 Jahren schauen sich

die Jugendlichen von damals ihre Kirche an: den Gottesdienstraum und die Gruppenräume, auch den Keller, in dem sie einst bei Disco-Abenden schwoften und Spaß hatten. Am nächsten Tag folgt ein Besuch der Tankstelle, die einst ihren Eltern gehörte. Der neue, nun türkische Pächter freut sich, als Margot ihm erzählt, warum sie hier ist. Aufgeregt führt er sie ins Hinterzimmer. Oben an der Wand hängt ein Schwarz-Weiß-Foto aus den 1960er-Jahren: die Tankstelle, so wie Margot sie als Kind gesehen hat.

2014, im Büro der ehemals elterlichen Tankstelle in Stadtallendorf

EHRENSENATORIN

Ein weiterer Gang in die Vergangenheit steht bevor: nach Tübingen, wo sie 1977 ihr Theologiestudium begann. Hier soll Margot im Oktober 2014 akademische Ehren erhalten. In der Tübinger Universität war man schon 2010 auf sie aufmerksam geworden. Der Fachbereich Allgemeine Rhetorik hatte Margots umstrittene Neujahrspredigt zur „Rede des Jahres gekürt". „Ihr viel zitierter Satz ‚Nichts ist gut in Afghanistan' hat in der Politik massive Kritik ausgelöst, letztlich aber entscheidend dazu beigetragen, eine weitreichende Debatte über den Afghanistan-Einsatz der Bundeswehr anzustoßen, die inzwischen auch zu politischen Konsequenzen geführt hat. Es ist Margot Käßmanns Verdienst, dass sie […] damit den friedensethischen Grundsätzen der Kirche im besten rhetorischen Sinne zu gesellschaftlicher Geltung verhalf. Die Rede zeichnet sich durch einen klaren und verständlichen Stil aus, besticht durch eine anschauliche Sprache mit für jedermann anschlussfähigen und dennoch persönlichen Beispielen und einen so deutlichen wie versöhnlichen Ton." Nun, drei Jahre später, verleiht die Universität ihr die Würde der Ehrensenatorin. Im Auditorium Maximum findet die feierliche

Mit Hans Küng bei der Verleihung der Ehrensenatorenwürde der Universität Tübingen

Verleihung statt. In seiner ausgefeilten Laudatio formuliert der Berliner Kirchenhistoriker Christoph Markschies: „Meiner bescheidenen Ansicht nach ist an der künftigen Tübinger Ehrensenatorin Margot Käßmann vor allem das zu rühmen: ihre präzise Kenntnis derjenigen Kenntnisse und Kunstregeln, die für eine zusammenstimmende Leitung der christlichen Kirche erforderlich sind." Margot bedankt sich für die Auszeichnung, erinnert sich an ihre ersten Semester in Tübingen – und nutzt dann, zwei Wochen vor dem Reformationstag, die Gelegenheit, die akademischen Gäste auf das Reformationsjubiläum einzustimmen. Unter den Zuhörenden sitzt auch der langjährige katholische Theologieprofessor Hans Küng. Margot fühlt sich ihm sehr verbunden, seit sie im Studium eine seiner Vorlesungen gehört hat, denn die Erkenntnis der von ihm gegründeten „Stiftung Weltethos" teilt sie: „Kein Weltfriede ohne Religionsfriede".

ENTRÜSTET EUCH!

Die Friedensfrage treibt Margot weiter um. Im Gedenkjahr anlässlich des Beginns des Ersten Weltkriegs denkt sie viel über das Verhältnis von Krieg und Glaube nach. Noch immer muss sie wegen ihrer Predigt, in der der Satz „Nichts ist gut …" fiel, Häme und bösartige Mails ertragen. Der Wunsch, sie möge doch über Taliban-Gebiet aus einem Flugzeug geworfen werden, ist noch nicht mal der schlimmste. Dennoch bleibt sie klar in ihrer Position. „Ich fände es gut, wenn wir als Konsequenz aus den Schrecken des 20. Jahrhunderts sagen: Wir beteiligen uns nicht an Kriegseinsätzen", sagt sie im *SPIEGEL*-Interview. Als Bundespräsident Joachim Gauck sich für ein stärkeres internationales Engagement Deutschlands ausspricht, stellt sie ihren Standpunkt erneut dar. „Der Bundespräsident redet vom Krieg als letztes Mittel, ich rede über den Weg zum Frieden", sagt sie – und fügt hinzu: „Wir Protestanten können wunderbar streiten über unterschiedliche Positionen." Großen Widerspruch löst ein Interview mit der *BILD am Sonntag* aus. „Was würde Jesus zum Terror sagen? Würde Jesus den Terroristen vergeben?", will die Interviewerin wissen. Margot denkt nach – und antwortet biblisch. „Jesus hat eine Herausforderung hinterlassen: Liebet eure Feinde! Betet für die, die euch verfolgen! Er hat sich nicht verführen lassen, auf Gewalt mit Gewalt zu antworten. Für Terroristen, die meinen, dass Menschen im Namen Gottes töten dürfen, ist das die größte Provokation. Wir sollten versuchen, den Terroristen mit Beten und Liebe zu begegnen."

Mit Konstantin Wecker und Ralph Ludwig in der Marktkirche Hannover

Als die Presseschelte gegen Margot ein neues Hoch erreicht, meldet sich Konstantin Wecker zu Wort und stärkt Margot den Rücken. Neben allen Verschiedenheiten entdecken die beiden eine Gemeinsamkeit. Sie treten für Pazifismus ein und werden dafür belächelt und öffentlich als Naivlinge vorgeführt. Dabei ist Pazifismus eine altehrwürdige Tradition, die bis ins Antike zurückreicht. Also sammeln sie pazifistische Stimmen vieler Jahrhunderte und veröffentlichen sie unter dem Titel *Entrüstet Euch!*. In der Marktkirche Hannover und während des Kirchentags stellen sie ihr Buch vor, moderiert von Ralph Ludwig.

WELTAUSSTELLUNG

Die Vorbereitungen für das Reformationsjubiläum 2017 nehmen immer konkretere Formen an. Margot übernimmt die Leitung des Projektes „Weltausstellung Reformation". Sie plädiert dafür, die Angebote auf sieben „Torräume" aufzuteilen, in denen es um verschiedene Themenfelder der Zukunft gehen soll: Spiritualität und Jugend, Gerechtigkeit, Globalisierung, Kultur und Ökumene sowie ein Willkommensbereich. Im Grüngürtel rund um die Altstadt von Wittenberg sollen eigens angefertigte Installationen und Stände von Ausstellern den Besuchern die Themen nahebringen.

Am Rande der Altstadt soll ein weiteres Highlight der Weltausstellung entstehen: Joachim Zirkler lädt Margot ein, seinen Freund, den Künstlers Yadegar Asisi, in seinem Atelier zu besuchen. Seine Panoramen sind faszinierend. Die Stadt Wittenberg und der Verein r2017 tun sich für die Finanzierung zusammen, und es entsteht ein atmosphärisches 360°-Bild von Wittenberg zur Zeit Luthers, 15 Meter hoch und mit einem Umfang von 75 Metern. Besucher blicken von einer Aussichtsplattform aus auf das Geschehen und werden gefühlt ein Teil davon.

Ein weiteres Projekt, das Margot besonders am Herzen liegt: im alten Gefängnis Wittenbergs wird eine hochkarätige Kunstausstellung installiert werden. „Luther und die Avantgarde" ist der Titel, hinter dem sich eine einmalige Idee verbirgt: Künstler können eine Zelle des Gefängnisses ganz nach ihren Vorstellungen gestalten.

Neben den rein christlichen Angeboten ist Margot auch der Dialog der Religionen ein Anliegen, dazu soll die Weltausstellung Reformation Gelegenheit bieten. Ein Zentrum des interreligiösen Dialogs soll entstehen, wünscht sie sich. Ein Vorbild dafür ist das in Berlin geplante „House of One", in dem die sogenannten abrahamitischen Religionen – Judentum, Christentum und Islam – in einem gemeinsamen Raum ihre Gottesdienste feiern.

Zwei langjährige und geschätzte Wegbegleiter fallen Margot ein, die dieses Vorhaben sicher unterstützen würden. Einer ist Rabbiner Walter Homolka. Ihn kennt sie schon aus ihrer Zeit als Bischöfin. 1999 machte er bei ihr als Landesrabbiner einen Antrittsbesuch und fand, dass sie „eine patente Frau" sei. Bei dieser Gelegenheit stellte er ihr das Konzept des Abraham Geiger Kollegs vor, der ersten Ausbildungsstätte für Rabbinerinnen und Rabbiner in Deutschland. Margot war begeistert. Der Kontakt blieb bestehen; fasziniert beobachtet Margot, wie geduldig und leidenschaftlich Homolka dafür sorgt, dass nach dem Holocaust wieder liberales jüdisches Leben in Deutschland Fuß fasst. 2013 hält sie in Potsdam auf seine Einladung hin bei der Eröffnung der „School of Jewish Theology" die Festrede. „Zum allerersten Mal wird an einer deutschen Universität der Studiengang ‚Jüdische Theologie' eingerichtet", freut sie sich. Auch in der Folgezeit führt sie mit Rabbiner Homolka weiterhin fruchtbare Gespräche und lernt von ihm, dass die viele jüdische Denker Luther einst sehr wohlgesinnt gegenüberstanden, trotz seiner antijudaistischen Ausfälle. Margot schätzt Homolka auch für dessen Humor, mit dem „ein Mensch auch einmal über sich selbst lachen kann". Das fehle ihr „in manchem innerprotestantischen Gespräch". Homolka stellt aber auch unbequeme Fragen. „Wenn der Mensch passiv ist und alles von der Gnade erwartet, warum läuft er dann gerade in der evangelischen Kirche so massiv los und kämpft beispielsweise gegen den Nato-Doppelbeschluss, gegen Atomkraft und anderes? […] Ist der Einsatz für vermeintlich ‚gute‘ Dinge nicht auch schon der Versuch, sich durch Leistung Gottgefallen zu erarbeiten?“

Der zweite Verbündete ist Aiman Mazyek, der Vorsitzende des Zentralrats der Muslime in Deutschland. Auch ihn kennt Margot schon aus Bischofszeiten; auf der EXPO 2000 war er Direktor des Islam-Pavillons. In den folgenden Jahren trafen sie sich immer wieder auf Veranstaltungen. Mazyek ist fasziniert von Margots Gottvertrauen. Die beiden führen viele konstruktive Gespräche. „Wir können auch gut über religiöse Fragen streiten“, sagt Mazyek, „wir tun das aber sehr respektvoll!“ Denn in einem sind sie sich einig: Jeder Mensch, gleich welchen Glaubens, sollte verantwortlich nach seinen jeweiligen Werten handeln – „wissend, dass wir eines Tages vor unserem Schöpfer stehen und für das, was wir gemacht oder was wir unterlassen haben, Rechenschaft ablegen und dass wir versuchen ein gottgewolltes Leben zu führen“, wie Mazyek es formuliert.

Mit Aiman Mazyek (rechts) und Imam Benjamin Idriz in Wittenberg

„CHARMANT UND DISTANZIERT"

Tobias Haberl, Reporter des *SZ-Magazins*, findet sie „problematisch; gar nicht mal unsympathisch, aber ihre Art, den Glauben zu verstehen, war mir immer zu zeitgeistig, zu kalenderblatthaft, zu kirchentagsmäßig oder anders ausgedrückt: zu wenig intellektuell, sakral, transzendent". Trotzdem imponiert Margot ihm. 2015 liest er, dass sie als Lutherbotschafterin durch die Welt reise, und denkt: „Wenn da schon jemand durchs Hintertürchen zurückkommt, möchte ich dabei sein, um endlich beurteilen zu können, was diese Frau an sich hat, dass die eine Hälfte der Deutschen sie so verehrt und die andere so radikal ablehnt!"

Margot ist einverstanden, sieben Tage lang begleitet Tobias Haberl sie mit einem Fotografen. Sie reisen nach Thailand, Indonesien, Singapur und Hongkong. Zusammen besuchen sie Kirchen, Universitäten und Botschaften, aber auch Restaurants und sogar den Hotelpool. „Meine Vorurteile hatten es schwer in der Hitze Südostasiens", schreibt er anschließend. „Schon während des ersten Gesprächs fingen sie zu bröckeln an, weil Margot Käßmann alles auf einmal war: sympathisch, nachdenklich, humorvoll, intelligent. Sie kam mir ehrlich vor, immer noch nicht intellektuell, aber mein Gott. Sie wusste, dass ich mir jedes Wort und jede Geste notieren und im Zweifelsfall gegen sie verwenden würde, trotzdem fand sie genau die Mitte, sie war mir gegenüber aufmerksam und gleichgültig, beides zur rechten Zeit, sie war charmant und distanziert, sie war, das Wort trifft es wirklich am besten: cool. Und als es am Flughafen von Jakarta schnell gehen musste und sie mal eben in einer Ecke des Abflugterminals das Kostüm gegen eine bequeme Hose austauschte, hatte ich sie endgültig ins Herz geschlossen."

Sein Porträt erscheint im Mai und wird zur Titelgeschichte des *SZ-Magazins*. Die Überschrift lautet: „Die Redselige – Unterwegs mit einer Frau, die Millionen Menschen begeistert – und Millionen auf die Nerven geht: Margot Käßmann." Der Text im Innenteil ist ein hinreißend geschriebenes, unterhaltsames wie persönliches Porträt mit genauen Beobachtungen.

„KEINE, DIE AUF ALLEN HOCHZEITEN TANZT"

Am Nikolaustag 2015 predigt Margot in der Lutherischen Stadtkirche in Wien. Danach lädt der lutherische Bischof von Österreich Michael Bünker sie in das traditionelle Café Bräunerhof, gleich um die Ecke, ein. Eine Frau wolle sie kennenlernen. „Ich würde gerne ein Filmporträt über Sie drehen", erklärt diese. Sie stellt sich vor: Renata Schmidtkunz, aus Deutschland stammende Pfarrerstochter und Theologin, Feministin, seit Langem renommierte Kulturredakteurin beim ORF. Wieder zu Hause, denkt Margot über die Begegnung nach. Renata Schmidtkunz hatte von einem Porträt über die Holocaust-Überlebende und Literatur-

wissenschaftlerin Ruth Klüger erzählt, das sieht sie sich nun an. Die Dokumentation wurde hochgelobt und ist preisgekrönt. Margot ist beeindruckt von Renata Schmidtkunz' Können. Offensichtlich eine Journalistin, die nicht nur an der Oberfläche kratzt. Margot stimmt dem zu, ein Porträt über sie zu drehen. Neun Drehtage sind angesetzt, der Westdeutsche Rundfunk und das Bayerische Fernsehen möchten den 45-minütigen Film in ihren Programmen ausstrahlen.

Renata Schmidtkunz will „einen Film über eine politische Frau machen" und sich behutsam „auch dem Menschen

Dreharbeiten mit Renata Schmidtkunz und Kameramann Avner Shahaf

Käßmann, der Frau und vierfachen Mutter, annähern". Margot fasst Vertrauen zu der Filmemacherin und lässt das Drehteam sogar in ihre Berliner Wohnung und in ihr Haus auf Usedom. Auch in Margots Heimatort Stadtallendorf und in ihrer ersten Gemeinde in Spieskappel wird gedreht, außerdem bei den Proben zum Fernsehgottesdienst in Eisenach.

Renata Schmidtkunz ist beeindruckt von Margot und meint: „Immer wieder war ich überrascht zu entdecken, welch hohe Anforderungen sie an sich selbst stellt und wie selbstkritisch sie ihrem Tun und Reden gegenüber ist. Plötzlich verstand ich, dass vieles von dem, was sie tut und sagt, ihrem enormen Pflichtbewusstsein entspringt. Entgegen aller medialen Unkenrufe ist Margot Käßmann keine, die ‚auf allen Hochzeiten tanzt', keine, die sich vordrängt. Was am stärksten auf mich wirkte, ist ihre absolute Glaubwürdigkeit."

BUNDESPRÄSIDENTIN?

Im Herbst 2016 muss Margot öfter einen Satz wiederholen, den sie schon fünf Jahre zuvor sagte: „Seien Sie getrost: Das werde ich nicht machen. Ich bin eine Frau der Kirche!" Der Hintergrund: Deutschland sucht einen Bundespräsidenten – oder eben eine Bundespräsidentin. SPD und Linke können sich Margot da gut vorstellen. „Erstens ist sie eine Frau, zweitens strahlt sie Würde und Gerechtigkeit aus. Und sie hat eben auch mal einen kleinen Fehler im Leben begangen, das macht sie gleich menschlicher", sagt Gregor Gysi. Der Linken-Politiker schätze Margot als „eine kluge Frau, die auch Widerspruch aushalten kann und die sich einbringt in die Gesellschaft. Und zwar immer auf eine ganz bestimmte, nachdenklich humanistische Art und Weise." Deshalb meine er „irgendwie, wir haben zu wenige Frau Käßmanns". Margot selbst kann sich jedoch überhaupt nicht vorstellen, dieses Amt zu übernehmen. Nichts ginge mehr ohne Beobachtung und Security-Kolonnen, alles würde geregelt, sogar die Garderobe. Wer so freiheitsliebend gestrickt ist wie Margot, würde das einfach nicht aushalten.

„Es ehrt mich, dass mein Name im Zusammenhang mit dem höchsten Amt im Staat genannt wird", äußert sie sich in einer kurzen Presseerklärung, „allerdings stehe ich für dieses Amt nicht zur Verfügung."

Aufzeichnung zum ZDF-Fernsehgottesdienst am Heiligabend 2016 in der Schlosskirche Wittenberg

18914 Kilometer. Das ist die weiteste Dienstreise, die sie je unternommen hat. Einmal um die halbe Welt. Am 1. Januar 2017 steht Margot mit einer kleinen Schar evangelischer Christen an einem Strand der Chatham Islands. Hier verläuft die unsichtbare Datumsgrenze, das heißt: Hier geht die Neujahrssonne zuerst auf. Das Jahr 2017, das Gedenkjahr der Reformation, auf das die Kirche sich zehn Jahre lang vorbereitet hatte, wird hier beginnen. Ein passender Ort – nicht nur wegen seiner geografischen Lage. In der Mitte des 19. Jahrhunderts landeten hier lutherische Missionare. Einige haben Einheimische geheiratet, einige ihrer Nachfahren sind sogar dabei, als das „Luther-Jahr" am Strand früh um fünf Uhr mit einer Morgenandacht beginnt. Eingeladen hatte der lutherische Bischof von Neuseeland. Seine Idee wird weitergeführt: Anschließend lässt sich der Anfang des Jahres in den sozialen Netzwerken über den gesamten Globus verfolgen: Aus vielen Städten auf allen Erdteilen posten Christen ein Bild des Sonnenaufgangs. Das Projekt ist gelungen. Nun läuft das Reformationsjahr. Endlich.

Besuch bei einem Kinderhilfsprojekt in Dhaka, Bangladesch

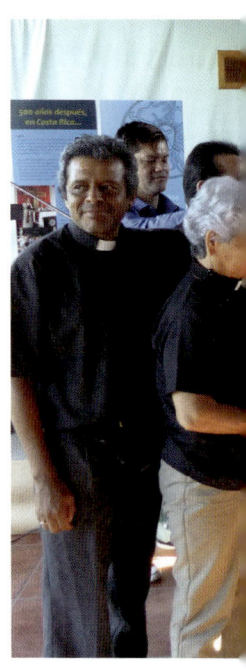

Segnung nach einem Vortrag in Costa Rica

Weitere Reisen stehen an. Die nächste führt Margot im Februar nach Lateinamerika. Die erste Station ist Mexiko. Margot erlebt, wie groß die Angst der Menschen ist angesichts der Ankündigungen des neuen US-Präsidenten Donald Trump. Viele Familien sind abhängig davon, dass Verwandte aus den USA ihnen Geld überweisen. Was, wenn diese Gelder demnächst versteuert werden müssen, um so die Mega-Mauer mitzufinanzieren? Margot erfährt viel über die Situation der Flüchtlinge. Viele haben nicht mehr den Mut, ihren beschwerlichen Weg aus Haiti oder Nicaragua fortzusetzen, und stranden nun in Guadalajara oder Mexico-City. Wer soll für sie sorgen? In einer Unterkunft trifft Margot einen Mann aus dem Kongo. Schleuser haben ihn hierhergebracht, weil der Weg über das Mittelmeer immer schwieriger scheint.

Die traditionellen lutherischen Gemeinden sind auch hier mit der Pfingstbewegung konfrontiert. Margot diskutiert mit den Christen vor Ort über die Frage, was zu tun sei, „wenn Fundamentalisten gegen gebildeten Glauben stehen". Mit einer besonderen

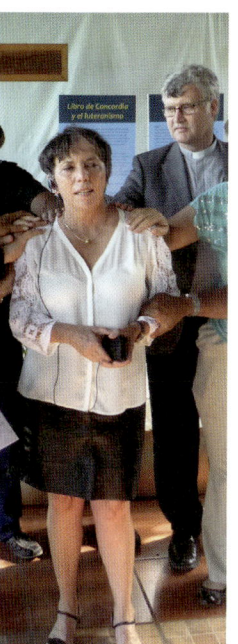

Ehrendoktorwürde in Mexiko

Tansania, mit Bischof Mwakyolile

Ehre zeichnet die Theologische Hochschule Mexiko sie aus: Sie verleiht ihr die Ehrendoktorwürde.

In El Salvador wird Margot vom lutherischen Bischof Medardo Gómez begrüßt. Die beiden kennen sich bereits. Was Margot von ihm hört, ist beängstigend. Täglich werden in seinem Land 16 Menschen ermordet. Zusammen besuchen sie das Grab des während einer Predigt getöteten Óscar Romero. Der katholische Erzbischof hatte seine Stimme für die Armen erhoben. Damit machte er sich Feinde unter den Mächtigen des Landes. Statt die Todesdrohungen ernst zu nehmen, trat er weiterhin für seine Überzeugungen und das Volk ein. Das kostete ihn sein Leben.

Weiter geht es nach Guatemala. Der deutsche Botschafter zeigt Margot dort den Berliner Platz. Hier solle ein Reformationsdenkmal errichtet werden, erzählt er. Abends hält Margot einen Vortrag in der Jesuitenuniversität. Außerordentlich freundlich wird sie begrüßt – Ökumene ist hier kein Problem. Danach lädt der katholische Erzbischof sie zum Essen ein. Margot zögert ein wenig, bevor sie einen Playmobil-Luther aus der Handtasche holt und ihm als Gastgeschenk überreicht. Ist das jetzt eine gute Idee – oder total unpassend? Die Sorge ist unbegründet: Der Erzbischof ist begeistert und baut gemeinsam mit dem Weihbischof die

Einzelteile zusammen. Zwei Männer im Spielmodus. „Wie sagte Jesus: Wenn ihr nicht werdet wie die Kinder", denkt Margot.

Wieder zurück, geht es weiter mit den Vorbereitungen auf die anstehenden Feierlichkeiten. Die EKD ist erfreut, dass die Katholiken in Deutschland sich stärker am Reformationsjubiläum beteiligen wollen als gedacht. Der Ratsvorsitzende Heinrich Bedford-Strohm und der Vorsitzende der Deutschen Bischofskonferenz, Reinhard Kardinal Marx, betonen mehrfach in großer Einmütigkeit, wie wichtig das gemeinsame Zeugnis der Konfessionen sei – gerade für eine Gesellschaft, in der immer mehr Menschen ohne Bezug zum christlichen Glauben leben. Das Reformationsjahr solle als „Christusjahr" gefeiert werden. Dieser Begriff ist konfessionell unbelastet. Während das Wort Reformation bei vielen Katholiken Abwehr auslöst, können sie doch nachvollziehen, dass beide Kirchen im Jubiläumsjahr auf Christus blicken wollen, den ja auch Martin Luther ins Zentrum seiner Theologie stellte. Margot ist erleichtert über die ökumenischen Annäherungen.

SHITSTORM

Donnerstag, 25. Mai. Der Kirchentag beginnt. Die Halle, in der Margot ihre morgendliche Bibelarbeit halten soll, ist voll. Auch ihre beiden Schwestern Gisela und Ursula sind gekommen und sitzen in der ersten Reihe. Es geht um die Begegnung der Maria mit ihrer Verwandten Elisabeth, von der das Lukas-Evangelium erzählt. Mit ihrer typischen Mischung aus Humor und Tiefgang beleuchtet Margot die Gefühle der schwangeren Maria und ihrer Freundin. Margot redet über Frauenfreundschaft, die Jungfrauengeburt und die Probleme berufstätiger Mütter heute. Kritisch widmet sie sich dem Familienbild der AfD und der Ultrarechten. Eine Stimme aus der AfD zitiert sie, die den Begriff „biodeutsch" verwendet. Dann sagt sie: „Frauen sollen Kinder bekommen, wenn sie ‚biodeutsch' sind. Das ist eine neue rechte Definition von ‚einheimisch' gemäß dem sogenannten kleinen Arierparagrafen der Nationalsozialisten: zwei deutsche Eltern, vier deutsche Großeltern. ‚Da weiß man, woher der braune Wind wirklich weht.' So einfach, klein und eng können selbst die Neonazis sich die Welt im Jahr 2017 nicht malen." Das Publikum applaudiert. Die Veranstaltung ist beendet, Margot fährt zu ihren nächsten Terminen.

Besuche der „Kirchentage auf dem Weg" stehen auf dem Programm, es

Beim Kirchentag 2017 in Berlin mit Schwestern Gisela und Ursula (rechts)

geht nach Leipzig und Magdeburg, Weimar und Erfurt. Am Abend des nächsten Tages ergießt sich plötzlich ein Shitstorm über Margot, wie sie ihn noch nicht erlebt hat. Der Anlass wird schnell klar: AfD-Vertreter haben einen Satz aus ihrer Bibelarbeit aus dem Zusammenhang gerissen und ins Gegenteil verdreht. „Käßmann: zwei deutsche Eltern, vier deutsche Großeltern. ,Da weiß man, woher der braune Wind wirklich weht'", wird sie bei Twitter und facebook zitiert. Es wirkt, als hätte Margot alle, die deutsche Eltern und Großeltern haben, als Nazis beschimpft. Die rechte Volksseele brodelt. Die ehemalige CDU-Frau Erika Steinbach verbreitet das verdrehte Zitat über ihre Kanäle, versehen mit einem Foto von Margot in Talar und Segenspose, darüber steht: „Ergüsse im Namen der Kirche". Kurz darauf treibt die AfD das Thema weiter auf die Spitze, sie postet: „Margot Käßmann: Wo Deutsche Kinder bekommen, da weht ein ,brauner Wind'." AfD-Bundessprecher Jörg Meuthen behauptet: „Bischöfin Käßmann beleidigt Millionen Deutsche als Nazis." Die Tweets verbreiten sich in Windeseile im Netz. Die Organisation „Fearless Democracy" beobachtet den Vorgang. Von 2992 Twitter Accounts seien 9242 Tweets abgesetzt worden. Bei einer Pressekonferenz sagt Meuthen, Käßmann sei „gewiss nicht [...] eine auf-

richtige Christin und klug". Man könne das „fast schon als krank bezeichnen". Margot ist empört. Dass ihre Worte so grob und bösartig verdreht werden, ist ihr bislang noch nicht passiert. Unzählige Hass-Mails gehen bei ihr ein. Unflätigste Beschimpfungen muss sie lesen bis hin zu offenen Drohungen. Margot gibt die Droh-Mails an einen Anwalt weiter, der sie wiederum der Staatsanwaltschaft übergibt. „Ich habe Vertrauen in den Rechtsstaat", sagt sie.

Trotzdem: Der Schock sitzt tief. Als sie am Samstagabend in Wittenberg ankommt, ist sie immer noch getroffen von dem, was sich in den letzten Tagen abgespielt hat. In Wittenberg findet am folgenden Tag die größte Veranstaltung des Kirchentages statt. Auf einer Wiese vor den Toren der Stadt ist ein riesiges Veranstaltungsgelände jahrelang vorbereitet worden. Blickfang ist eine Bühne, die wie ein Raumschiff aussieht. Margot kennt die Planungsbilder und ist gespannt, wie alles in Wirklichkeit aussieht. So radelt sie noch am Abend zum Gelände. Die Bühne wirkt gigantisch. Für eine Veranstaltung der Taizé-Brüder ist sie in meditatives Licht getaucht. Tausende Jugendliche werden heute an der „Nacht der Lichter" teilnehmen und anschließend auf der Wiese schlafen, ganz ohne Zelte, denn das ist leider nicht erlaubt.

Am nächsten Morgen um neun fährt sie wieder mit dem Fahrrad los, diesmal über eine Behelfsbrücke, die die Bundeswehr in der Nacht über die Elbe gelegt hat. Von da sind es noch mal fünf Minuten, dann steht sie auf dem Gelände. Langsam sammeln sich die Menschen, rund 100 000 werden erwartet. Es ist auch schon früh am Morgen heiß, sehr heiß. Keine Wolke schiebt sich vor die Sonne.

Das Programm beginnt, das Fernsehen ist da und überträgt den bevorstehenden Abschlussgottesdienst des Kirchentages. Margot wird zum Warming-up von einem jungen Moderatorenpaar auf die Bühne gebeten, Small Talk und einige Fragen zu Martin Luther, dann setzt sie sich in die erste Reihe vor der Bühne und genießt die gemeinsame Gottesdienstfeier mit viel Musik und guten Beiträgen.

REFORMATIONSSOMMER

Mehrmals pro Woche ist Margot in den folgenden Monaten in Wittenberg. Sie diskutiert auf Podien, hält Vorträge und Gottesdienste, besucht mit Gästen Ausstellungen und Veranstaltungen. Journalisten aus aller Welt kommen in die Lutherstadt und wollen sie interviewen. Manche Tage verbringt sie auch für Radioaufnahmen im Berliner ARD-Studio. Warum denn nicht so viele Menschen wie geplant zur Weltausstellung nach Wittenberg kämen, wird sie immer wieder gefragt. Statt mit Zahlen zu hantieren, spricht sie lieber über die gelungenen Projekte, die dort auf die Beine gestellt wurden: über die Church Night der hessischen Landeskirche zum Beispiel – eine sehr

Mit 120 Pastorinnen und Bischöfinnen beim Reformationssommer in Wittenberg

lockere Gottesdienstform mit viel Musik unter freiem Himmel. Oder über den Segensroboter, der erst sehr umstritten war, sich nun aber zum Publikumsmagneten entwickelt. Besucher können dem Gerät sagen, für was sie gerne einen Segen hätten, dann hebt es seine Roboterarme und spricht ein Bibelwort, das man auf Wunsch auch ausgedruckt mitnehmen kann. Auch die tägliche Andacht um 18 Uhr auf dem Marktplatz, zu der an jedem Abend immer mehr Menschen kommen, erwähnt Margot gerne. Und dann gibt es da noch das Riesenrad – während einer Fahrt in der Gondel können Besucher mit Seelsorgern ein persönliches Gespräch führen.

Sabbat-Feier mit Rabbiner Walter Homolka

Am meisten aber genießt Margot während des Reformationssommers die Treffen mit jungen Menschen. Jede Woche sind Hunderte Jugendliche im „Konfi-Camp" und besuchen auch die Weltausstellung. Mit ihnen diskutiert sie über alle Themen, die den jungen Menschen auf den Nägeln brennen, und deren Sicht von Kirche. Außerdem besucht sie ein Pfadfinderlager des Verbandes Christlicher Pfadfinder, das am Rand der Stadt aufgebaut wurde; 4200 Jugendliche und Erwachsene leben hier eine Woche lang in einer eigens aufgerichteten Zeltstadt. Studenten aus der ganzen Welt sind in Wittenberg, ebenso Schüler aus evangelischen Schulen vieler Länder. Margot ist glücklich über das, was in Wittenberg an Begegnungsmöglichkeiten geschaffen wurde.

Das für Wittenberg im Kleinformat aufgebaute „House of One" lockt Interessierte an. In dem kargen, aus Holzbalken errichteten Kubus finden an einem Freitag in der Themenwoche „Dialog der Religionen", Gebete aller drei Religionen statt. Vormittags eine christliche Morgenandacht. Nachmittags ein muslimisches Freitagsgebet, abends das erste Shabbat Shalom in Wittenberg seit 75 Jahren. Margot nimmt an allen dreien teil und ist gerührt. Gläubige verschiedener Religionen feiern hier zusammen, friedlich und ohne sich gegenseitig den Glauben abzusprechen. Solche Toleranz gegenüber Andersgläubigen gehört zu Margots Visionen für eine bessere Welt. Hier in Wittenberg sieht sie sie beispielhaft verwirklicht.

Auch das Pop-Oratorium Luther hat sich zu einem Publikumsrenner entwickelt. Die großen Arenen in Düsseldorf, Hamburg, Hannover und in anderen Städten, in denen das Oratorium aufgeführt wird, sind ausverkauft. Nun steht das Finale in der Berliner O2-Arena an. Das ZDF ist überzeugt von dem musicalähnlichen Stück und dreht die gesamte Veranstaltung mit. Margot sitzt als Ehrengast in der ersten Reihe. Als Johann Tetzel von den Menschen Geld für den Sündenablass fordert, holt eine Tänzerin sie unerwartet auf die Bühne. Margot schaut erst etwas verdutzt, dann aber findet sie sich in die Situation ein und spielt gestikulierend mit. Beim Hören der Lieder denkt sie an all die Diskussionen über einzelne Texte und Passagen, die im Vorfeld geführt wurden. „Allein gegen alle" sollte einer der ohrwurmartigen Songs zum Beispiel heißen, doch Margot erhob Einspruch: Der Titel mache Luther zum Einzelkämpfer, erklärte sie, und das sei er nicht gewesen. Also heißt das Lied nun „Wir sind Gottes Kinder". Mit der Melodie des Liedes im Ohr verlassen viele den Saal.

Überraschungsauftritt beim Pop-Oratorium „Luther" in Berlin

Der 31. Oktober naht, Höhepunkt und Abschluss des Reformationsjubiläums. Merkwürdige Stille überzieht die Stadt in der Woche zuvor. Am Reformationstag fallen dann Zigtausende Menschen in die Stadt ein. Margot Käßmann kommt, wie immer, mit dem Zug aus Berlin. Am Bahnhof steigt sie auf ihr Fahrrad und fährt im roten Mantel zu ihrem ersten Termin, vorbei an den Wagenkolonnen der „Staats-Organe", die gekommen sind und überall geschützt werden müssen. Schwer bewaffnete Polizisten streifen durch Wittenberg, Zugangskontrollen sind nur mit dem richtigen Schein passierbar. Margot radelt mit ihrem Pressereferenten seelenruhig und sichtlich vergnügt durch das gesicherte Chaos, manchmal auch auf der falschen Straßenseite. Ein Interview für die *Tagesschau* und für den BBC absolviert sie. Im zentralen Gottesdienst des Tages dann, der aus der Schlosskirche ins bundesweite Fernsehen übertragen wird, liest sie die Seligpreisungen und stimmt das Glaubensbekenntnis an. Die Predigt hält der Ratsvorsitzende Heinrich Bedford-Strohm. Danach ein Staatsakt im Stadthaus, die Kanzlerin, der Bundestagspräsident, der Bundespräsident sind da. Nach der Veranstaltung radelt sie zurück zum Bahnhof. Fröhlich winkt sie mal hier, mal dort:

Während des Reformationssommers hat sie in dieser Stadt viele Menschen kennengelernt. Irgendwie traurig, dass er jetzt vorbei ist. Einerseits. Andererseits hat sie bereits bekundet: Mit ihrem 60. Geburtstag geht sie in den vorzeitigen Ruhestand. Dienstrechtlich ist das möglich bei Kürzung der Pensionsbezüge. „Noch einmal Luther und dann weg", hatte die Zeitschrift *VIVA* schon 2013 erkannt, wie Margots Leben sich entwickeln würde.

„Weg"? Nein, so ist es nicht, das klingt ja wie Flucht. Die Zeit als Pastorin, als Bischöfin, als Reformationsbotschafterin hat ihr Freude gemacht. Aber jetzt freut sie sich auf einen neuen Lebensabschnitt. Mehr Ruhe, mehr Zeit mit Kindern und Enkeln und für mehr Spaziergänge auf Usedom möchte sie haben.

EPILOG

Der Strand der Insel Usedom ist 45 Kilometer lang. Meist schweift der Blick hier über eine ruhige Ostsee. Nur im Herbst und manchmal auch im Frühjahr wird das Meer unberechenbar und holt sich ein Stück Strand oder etwas von den Dünen.

Margot liebt das Meer und die Weite. Ist sie auf Usedom, läuft sie jeden Morgen ein paar Kilometer. Zeit, um durchzuatmen. Zeit, um loszulassen. Zeit, um anzukommen.

Vor sieben Jahren hat sie hier ein Haus gekauft. Nur zehn Minuten braucht sie von dort durch den Wald bis zum Strand, ideal.

Hier zu leben und alt zu werden, kann sie sich gut vorstellen. Und noch mehr: Hier auf Usedom möchte sie später auch begraben werden. Redet Margot über das Leben, bringt sie oft den Tod und das Sterben ins Spiel. Manchmal irritiert sie ihre Gesprächspartner damit. Einmal hatte eine junge Journalistin sie nach der Kraft gefragt, aus der sie lebt. „Es ist das Bewusstsein, das Leben aus Gottes Hand genommen zu haben, von Gott gehalten zu sein in diesem Leben und es eines Tages in Gottes Hand zurückzugeben."

In einem Atemzug über das Leben und den Tod zu sprechen ist unüblich geworden.

Und was nach diesem Leben kommt? „Vielleicht ist es wie der Wechsel auf eine andere Seite", sagt sie. Auf der anderen Seite fühle man sich „erkannt und geborgen, kann das ganze Bild wahrnehmen und in Liebe zurückblicken".

Das biblische Bild einer Zeit, in der kein Leid noch Geschrei sein wird, gefällt Margot gut. Auch die Formulierungen des Theologen Heinz Zahrnt: „Unser Leben ist eine Einbahnstraße auf Gott hin, dabei ist der Tod keine Sackgasse, sondern nur eine Station." Oder: „Wohin Gott durch den Tod uns führt, bleibt ein Geheimnis. Mit einem Geheimnis aber kann man leben, wenn man Vertrauen hat."

Vertrauen hat sie. „Die Ewige hat es gut mit mir gemeint", sagt sie manchmal augenzwinkernd. Angst vor dem Tod spürt sie nicht. „Ich könnte ganz gut loslassen und sagen, es war ein tolles, intensives, manchmal auch sehr anstrengendes Leben. Ich habe den Eindruck, dass ich meine begrenzte Lebenszeit intensiv genutzt habe, als geschenkte Zeit. Im Moment bin ich sehr glücklich und zufrieden."

Ob sie immer alles richtig gemacht hat? Der Grundsatz „Folge dem, was dein Herz dir rät" sei ihr immer eine gute Richtschnur gewesen, meint sie, „die paar Mal, die ich nicht auf meine Intuition gehört habe, waren Fehler. Aber der Mensch darf eben auch Fehler machen."

Und dann spricht sie darüber, dass sie bislang ein sehr privilegiertes Leben führen konnte. Sie habe „nicht das ganz Schwere erlebt, was andere Menschen an Lebensherausforderungen hatten. Wenn Menschen hungern, im Krieg sind, Gewalt erleiden. Also ich bin schon sehr, sehr dankbar, dass ich in Westdeutschland nach 1945 geboren bin."

Usedom – das ist für sie fast wie eine Rückkehr zu den eigenen Wurzeln. Unzählige Male hörte sie die Kindheitserzählungen ihrer Mutter aus Hinterpommern. Schon als Kind konnte sie sich genau vorstellen, wie der Wald dort aussieht, wo die Steinpilze wuchsen, wo der Fahrradweg zum Bahnhof abzweigte, den ihrer Mutter gefahren ist. Köslin und Latzig, die Heimatorte ihre Mutter, waren manchmal präsenter als Stadtallendorf. Und nun ist auch Margot in Pommern. Genauer gesagt in Vorpommern. Der Friedhof, den sie sich als letzte Ruhestätte ausgesucht hat, liegt auf einer Anhöhe. Der Blick schweift durch alte Bäume übers Achterwasser. Hier kann kein Sturm dem Ufer gefährlich werden.

In ihrem Haus ist genug Platz für Kinder und Enkel. Für sie ist die Tür hier immer offen, jetzt und später. Margot hat einen Familienort geschaffen. „Kleines Paradies" nennt sie Haus und Garten manchmal. Egal, was passiert ist: Kaum ist sie hier, kehrt Ruhe ein. Wenn die beruflichen Verpflichtungen weniger werden, möchte sie so oft wie möglich auf Usedom sein. Sie möchte dem Eichhörnchen zusehen und sich an der Natur freuen, mit den Nachbarn über Gott und die Welt reden und mit ihren Gästen das Leben und gute Gespräche genießen. Mit den Enkeln Kaufmannsladen spielen und mit den Töchtern und Schwiegersöhnen kochen. Sie möchte Bücher schreiben und dabei immer mal wieder in den Garten blicken, auf die Bank unter dem Walnussbaum und den alten, efeubewachsenen Schuppen.

Ziehende Landschaft

Man muss weggehen können
und doch sein wie ein Baum:
als bliebe die Wurzel im Boden,
als zöge die Landschaft und wir ständen fest.
Man muss den Atem anhalten,
bis der Wind nachlässt
und die fremde Luft um uns zu kreisen beginnt,
bis das Spiel von Licht und Schatten,
von Grün und Blatt,
die alten Muster zeigt
und wir zuhause sind,
wo es auch sei,
und niedersitzen können und uns anlehnen,
als sei es an das Grab
unserer Mutter.

Hilde Domin

Auf dem Friedhof am Usedomer Achterwasser. Hier möchte Margot Käßmann beerdigt werden

2015 in Burgholz. Im Hintergrund rechts das Forsthaus, Zufluchtsort vieler Verwandter

ÜBER DEN AUTOR

UWE BIRNSTEIN

Der evangelische Theologe ist als Journalist und Publizist tätig. Er arbeitete für Fernsehen und Hörfunk, schrieb Artikel u. a. für die ZEIT und die *taz* und veröffentlichte viele Bücher, darunter einige Biografien historischer und zeitgenössischer Persönlichkeiten. 1985 lernte er Margot Käßmann kennen und begleitet sie seit ihrem Rücktritt im Jahr 2010 intensiv als Berater.

BIBLIOGRAFIE (AUSWAHL)

· Die eucharistische Vision. Armut und Reichtum als Anfrage an die Einheit der Kirche in der Diskussion des Ökumenischen Rates, München/Mainz 1992 (Dissertation)

· Overcoming Violence. The Challenge to the Churches in All Places, Genf 1997 (deutsch: Gewalt überwinden. Eine Dekade des Ökumenischen Rates der Kirche, Hannover 2000)

· Was steht ihr da und seht zum Himmel?, Predigten und Aufsätze, Hannover 1999

· Erziehen als Herausforderung, Freiburg (Breisgau) 2001

· Auf gutem Grund. Standpunkte und Predigten, Hannover 2002

· Kirche in gesellschaftlichen Konflikten. Kirchenleitende Predigten, Stuttgart 2003

· Weihnachten zieht weite Kreise, Hannover 2003

· Was können wir hoffen - was können wir tun? Antworten und Orientierung, Freiburg (Breisgau), 2003

· Ökumene am Scheideweg. Wohin steuert die ökumenische Bewegung?, Hannover 2003

· Wenn das Leben voller Fragen ist. Briefe der Zuwendung, Freiburg (Breisgau), 2004

· In der Welt habt ihr Angst …, Hannover 2004

· Wurzeln, die uns Flügel schenken. Glaubensreise zwischen Himmel und Erde, Gütersloh 2005 (Neuauflage 2018)

· Wie ist es so im Himmel. Kinderfragen fordern uns heraus, Freiburg (Breisgau) 2006 (Neuauflage 2016)

· Mit Herzen, Mund und Händen. Spiritualität im Alltag leben, Gütersloh 2007

· Mehr als fromme Wünsche. Was mich bewegt, Freiburg (Breisgau) 2007

· Gut zu leben. Gedanken für jeden Tag, Freiburg (Breisgau) 2007

· Gesät ist die Hoffnung. 14 Begegnungen auf dem Kreuzweg Jesu, Freiburg (Breisgau) 2007 (Neuauflage 2011)

· Mütter der Bibel. 20 Porträts für unsere Zeit, Freiburg (Breisgau) 2008

· Was im Leben trägt, Gütersloh 2008

· Was ich Dir mitgeben möchte. Orientierungspunkte auf dem Weg ins Leben, Gütersloh 2009 (Neuauflage 2016)

· In der Mitte des Lebens, Freiburg (Breisgau) 2009

· Meine Füße auf weitem Raum. Texte für die Seele. Predigten, Frankfurt a. M. 2009

· Fantasie für den Frieden oder: Selig sind, die Frieden stiften, Frankfurt a. M. 2010

· Das große Du. Das Vaterunser, Hannover 2010

· Drei Ausrufezeichen. Das Glaubensbekenntnis, Hannover 2010

· Wie Gott die Menschen liebt. Gedanken zu Advent und Weihnachten, Gütersloh 2010

· Wenn die Dunkelheit leuchtet. Auf Weihnachten zugehen, Freiburg (Breisgau) 2010

· Hoffnung unterm Regenbogen oder: In der Not ein Halleluja singen, Frankfurt a. M. 2010

· Sehnsucht nach Leben, Aßlar 2011 (mit Bildern von Eberhard Münch)

· Zu Gast in Amerika …, Frankfurt a. M. 2011

- Die Bibel für Kinder erzählt von Margot Käßmann, Freiburg (Breisgau) 2011
- An Vaters Rockzipfel. Margot Käßmann & Kitty Kahane erzählen eine Geschichte von Josef & seinen Brüdern, Frankfurt a. M. 2011
- Vergesst die Gastfreundschaft nicht! Berlin 2011
- Stille und Weite, Freiburg (Breisgau) 2012 (mit Fotografien von Monika Lawrenz)
- Gehalten in Zeiten der Krankheit, Gütersloh 2012
- Getragen in unserer Trauer, Gütersloh 2012
- Die Botschaft der Engel. Die Weihnachtsgeschichte zum Lesen und Staunen, Freiburg (Breisgau) 2012 (mit Bildern von John August Swanson)
- Mehr als Ja und Amen. Doch, wir können die Welt verbessern, Aßlar 2013 (Neuauflage 2017)
- Das Zeitliche segnen: Voller Hoffnung leben. In Frieden sterben, Aßlar 2014
- Im Zweifel glauben. Worauf wir uns verlassen können, Herder 2015
- Sorge dich nicht, Seele. Warum wir nicht verzagen müssen, adeo 2016
- 95 x Reformation. Ein kleines ABC, Hamburg 2017 (mit Ralph Ludwig)
- Was uns Zuversicht gibt. Reformatorische Ansprachen, Hamburg 2017
- Ganz anders könnten wir leben. Warum Martin Luther King mein großes Vorbild ist. München 2018

Als Herausgeberin:
- Fünf Minuten mit dem lieben Gott. 365 Andachten für Kinder und die ganze Familie, Neukirchen-Vluyn 2008 (Neuauflage 2013)
- In Gottes Hand gehalten. Frauengebete, Freiburg (Breisgau) 2011
- Schlag nach bei Luther. Texte für den Alltag, Frankfurt a. M. 2012
- Gott will Taten sehen. Christlicher Widerstand gegen Hitler, München 2013
- Beten mit Luther. Texte für den Alltag, Frankfurt a. M. 2014
- Gott kann nicht sterben: Das Heinz-Zahrnt-Lesebuch, Gütersloh 2015
- Das Leben reimt sich nicht. Frauengedichte, Freiburg (Breisgau) 2016
- Entrüstet euch! Warum Pazifismus für uns das Gebot der Stunde bleibt. Texte zum Frieden, Gütersloh 2015 (mit Konstantin Wecker)
- Die Welt verändern. Was uns der Glaube heute zu sagen hat, Berlin/Leipzig 2016 (mit Heinrich Bedford-Strohm)
- Die Welt hinterfragen. Dokumente eines Aufbruchs, Leipzig 2017

Über Margot Käßmann
- Silvia Mustert/Christof Vetter: Engagiert evangelisch. Zehn Jahre einer Bischöfin, Hannover 2010, Neuauflage Aßlar 2011
- Gabriele Hartlieb (Hg.): Eine Frau mit Zivilcourage und Zuversicht. Begegnungen mit Margot Käßmann, Hamburg 2018

LEBENSLAUF

1958   3. Juni: Geburt in Marburg/Lahn. Eltern: Kraftfahrzeugmechaniker Robert Schulze und Krankenschwester Gertraut Schulze

       20. Juli: Taufe

1964   Einschulung

1968   Wechsel an die Elisabethschule in Marburg

1972   16. April: Konfirmation

1974   Juni: Austauschschülerin in den USA

1975   Januar: Ihr Vater stirbt

1977   Abitur

       Studium der Evangelischen Theologie an der Eberhard-Karls-Universität Tübingen, der University of Edinburgh, der Georg-August-Universität Göttingen und der Philipps-Universität Marburg (bis 1983)

1978   Archäologische Ausgrabungen in Israel

1979   Studienreise nach China

1981   3. Juni: Eheschließung mit dem Theologiestudenten Eckhard Käßmann

1982   Geburt der Tochter Sarah

1983   Erstes Theologisches Examen

       Jugenddelegierte bei der 6. Vollversammlung des Ökumenischen Rates (ÖRK) der Kirchen in Vancouver; Wahl in den Zentralausschuss des ÖRK

       Vikariat in Wolfhagen bei Kassel

1985   Zweites Theologisches Examen

       Ordination zur Pfarrerin

       Umzug nach Spieskappel bei Frielendorf. Ihr Mann arbeitet Vollzeit als Gemeindepfarrer, sie ehrenamtlich.

1986   Geburt der Zwillinge Hanna und Lea

       Beginn der Arbeit an der Dissertation

1989   Promotion an der Ruhr-Universität Bochum zum Thema „Armut und Reichtum als Anfrage an die Einheit der Kirche" bei Prof. Konrad Raiser

1990   Halbe Stelle als Beauftragte für den Kirchlichen Entwicklungsdienst der Evangelischen Kirche von Kurhessen-Waldeck (bis 1992)

       Lehraufträge an der Kirchlichen Hochschule Leipzig und der Evangelischen Fakultät der Philipps-Universität in Marburg

1991   Wahl in den Exekutivausschuss des ÖRK bei der Vollversammlung in Canberra

       Geburt der Tochter Esther

1992   Stelle als Studienleiterin an der Evangelischen Akademie Hofgeismar (bis 1994)

       Umzug nach Hofgeismar

1994   Generalsekretärin des Deutschen Evangelischen Kirchentages (bis 1999)

       Umzug nach Fulda

1999	5. Juni: Wahl zur Landesbischöfin der Evangelisch-lutherischen Landeskirche Hannover
	4. September: Einführung als Landesbischöfin (bis 2010)
2001	Mitglied im Rat für Nachhaltige Entwicklung (bis 2004)
2002	Präsidentin der Zentralstelle für Recht und Schutz der Kriegsdienstverweigerer aus Gewissensgründen (bis 2011)
	Verleihung der Ehrendoktorwürde des Fachbereichs Erziehungswissenschaften an der Universität Hannover
	Aufgabe aller Ämter im Ökumenischen Rat der Kirche
2003	Wahl in den Rat der Evangelischen Kirche in Deutschland
	Mitglied im Zentralausschuss der Konferenz Europäischer Kirchen (bis 2009)
2006	Brustkrebserkrankung
2007	Scheidung
2008	Verleihung des Großen Bundesverdienstkreuzes
2009	28. Oktober: Wahl zur Ratsvorsitzenden der Evangelischen Kirche in Deutschland (EKD) (bis 2010)
2010	20. Februar: Straßenverkehrsdelikt
	24. Februar: Rücktritt von allen kirchlichen Ämtern
	August bis Dezember: Gastdozentin an der Emory University in Atlanta, Georgia
	17. Dezember: Verleihung des Titels Honorarprofessorin an der Ruhr-Universität Bochum
	Umzug nach Berlin
2011	Gastprofessorin für Ökumene und Sozialethik an der Ruhr-Universität Bochum (bis 2013)
2012	April: Einführung als „Botschafterin des Rates der EKD für das Reformationsjubiläum"
2014	Verleihung der Ehrensenatorenwürde der Eberhard-Karls-Universität Tübingen
	Vorsitzende der Projektleitung „Weltausstellung Reformation"
2017	Verleihung der Ehrendoktorwürde der Theologischen Hochschule Mexiko
	Weltausstellung Reformation in Lutherstadt Wittenberg
2018	Juni: Pensionierung

BILDNACHWEIS

QUELLENNACHWEIS

Originalausgabe April 2018
© 2018 bene! Verlag
Ein Imprint der Verlagsgruppe
Droemer Knaur GmbH & Co. KG, München.
Alle Rechte vorbehalten. Das Werk darf – auch teilweise – nur mit
Genehmigung des Verlags wiedergegeben werden.
Lektorat: Stefan Wiesner
Coverfoto: © Julia Baumgart
Covergestaltung: Stefan Wiesner
Innengestaltung: Maike Michel
Druck und Bindung: Uhl, Radolfzell
ISBN 978-3-96340-000-1
2 4 5 3 1